INFLUÊNCIA sagrada

editora
esperança

Gary Thomas

INFLUÊNCIA sagrada

Como Deus usa as esposas para moldar as almas de seus maridos

2ª edição

Tradução: Mariângela Antonella Chirico França Oliveira

Curitiba/PR
Abril/2025

editora esperança

Gary Thomas

Influência Sagrada

Como Deus usa as esposas para moldar as almas de seus maridos

Direção executiva:	Claudio Beckert Jr.
Coordenação editorial:	Guilherme Kacham
Tradução:	Mariângela Antonella Chirico França Oliveira
Revisão:	Josiane Zanon Moreschi
Capa:	Endrik Silva
Diagramação:	Josiane Zanon Moreschi

Dados Internacionais de Catalogação na Publicação (CIP)
(Câmara Brasileira do Livro, SP, Brasil)

Thomas, Gary

Influência sagrada : como Deus usa as esposas para moldar as almas de seus maridos / Gary Thomas ; tradução Mariângela Antonella Chirico França Oliveira. - - 2. ed. - - Curitiba : Editora Esperança, 2025.
288 p.

Título original: Sacred influence : how God uses wives to shape the souls of their husbands

ISBN 978-85-7839-437-0

1. Casamento - Aspectos religiosos - Cristianismo 2. Esposas - Vida religiosa 3. Influência (Psicologia) - Aspectos religiosos - Cristianismo 4. Maridos - Psicologia I. Título.

13-13749 CDD-248.8435

Índices para catálogo sistemático:
1. Mulheres : Casamento : Aspectos religiosos : Cristianismo 248.8435

Salvo indicação, as citações bíblicas foram extraídas da Bíblia Nova Versão Internacional © Editora Vida, 2003.

Editora Evangélica Esperança
Rua Aviador Vicente Wolski, 353
CEP 82510-420 - Curitiba - PR
Fone: (41) 3022-3390
comercial@editoraesperanca.com.br
www.editoraesperanca.com.br

editora esperança

ASEC Associação de Editores Cristãos

Aos Drs. Steve e Rebecca Wilke.

Do conselho sincero do homem nasce uma bela amizade.

(Provérbios 27.9)

SUMÁRIO

Prefácio à 2ª edição brasileira

Eu sempre achei que submissão e beleza eram duas palavras que não combinavam na mesma frase. Mas lá estava eu, em um compromisso público com minhas seguidoras, pronta para conduzir um desafio chamado "A Beleza da Submissão". O problema? Eu não via beleza alguma nisso! Foi então que, em um misto de desespero e fé, eu orei: "Senhor, se o Senhor quer que eu ensine sobre isso, me mostre essa tal beleza porque eu não estou vendo!"

E assim começou minha saga. Fui ler tudo o que podia sobre o assunto e, quanto mais lia sobre supostos deveres da mulher no contexto do casamento, mais triste eu ficava. Muitos dos ensinos para as mulheres nos nossos dias são duros, frios, desprovidos de sabedoria, desprovidos de Graça. Eu queria ouvir a voz do meu Pastor, mas só conseguia ouvir um eco distante de regras e imposições.

Foi quando uma caixa chegou na minha casa. Era um presente de uma aluna. Ao abrir, dei de cara com o livro *Influência Sagrada*. Li o título e comecei a chorar, escrevo isso com os olhos marejados, porque jamais vou esquecer a alegria que senti em meu espírito ao segurar aquele livro. Era a resposta que eu estava esperando, um presente do próprio Pai para uma filha que estava necessitando de seu socorro. Cada página era um bálsamo. Finalmente pude reconhecer a doce voz do meu Pastor me guiando nesse tema tão delicado.

Este não é apenas um livro sobre relacionamento conjugal: é um chamado profundo para que mulheres vivam sua essência de maneira tão intencional e amorosa que suas vidas se tornem um reflexo do próprio Cristo.

Em minha caminhada discipulando mulheres, vejo diariamente como muitas lutam para encontrar significado e direção dentro do casamento e da família. Algumas estão frustradas, sentem-se incompreendidas, enquanto outras simplesmente desistiram de influenciar espiritualmente seus lares. *Influência Sagrada* é um lembrete poderoso de que nós, mulheres, somos chamadas para algo muito maior do que apenas "fazer dar certo". Deus nos deu um chamado ativo e transformador. Somos agentes da graça, intercessoras, fontes de encorajamento e amigas de Jesus, ah, como Jesus ama as mulheres.

A cada página, Gary Thomas, como um pai amoroso, nos desafia a amadurecer, a enxergar nossos maridos com os olhos de Cristo e a abraçar um processo de transformação pessoal que, inevitavelmente, se derramará sobre aqueles que estão ao nosso redor. Ele nos lembra que a influência verdadeira não vem de manipulação, mas de uma vida rendida ao Espírito Santo. E esse é um dos maiores tesouros que este livro traz: a compreensão de que, antes de transformar qualquer situação externa, Deus quer transformar nosso coração. Ele quer usar seu casamento para torná-la mais forte, mais sábia, mais doce e mais completa, desde que você não fuja dos desafios que estar casada com o seu marido representa.

Se você está segurando este livro nas mãos hoje, quero encorajá-la a não apenas lê-lo, mas permitir que ele a confronte. Que cada princípio aqui apresentado encontre espaço para florescer em seu coração e se tornar parte de sua jornada. Leia com um coração aberto, ore sobre cada ensinamento e esteja disposta a crescer, porque este livro tem o poder de mudar vidas.

Que a sua seja a próxima!

Com carinho, Pâmela Arumaa

Prefácio

Queridos leitores

Obrigada por escolher este livro! Espero e oro que você o leia. Se você é como eu, tem uma pilha de livros bons e úteis esperando para ser lida e, às vezes, é difícil priorizá-los. Creio verdadeiramente que vale a pena ouvir o que Gary tem a dizer neste livro e sei que seu casamento será abençoado por ele.

Gary escreveu este livro, em parte, em resposta a muitos e-mails e perguntas recebidas de mulheres que o ouviram pregando ou que já leram seus outros livros. Ele ouviu suas frustrações, dores e, algumas vezes, a raiva que sentem por seus maridos simplesmente parecerem não entendê-las. Por isso, ele lida com situações da vida real, abordando assuntos com os quais mulheres como eu e você lutam. Ele não apresenta "cinco passos fáceis" que garantem resolver seu problema, mas tenta ajudar as mulheres a entenderem melhor como os homens funcionam e terem um vislumbre das dinâmicas espirituais que trabalham em seu casamento. Espero que você possa perceber seu amor fraternal enquanto ele a acompanha através do processo de sua própria jornada conjugal.

Muitas vezes me perguntam se Gary realmente vive o que escreve. Minha resposta é sempre um sonoro "sim"! Ele é um homem íntegro e recomendo este livro de todo o coração. E, no caso de você estar se perguntando... Sim, ele pediu minha permissão para usar todas as histórias que me envolvem. Esperamos e oramos para que nossa vulnerabilidade seja usada por Deus para abençoar outras pessoas. Como qualquer casal não temos um casamento perfeito, mas agradeço a Deus todos os dias por ele. Não posso imaginar outra vida e se a nossa jornada puder servir de inspiração, terei alegria de compartilhá-la com você. Que isso possa encorajá-la.

Aproveite!

Lisa Thomas

Agradecimentos

Tenho muitas pessoas para agradecer.

Em primeiro lugar, gostaria de agradecer àqueles que permitiram que suas histórias inspirassem outros. Muitos de vocês escolheram ficar no anonimato, portanto respeito sua privacidade. Vocês sabem quem são e sou profundamente grato pela coragem de abrir suas vidas em benefício de outras pessoas.

Em segundo, meus quatro terapeutas que ofereceram sua análise técnica (e a formação específica e relevante que não possuo) ajudando a moldar este livro: Drª. Melody Rhode, Leslie Vernick, Dr. Mitch Whitman e Dr. Steve Wilke. Obrigado por serem tão generosos com a sua compreensão e pacientes com a minha falta dela.

Às leitoras: Donna Burgess, Cheryl Scruggs, Jo Franz, Lisa Fetters, Dina Horne (que fez uma leitura nos últimos dias de sua campanha política e pouco antes de sair em uma viagem missionária) e Nicole Whitacre. Deus as abençoe por suas observações, seu apoio e os comentários tão úteis.

Gostaria de agradecer de forma especial a Mary Kay Smith e Drª. Rebecca Wilke, que leram em primeira mão vários de meus livros. Obrigado por me amarem e a este trabalho o suficiente para falarem duro quando foi necessário e por me desafiarem consistente e persistentemente a ir mais fundo. Vocês são amigas de verdade.

Talvez nenhuma das pessoas citadas acima concorde completamente com tudo o que é dito no livro que você tem nas mãos, mas creio que tudo está mais próximo da verdade e dito de forma melhor em razão do serviço delas.

Quero também agradecer a John Sloan, da editora Zondervan, que se envolveu completamente na tentativa de redirecionar um manuscrito inicialmente desconexo. Este não foi o livro mais fácil do mundo, não é? Meu agradecimento vai também para Dick Buursma pela revisão e apoio e, especialmente, a Jen Abbas, cujo entusiasmo e energia me animaram muito nos dias finais desse processo.

Minha esposa tem sido nada mais, nada menos do que uma santa: ela leu, releu e me ouviu pensar alto mais do qualquer esposa deveria ouvir um marido em uma vida inteira. Ela tem muito mais do que meramente influenciado esse homem, Deus a tem usado para transformá-lo. Amo você, Lisa.

Introdução:
Deus ouve e vê

Minha amiga Nina caminhou comigo na saída da igreja certa vez. "Matt e Riley estão doentes", ela disse. "Eles querem que eu alugue alguma coisa para eles assistirem, mas não sei o que escolher".

"Isso é fácil", eu disse, "*Band of Brothers*. Eles vão adorar".

"Nunca ouvi falar".

Nesse momento, meu filho adolescente, que também é um dos melhores amigos de Riley, apareceu. "Graham, Nina precisa de um filme para Matt e Riley assistirem enquanto estão de cama. Sugeri *Band of Brothers*, o que você acha?"

"É, esse é bom. Eles gostam de filmes de guerra".

Esse é apenas um pequeno incidente de minha vida que talvez Nina nem se recorde, mas que ajudou a solidificar a ideia para esse livro. Quando uma esposa deseja alugar um bom filme para seu marido e seu filho, a quem ela perguntaria? Com certeza. Não seria alguém que pudesse sugerir algo como *Bonequinha de Luxo*.

Ela provavelmente procuraria um homem para perguntar.

E quando você quer saber como você, uma esposa, pode incentivar seu marido a se envolver mais em casa, crescer na caminhada cristã ou perder algum mau hábito, como, por exemplo, ver pornografia ou ter um comportamento explosivo, não faz sentido se beneficiar de uma perspectiva masculina?

Muitos livros excelentes têm sido escritos por mulheres para encorajar outras mulheres em seus casamentos. Stormie Omartian, Linda Dillow, Drª. Laura e muitas outras têm abençoado mulheres com conselhos sábios e livros bem escritos. No entanto, ao estudar o seu homem, não seria útil obter a perspectiva de um homem sobre como mover outro homem? Minha editora e eu achamos que já era hora de você ouvir um irmão em Cristo que possa dar algumas informações masculinas sobre os pensamentos e sentimentos de seu marido.

O coração de Deus

Ao começar a escrever, uma manhã em particular me deu um novo entusiasmo por este livro. Eu estava orando quando comecei a sentir o que o coração de Deus desejava para estas páginas. Percebi que se eu pudesse realmente entender o coração de Deus por suas filhas, se eu pudesse ter um vislumbre da paixão que ele sente por elas e das lágrimas que ele derrama quando elas choram, como ele sente cada atitude de desrespeito que sofrem e odeia o tom de menosprezo que muitas vezes é usado dirigindo-se a elas, eu poderia começar a compreender porque Deus se importaria com um livro como este e porque ele poderia colocar em minha mente a ideia de escrevê-lo. Ele não quer abandonar você em um relacionamento que lhe traz menos do que ele desejou para sua filha.

De fato, Deus vê e ouve tudo o que acontece em sua vida e em seus relacionamentos. Ele conhece as muitas esposas que sofrem em casamentos sem amor. Sabe como os homens tendem a desprezar as mulheres e agir com condescendência com suas esposas. Ele sabe que os homens podem oferecer força, sustento, consolo e segurança, mas também que eles podem ser frustrantes, aterradores, exigentes e egoístas. Ele vê as mulheres que se sentem presas na armadilha de um casamento difícil e aquelas que desfrutam de casamentos relativamente bons com homens que, ocasionalmente, agem de forma egoísta, rude e distante.

Ele também conhece os caminhos santos nos quais uma mulher pode mover um homem profundamente!

Isso é bom, já que minha mulher e eu temos ouvido mais histórias de terror do que podemos contar, como essas:

- o homem com oito filhos, cuja esposa está grávida do nono quer deixar o emprego e voltar para a faculdade para obter outro diploma e mudar de carreira;
- o marido que é mais obcecado com seu desempenho no golfe do que com o estado emocional de seus filhos;
- o homem que tem um comportamento de risco e imoral diante de seus filhos, usando drogas, violando a lei para ganhar dinheiro e coisas semelhantes;
- o homem que está mais ansioso em aumentar a congregação de sua igreja do que cuidar da família que espera por ele em casa;
- o homem que se queixa de que sua esposa é "fria" na cama, mas que é mecânico, egoísta e apressado nos momentos íntimos.

Esses são, obviamente, casos extremos. É muito mais comum que o marido se envolva com a família, seja cuidadoso e até faça sacrifícios por ela. Ainda assim, você pode saber como redirecionar seu homem a um caminho ainda melhor.

Vou ser franco: você não pode *mudar* um homem, mas *pode* influenciá-lo ou movê-lo, o que é uma arte muito mais sutil. Esse é o assunto deste livro.

Esperança para os que sofrem

Creio que Deus ouve suas orações e *sei* que ele vê sua dor. Mais do que isso, creio também que, já que foi ele quem idealizou o casamento, ele é a pessoa a quem você deve buscar em primeiro lugar para saber como encorajar, inspirar, desafiar e influenciar de maneira apropriada o homem com quem você se casou. Deus quer que você se sinta amada, seja notada e seja estimada. Ele não criou você para jogá-la à deriva em um mar de acasos e circunstâncias. Ele cuida de você todos os dias e está cuidando agora mesmo, enxugando a lágrima que talvez você esteja derramando nesse momento ao pensar em um Deus tão envolvido em sua vida que pode colocar no papel seus pensamentos para que você leia.

Mas cuidado! Seu marido não é a única pessoa imperfeita em seu relacionamento. Você também contribui com o pecado todos os dias. Todos nós somos pecadores e você pode ter certeza de que Deus deseja trabalhar em seu próprio coração exatamente tanto quanto deseja ter uma influência maior na vida de seu marido. Mantendo isso em perspectiva, este livro apresenta alguns sérios desafios para que *você* também chegue mais perto de Deus e mais perto de seu marido.

Através destas páginas, espero que você veja o cuidado e a preocupação de Deus em cada linha. Ele ama você de verdade. Conhece intimamente sua situação. Quer mostrar a você como uma mulher pode exercer uma influência sagrada. Talvez você se surpreenda ao descobrir quantas passagens bíblicas você já leu inúmeras vezes sem perceber as maravilhosas lições que a vida de pessoas como, por exemplo, a viúva de Sarepta, tem a oferecer. Oro também para que você veja como mulheres de hoje como Catherine, Diana, Pat e Jo encontraram uma forma amorosa de redirecionar seus maridos em encruzilhadas cruciais.

Você pode mais do que torcer as mãos e esperar pelo melhor. Pode aprender a inspirar seu marido, influenciá-lo profundamente, encorajá-lo e, quem sabe, ajudá-lo a caminhar na direção certa. Um dia, em um futuro não muito distante, oro para que você acorde, olhe para o homem deitado na cama a seu lado e finalmente sinta *esperança*. Uma mulher que assume um compromisso com Deus e que aprende a agir com a sua sabedoria é uma mulher cheia de poder que está embarcando em uma jornada de transformação de vida. Confio na realidade da presença de Deus em nossas vidas. Pode soar meio clichê, mas ainda assim é uma verdade bíblica: *tudo é possível para Deus*.

Vamos começar.

Parte 1

A REFORMA DE SEU CASAMENTO COMEÇA COM *VOCÊ*

1

A GLÓRIA DE UMA MULHER DE DEUS

COMPREENDENDO QUEM VOCÊ É EM CRISTO

Dei risada quando vi aquilo. Enquanto esperava na fila do supermercado, li a capa de uma famosa revista feminina e *tive* que anotar o título de um de seus artigos: "Por que tantas mulheres boas e inteligentes aguentam homens horríveis e rabugentos?"

Sabe o que me fez rir? Não posso nem *imaginar* uma revista masculina com um artigo intitulado "Por que tantos homens honrados e decentes aguentam mulheres calculistas e manipuladoras?" Isso nunca vai acontecer. Nem você jamais verá livros intitulados "Homens que amam demais" ou "As inimigas de homens e os homens que as amam".

Há uma boa razão para isso. Histórica, neurológica, social, e até biblicamente, creio que todos concordam que as mulheres tendem a investir mais em seus relacionamentos e casamentos do que os homens. A Drª. Melody Rhode, psicóloga, terapeuta familiar e minha amiga pessoal, afirma o seguinte: "As mulheres são voltadas para seus maridos. Nós somos assim". Essa realidade tem suas raízes na primeira família.

Em Gênesis 3, depois da Queda, Deus diz a Eva: *Seu desejo será para o seu marido* (v. 16). Os respeitados comentaristas do Antigo Testamento

Keil e Delitzsch sugerem que a língua hebraica aqui evoca um "desejo que beira a doença"[1] e vem de uma raiz que tem a conotação de um "desejo violento" por alguma coisa.

Algumas mulheres exibem isso mais do que outras. Recentemente ouvi em um programa de rádio uma mulher contando como seu marido tinha mantido um caso secreto com sua secretária por mais de quatro anos. O marido tinha agido cruelmente em muitos aspectos. Ele apresentou a amante à sua esposa e, na ausência dela, trouxe a amante para dentro de casa. De fato, levou a amante para a cama da esposa! Esse relacionamento ilícito terminou somente quando a amante morreu.

A esposa parecia mais preocupada em perder esse homem desprezível do que enfrentar a vida sem ele!

Você sabe o que mais me surpreendeu? A esposa parecia mais preocupada em perder esse homem desprezível do que enfrentar a vida sem ele! Ainda que ele a tenha desrespeitado o mais profundamente possível, pisoteado sua intimidade conjugal e ofendido seu leito conjugal, ela tinha mais medo de acordar sem ele do que de acordar ao lado dele. Na verdade, ela queria saber mais sobre a amante! Como ela era? Que tipo de personalidade ela tinha? O que seu marido tinha visto nela?

Compare isso com uma entrevista da revista *Sports Illustrated*: foi perguntado a vários homens se aceitariam de volta uma noiva que fugiu do altar envergonhando-o na frente de sua família e de seus amigos. Nem um único atleta disse que sim. Um dos homens respondeu tão veementemente e tão eloquentemente que não posso publicar sua resposta neste livro.

Por que a discrepância? Em alguns casos pode ser, realmente, que as mulheres sejam mais maduras emocional e espiritualmente, estejam dispostas a perdoar por amor à família e sejam mais bondosas. Em outros casos, porém, os motivos podem ser menos nobres. Algumas mulheres nunca se livram da propensão pecaminosa de definir a si mesmas de acordo com a aceitação dos homens. Infelizmente, alguns homens parecem ter um radar

1 C. F. Keil e F. Delitzsch, *Commentary on the Old Testament: The Pentateuch* (Grand Rapids: Eerdmans, 1956), 103.

ultrassensível para captar esse sinal. Eles intuem, de alguma forma, a carência espiritual da mulher e a exploram para seu próprio benefício.

Por causa da obra de Cristo e do poder vencedor do Espírito Santo, as mulheres cristãs podem ser libertas dessa dependência psicológica destrutiva. Leia a passagem de 1 Coríntios 7 na versão de Eugene Peterson em *A Mensagem*: *Não alimente o desejo de estar em outro lugar ou com outra pessoa. Você está agora no lugar que Deus preparou para você. Viva, obedeça, ame e creia nesta situação. É Deus, não sua situação conjugal, que define sua vida* (v. 17).

> É Deus, não sua situação conjugal, que define sua vida.

Você entendeu a última linha? *É Deus, não sua situação conjugal, que define sua vida.*

Isso é verdade para você? Quanto mais for, mais sucesso você terá em mudar seu marido, porque mulheres fracas geralmente perdem sua influência.

Olhe para isso de uma perspectiva bem prática: você se importa com o que uma pessoa a quem você não respeita pensa de você? Provavelmente não. Então, como uma pessoa assim vai influenciá-la? Quando a opinião de uma pessoa não importa, ela pode comunicar clara, honesta e praticamente, mas ainda assim você não vai ouvir. Da mesma forma, se o seu marido não a respeita, se você tem colocado de forma pecaminosa a aceitação dele acima da sua identidade como filha de Deus, então como você o influenciará para melhor?

Agora, vamos olhar do ponto de vista positivo. Se alguém que você realmente respeita, admira grandemente e gosta de ter ao lado vem com uma preocupação, você não dará uma atenção toda especial? Você não vai considerar que talvez aquela pessoa tenha certa razão e que você precisa ouvi-la?

Claro que sim.

Isso explica porque o tipo de mulher que muda seu homem é uma mulher que o *impressiona*. Ouvi um marido se gabar sobre a perspicácia de sua esposa nos negócios enquanto outro exaltou a inteligência da sua. Ainda outro falou muito sobre a maturidade espiritual de sua esposa e sua habilidade de entender a Bíblia. Um marido reservado e introvertido falou com grande admiração sobre a habilidade de sua esposa de fazer amigos, enquanto outro descreveu em detalhes a última vitória atlética da sua.

Talvez você não se dê conta, mas os maridos *gostam* de se gabar de suas esposas. Talvez não digam a vocês, mas eles percebem seus pontos fortes e se orgulham deles. Muito mais importante que sua esperteza nos negócios ou suas habilidades sociais é a sua vida espiritual. É isso que lhe dará força e respeito tão necessários para ser um santo agente de mudança em seu casamento. Isso abençoará seu marido imensamente. De acordo com 1 Timóteo 3.11, entre as qualificações para um homem ocupar um cargo espiritual está ser casado com uma mulher que é digna de respeito.

Talvez você não se dê conta, mas os maridos gostam de se gabar de suas esposas.

O primeiro passo para influenciar seu homem e se tornar essa mulher: a pessoa singular que Deus criou para ser em toda a sua glória.

Entender verdadeiramente a natureza libertadora e radical da mensagem de Jesus para a mulher a ajudará a se tornar essa pessoa. Na próxima seção gostaria de levar aqueles entre vocês que se definem baseando-se na Queda ("Sou digna porque os homens gostam de mim") a definir-se baseando-se em seu relacionamento com Deus ("Sou importante porque sou criada à imagem de Deus, sou amada por Deus e continuamente cheia de seu poder para fazer diferença nesse mundo").

Moldando o mundo

A Bíblia define as mulheres de forma bem radical para a época em que foi escrita. O Antigo Testamento deu um passo para fora do seu quadrado cultural ao insistir que a mulher espelha o próprio caráter de Deus, tanto quanto sua contrapartida masculina: *Criou Deus o homem à sua imagem, à imagem de Deus o criou; homem e mulher os criou* (Gn 1.27). Desde o começo aprendemos que a mulher e o homem *juntos* espelham a imagem de Deus. Os homens sozinhos não estão à altura da tarefa. Desde que Deus está acima do gênero, os homens sozinhos (ou as mulheres sozinhas) não conseguem representar adequadamente esse caráter e essa imagem.

Embora o apóstolo Paulo atribua certa significância ao fato do homem ter sido criado primeiro, se você olhar para a linha da criação, as mulheres são o ponto culminante! Tudo vai ficando mais sofisticado, mais intrincado até que finalmente a mulher aparece – e somente depois disso, Deus descansa.

Como prossegue a narrativa, o conselho para atuar nesse mundo, moldar esse mundo, e até governar esse mundo, é dado à mulher tanto quanto ao homem: *Deus **os** abençoou* [o homem e a mulher], *e **lhes** disse: "Sejam férteis e multipliquem-se! Encham e subjuguem a terra! Dominem sobre os peixes do mar, sobre as aves do céu e sobre todos os animais que se movem pela terra"* (Gn 1.28 - ênfase acrescentada).

As mulheres não são instruídas a se sentarem passivamente à beira do campo torcendo por seus maridos enquanto os homens comandam o show. Pelo contrário, desde o começo as mulheres compartilharam da ordem de Deus dada aos humanos para governarem, dominarem e administrarem a Terra. Elas são corregentes.

Embora o apóstolo Paulo atribua certa significância ao fato do homem ter sido criado primeiro, se você olhar para a linha da criação, as mulheres são o ponto culminante!

Alguns teólogos do passado tentaram emendar isso culpando, de certa forma, Eva pela Queda, sugerindo com isso que as mulheres são espiritualmente mais fracas, mas a própria Bíblia é muito mais justa para com as mulheres. Embora reconheça a cumplicidade de Eva na Queda, também anuncia o papel redentivo de Eva no futuro. O relato de Gênesis não termina com Eva (e Adão) comendo do fruto. Deus profetiza que, embora a serpente tivesse "ganhado" essa batalha, sua derrota e aniquilação final viriam *através da mulher*. Keil e Delizsch escrevem:

> Se, então, a promessa [de esmagar a cabeça da serpente] culmina em Cristo, o fato de que a vitória sobre a serpente é prometida à posteridade da mulher, e não do homem, adquire esse significado mais profundo, que foi através da mulher que a obra do diabo trouxe o pecado e a morte ao mundo, de igual modo através da mulher é que a graça de Deus dará à raça humana caída o vencedor do pecado, da morte e do diabo.[2]

2 Ibid.,102.

Jesus, o amigo das mulheres

Essa visão forte e assertiva da mulher continua no primeiro livro do Novo Testamento com a inclusão de mulheres na genealogia do Messias (um ato literário que rompe com as tradições do primeiro século). Sim, tem Abraão, Davi e José, mas também tem Raabe, Rute e Maria, e até uma referência a Bate-seba. Quem esperaria uma coisa assim de uma cultura tão patriarcal e até misógina? *Homens e mulheres* foram responsáveis pelos eventos que levaram ao nascimento do Messias. Deus escolheu mulheres de diversas personalidades e status, incluindo algumas de pureza duvidosa, para construir a linha humana que trouxe o Salvador do mundo.

Fato igualmente importante é que Jesus veio a esse mundo através de uma mulher. Nem um único homem teve qualquer coisa a ver com a concepção ou o nascimento de nosso Senhor. Em vez disso, Deus escolheu a mulher para realizar o milagre da encarnação.

Nem um único homem teve qualquer coisa a ver com a concepção ou o nascimento de nosso Senhor. Em vez disso, Deus escolheu a mulher para realizar o milagre da encarnação.

Embora a ideia de que devamos diminuir o homem para elevar a mulher seja destrutiva e inútil é, no entanto, assombroso perceber quantas vezes os homens que cercavam Jesus não entenderam a verdade, mas as mulheres, sim. Certa vez, um fariseu jantava com Jesus quando uma prostituta entrou e lavou seus pés com suas lágrimas e os enxugou com seus cabelos (Lc 7.36-50). Esse ato horrorizou o fariseu, mas Jesus disse (estou parafraseando e ampliando): "Não entendo você! Ela entende quem eu sou e você, com todo o seu conhecimento, continua cego para enxergar minha posição e minha glória!".

Como o fariseu, os discípulos masculinos de Jesus ocasionalmente revelavam ter uma cabeça dura semelhante. Certa vez uma mulher derramou um perfume muito caro sobre a cabeça de Jesus (Mc 14.3-9). Alguns dos discípulos disseram consigo mesmos: "Que desperdício!", enquanto Jesus pensava: "Finalmente alguém entendeu quem eu sou!" De fato Jesus declarou que a ação daquela mulher seria lembrada onde quer que o seu Evangelho fosse pregado. Nem uma pessoa em cem pode nomear todos os doze discípulos, mas a maioria dos cristãos já ouviu falar dessa mulher corajosa.

Jesus também elevou a mulher em seu ensino. Em Marcos 10.11, surpreendeu seus discípulos quando disse a eles: "Todo aquele que se divorciar de sua mulher e se casar com outra mulher, estará cometendo adultério contra ela." Por que eles ficaram tão surpresos? De acordo com a lei rabínica, um homem podia cometer adultério contra outro *homem* casado dormindo com a mulher dele e uma esposa podia cometer adultério contra *o seu marido* dormindo com outro homem, mas não havia nada na lei contra um marido que cometia adultério contra sua esposa.[3] De acordo com um comentarista, Jesus "está expressando uma reação contra a frequente baixa autoestima da mulher, mesmo no judaísmo. [...] Essa aguda intensificação do conceito de adultério tinha o efeito de elevar o status da esposa à mesma dignidade de seu marido".[4] Jesus estava dizendo àqueles homens do primeiro século: "Sua esposa tem valor igual diante de Deus. É possível que você peque contra ela tanto quanto é possível que ela peque contra você".

Vamos olhar para a morte de Jesus. Enquanto um discípulo o traía e outros dez se acovardavam atrás de portas trancadas, algumas mulheres corajosas (e apenas um discípulo) ousaram assistir aos últimos minutos de Jesus nessa terra. Marcos sai de seu padrão para enfatizar a cena aos pés da cruz: *Algumas mulheres estavam observando de longe. Entre elas estavam Maria Madalena, Salomé e Maria, mãe de Tiago, o mais jovem, e de José. Na Galileia elas tinham seguido e*

Vamos olhar para a morte de Jesus. Enquanto um discípulo o traía e outros dez se acovardavam atrás de portas trancadas, algumas mulheres corajosas (e apenas um discípulo) ousaram assistir aos últimos minutos de Jesus nessa terra.

3 Simplesmente repeti as palavras de Friedrich Hauck, citadas em William Lane, *Mark* (New International Commentary on the New Testament: Grand Rapids: Eerdmans, 1974), 357.

4 Lane, *Mark*, 336, 337.

*servido a Jesus. **Muitas outras mulheres que tinham subido com ele para Jerusalém também estavam ali*** (Mc 15.40s – ênfase acrescentada). Nos momentos mais difíceis da vida de Jesus ele recebeu o apoio de muitas mulheres e de apenas um homem. Esse fato da narrativa pode passar despercebido de muitos leitores modernos, mas na história da igreja primitiva foi uma realidade surpreendente e um desafio a qualquer visão falsa da superioridade masculina.

A afirmação mais forte talvez tenha vindo depois da morte e ressurreição de Jesus. De acordo com a antiga lei farisaica, o testemunho de uma mulher era inadmissível em um tribunal por ser indigno de confiança. Só os homens poderiam servir como testemunhas. Então, quando Jesus ressurgiu dos mortos – o mais importante evento que já ocorreu ou ocorrerá – quem estava presente e testemunhou o fato? As mulheres! Jesus propositadamente usou mulheres, cujo testemunho não podia ser ouvido nas cortes de justiça da época, para proclamar sua gloriosa ressurreição.

Essa elevação das mulheres sob todos os aspectos: nos pronunciamentos teológicos, relatos históricos e ensino prático, deve realmente nos surpreender, devido à cultura masculina na qual a Bíblia foi formada. Milhares de anos antes que o *feminismo* se tornasse uma palavra, Deus repetidamente defendeu as mulheres, dando a elas um lugar proeminente na História de todas as histórias.

Milhares de anos antes que o feminismo se tornasse uma palavra, Deus repetidamente defendeu as mulheres, dando a elas um lugar proeminente na História de todas as histórias.

Deixe que as palavras da Bíblia lavem as noções culturais equivocadas que possam, de forma inexata, retratar a visão de Deus a respeito das mulheres. A Bíblia apresenta a mulher como uma portadora da imagem de Deus, capaz de lutar contra o mundo, influenciando poderosamente os homens e a cultura (a exemplo de Débora e Tereza de Ávila) vivendo a vida para a qual Deus a criou para viver. A despeito das mensagens negativas que você possa receber, seja de sua família, igreja ou cultura, você precisa:

- entender a glória de ser uma mulher criada à imagem de Deus;
- experimentar a força que você possui sendo recipiente do Espírito Santo;
- encontrar refúgio na dignidade e no propósito que você tem como sua filha.

Através dessa essência espiritual poderosa você pode influenciar o mundo, incluindo seu marido. *Deus, e não o seu estado civil ou a condição de seu casamento, define a sua vida.*

Você talvez pense que as ordens bíblicas sobre submissão a colocam em uma posição secundária, fazendo de você o capacho de seu marido, permitindo que ele lhe pise sem que você sequer levante a voz ao orar em silêncio no cantinho. Essa visão ultrapassada vem da cultura, e não da Bíblia.

> *Essa visão ultrapassada vem da cultura, e não da Bíblia.*

Não pense que estou promovendo um movimento feminista radical aqui! Creio que é importante afirmar as diferenças nos papéis dos dois gêneros (falaremos disso mais tarde). Homens e mulheres *não são* a mesma coisa, mas *são* iguais aos olhos de Deus e há uma glória singular em cada um dos gêneros.

Creio que você deve ao Deus que a criou (e a você mesma, ao marido que se casou com você e aos filhos que você deu à luz) o fato de tornar-se a mulher que ele desejou que você fosse em toda a sua glória, poder, força e sabedoria.

Quando o casamento se torna idolatria

Enquanto algumas mulheres se definem a partir de como um homem (ou os homens em geral) as veem e as aceitam, como uma mulher *cristã* você tem a oportunidade de se definir em relação ao seu Criador. Não em rebeldia a seu marido, mas de uma forma que complemente seu casamento e abençoe seu marido. Isso liberará em você a glória de ser uma mulher de Deus.

Vamos aplicar teologia simples aqui. Quem a Bíblia diz ser o seu refúgio: Deus ou seu marido? Deuteronômio 33.27 dá a resposta: *O Deus eterno é o seu refúgio, e para segurá-lo estão os braços eternos.*

Onde repousa a sua esperança? Na contínua afeição de seu esposo? 1 Pedro 1.21 diz: [...] *a fé e a esperança de vocês estão em Deus.*

> *Se você está procurando encontrar o supremo refúgio em seu marido, se tem centrado sua esperança nele, então você está dando a um homem o que pertence, por direito, somente a Deus.*

Onde você encontra a sua segurança? Na habilidade de seu marido de ganhar a vida e em seu compromisso de ficar com você? Filipenses 4.19 diz: *O meu Deus suprirá todas as necessidades de vocês, de acordo com as suas gloriosas riquezas em Cristo Jesus.*

Onde você encontra a suprema aceitação que nunca esmorecerá ou faltará por todos os dias de sua vida? [...] *assim como o noivo se regozija por sua noiva,* responde Isaías 62.5, *assim o seu Deus se regozija por você.*

Se você está procurando encontrar o supremo refúgio em seu marido, se tem centrado sua esperança nele, se a sua segurança depende da aprovação dele e se você é capaz de fazer quase qualquer coisa para ganhar sua aceitação, então você está dando a um homem o que pertence, por direito, somente a Deus.

E isso significa que você transformou seu casamento em adoração idólatra.

Quando faz isso, você perde e seu marido perde. Você não pode amar um falso ídolo para sempre. Simplesmente não pode. Você pode adorá-lo por algum tempo, mas eventualmente as limitações de seu ídolo vão aparecer e você ficará amargurada e ressentida. Tão certo quanto um pedaço de madeira não pode falar, assim também um homem não pode amar você como Deus a criou para ser amada. O que acontece quando um ídolo decepciona você? Esse é o tipo de situação que cria frases clichês como "não há fúria igual a de uma mulher desprezada".

Além disso, como você encontrará coragem para confrontar alguém cuja aceitação determina a tal ponto seu senso de bem-estar que você acredita que, sem ele, não poderá viver? Como poderá dizer as coisas que precisam ser ditas se você acha que seu futuro depende do favor de seu marido?

Seu futuro depende de Deus, não de um homem decaído. Sua segurança repousa na providência do seu amoroso Criador, não na conta bancária de seu marido. Sua aceitação como pessoa se tornou segura quando Deus adotou você, e não quando seu marido lhe pediu em casamento. Se você quer realmente amar, motivar e influenciar seu marido, seu primeiro passo deve ser se conectar e continuar conectada a Deus. Encontre seu refúgio, segurança, consolo, força e esperança nele.

Essa linha de pensamento não é nem acadêmica, nem teórica. As estatísticas mostram que a maioria das mulheres morrem viúvas. As mulheres, em geral, vivem mais do que os homens. Como as mulheres se casam com homens de sua idade ou mais velhos que elas, é fácil adivinhar o que vai acontecer. *Se você morrer estando ainda casada com seu cônjuge, será minoria.* Mais cedo ou mais tarde você provavelmente terá que viver sua vida sem seu marido.

Isso significa que, provavelmente, virá o dia em que você, mais do que nunca, precisará de força, coragem e caráter. Você terá que cuidar de si mesma. Então, por que não desenvolver essa força, coragem e caráter agora, enquanto seu marido ainda está vivo e você não está sozinha com a dor do luto? Por que você não abençoa este mundo com o exemplo de uma mulher definida por Deus, vivendo uma vida que reverencia a Deus, vinte ou trinta anos antes que a viuvez a obrigue a isso?

Sua aceitação como pessoa se tornou segura quando Deus adotou você, e não quando seu marido lhe pediu em casamento.

Antes que eu aborde os aspectos práticos de como influenciar seu marido, quero encorajá-la a reavaliar e afirmar seus padrões bíblicos como mulher. Com mais frequência do que se imagina, esse será um processo – talvez você tenha que orar sobre alguns versículos da Bíblia neste capítulo até que eles se tornem reais para você. Mas, cuidado, você *não deve* aceitar nenhuma identidade que lhe dê menos do que a Bíblia lhe oferece. Antes de começar a corrida, você precisa treinar. Antes que você possa influenciar alguém, precisa se tornar espiritualmente forte o suficiente para suportar a "imobilidade funcional" de seu marido.

Discutiremos isso e muito mais no próximo capítulo.

Perguntas para reflexão e discussão

1. Qual é a diferença entre tentar mudar um homem e tentar *influenciá-lo*?
2. Você acredita que é verdade que a mulher tem a tendência de investir mais no casamento do que o homem? Se isso é verdade, porque você acha que isso acontece? Quais são os desafios dessa realidade?
3. Se você "pegasse" seu marido se vangloriando de você, o que acha que ele estaria dizendo? O que você gostaria de ouvi-lo dizer no futuro? Identifique algumas coisas que você pode começar a fazer para produzir isso.
4. Em uma escala de 1 a 10, sendo 1 "Sinto-me bem com relação a mim mesma quando os homens prestam a atenção a mim" e 10 sendo "Creio que tenho valor porque fui criada à imagem e semelhança de Deus e sou amada por Deus", onde você se encontra? O que as mulheres podem fazer por si mesmas e para encorajar outras mulheres a fim de avançar nessa escala?
5. Como a imagem que você faz de si mesma como mulher se compara às escrituras que Gary compartilhou neste capítulo? O que era compatível e o que era diferente?
6. Quais são as marcas de uma mulher que transformou seu casamento em idolatria? Como isso diminui a capacidade de influenciar positivamente seu marido de forma santa?

2

A FORÇA DE UMA MULHER DE DEUS

TORNANDO-SE FORTE O SUFICIENTE PARA ATENDER À "IMOBILIDADE FUNCIONAL" DE SEU MARIDO

A Drª. Melody Rhode geralmente usa o seguinte termo psiconeurológico para descrever a relutância de um homem em mudar: *imobilidade funcional*. Os homens normalmente não mudam se o que eles estão fazendo parece estar funcionando para eles. Quando uma mulher permite que seu marido a trate com desrespeito, ele não tem motivação para mudar e é bem provável que nunca mude.

Melody escreve "Há uma pergunta bem simples que eu faço a uma mulher ferida que procura ajuda para suportar o desprezo e o tratamento degradante que recebe de seu marido: "Por que seu marido lhe trata tão mal?" Resposta: "*Porque ele pode*". De forma alguma desejo culpar a mulher pelo abuso, mas desenvolver um novo padrão para um futuro diferente.

Melody continua: "Se o que ele está fazendo está funcionando para ele, por que mudar? Ele precisa de uma razão convincente para mudar e precisa ser mais convincente do que a sua infelicidade ou sua tristeza secreta pela situação".

Eu pensaria que um homem temente a Deus seria motivado a mudar simplesmente compreendendo que suas ações ferem você, mas também sou realista. Algumas de vocês podem estar casadas com um homem que não se importa muito se suas ações ferem você, desde que ele consiga o que quer. Não é a *sua* dor que o motiva, mas a dor *dele*. Você deve estar disposta a criar um ambiente no qual o *status quo* se torne mais doloroso do que a experiência da mudança positiva.

Aqui está uma armadilha na qual vejo muitas mulheres caírem: as mulheres constantemente expressam a seus maridos que ele está fazendo alguma coisa (ou *não* fazendo alguma coisa) que a magoa. Mesmo depois de várias conversas ele não muda, ou mudará por uns poucos dias e então voltará para os velhos hábitos, e nesse ponto a esposa reclama novamente. Ainda não há uma mudança duradoura. A esposa lê um livro ou assiste a uma palestra e decide que precisa encontrar uma maneira melhor de se comunicar a fim de transmitir a mensagem, mas mesmo depois disso, não há mudança permanente. Seu erro é que ela acredita que não está conseguindo se comunicar. A questão é que ela está se comunicando com o marido, ele pode compreender perfeitamente e estar totalmente consciente da dor dela, mas não é motivado pela dor *dela*. Se ele gosta do casamento do jeito que está, suportará um desentendimento ocasional de vez em quando.

Se ele gosta do casamento do jeito que está, suportará um desentendimento ocasional de vez em quando.

Nesses casos, as esposas precisam fazer uma séria avaliação. Houve um ponto do casamento de "Jenny" em que ela compreendeu, baseada no histórico de saúde dela e dos pais de seu marido, que ela e "Mike" poderiam ficar casados por sessenta anos. Na época, Jenny estava casada há quinze anos e ainda faltavam potencialmente outros quarenta e cinco anos juntos, o que significava quarenta e cinco anos de uma situação que Jenny não tinha certeza de que poderia aguentar.

"Não há nenhum cenário em meu plano de vida no qual eu deseje o divórcio – nenhum." Jenny me disse. "No final de minha vida, minha esperança fervorosa e minha determinação é ser, sem reservas, uma mulher de um homem só. No entanto, eu me conheço o suficiente para não superestimar minha paciência. Posso aguentar alguns desapontamentos de vez em quando, mas estaria disposta a viver assim por outros quarenta e cinco anos?"

"A essa altura, senti que precisava ser mais honesta a respeito de minhas lutas e mais aberta sobre a necessidade de mudança. Isso criou certo desconforto por algum tempo e eu parei de fingir que tudo estava bem, mas um período de desconforto vale uma mudança de curso de nosso casamento por quarenta e cinco anos? Sem sombra de dúvida!"

"Um período de desconforto vale uma mudança de curso de nosso casamento por quarenta e cinco anos? Sem sombra de dúvida!"

Sem reclamações e sem recriminações patéticas, como negar sexo, fazer o jogo do silêncio, ter um espírito crítico e assim por diante, Jenny gentil, porém firmemente, fez seu marido ver que, enquanto ele agisse dessa forma, o casamento deles sofreria de formas específicas que *o afetariam*. Foi somente quando Mike começou a sentir sua própria dor é que ele se libertou de sua imobilidade funcional o bastante para mudar seu comportamento.

Creio que Jenny faz uma afirmação importante: não superestime sua disposição em viver com uma dor aguda ou uma necessidade básica. Não finja que Satanás não explora a situação e que você não se sente tentada por outro homem que parece ser mais forte, exatamente na área em que seu marido é mais fraco. Se você, como Jenny, tem um plano de vida ideal que não deixa espaço para o divórcio, pode aceitar sua fraqueza e estar disposta a criar um clima no qual seu cônjuge será motivado pela dor dele. Essa é uma atitude corajosa e saudável que favorece seu cônjuge e preserva e fortalece seu casamento. É um ato de compromisso, e não de rebelião.

Tudo isso exige uma aplicação muito específica baseada na personalidade de seu marido, portanto não posso lhe dar cinco passos para vencer a "imobilidade funcional" aqui – mas você vai receber muitas ideias e sugestões ao tocarmos em vários assuntos no decorrer deste livro. Neste ponto basta dizer que se apenas comunicar sua dor não está resolvendo o problema, é bem possível que você esteja lidando com um caso de "imobilidade funcional" e irá precisar ser forte para solucionar esse problema.

Algumas mulheres caem na armadilha de não falar por medo de perder seu homem.

Algumas mulheres caem na armadilha de não falar por medo de perder seu homem. Elas não querem "balançar o barco", ainda que o barco pareça se dirigir para uma cachoeira. Essa aceitação passiva, porém, torna *mais* provável o afastamento do marido. Ele não respeita sua esposa porque ela tolera seu mau comportamento e sua atitude somente reforça esse comportamento desrespeitoso. Infelizmente, muitas mulheres pensam que a raiva de seus maridos é o grande inimigo de sua segurança, mas na verdade a fraqueza e o tédio correspondente se apresentam como uma ameaça muito maior.

Se você puder permanecer forte e segura em sua identidade e em seu relacionamento com Cristo, corajosamente deixando claro como será ou não tratada, ficará surpresa em ver como o respeito que você demonstra por si mesma contagiará seu marido.

As coisas precisam mudar

Aqui vai a visão masculina, logo de início: você tem mais influência sobre seu marido do que imagina. Quando você é uma mulher de respeito, a última coisa que seu marido quer é perdê-la. Se ele acha que pode ter você *e* manter seu comportamento abominável, vai ficar com os dois. No entanto, se chegar o dia em que ele souber que você não vai simplesmente fechar os olhos para o que ele está fazendo; o dia que ele achar que pode perdê-la se continuar no mesmo caminho, vai chacoalhar essa imobilidade funcional e, no mínimo, começar a considerar fazer mudanças.

Suas reações e opiniões têm grande importância, muito mais do que você pensa. Em um capítulo mais adiante vou discutir o quão *desesperadamente* os maridos desejam a afirmação de suas esposas. Quando uma mulher se levanta e diz: "Isso *vai* afetar nosso relacionamento e minha visão a seu respeito", a maioria dos homens vai começar a ouvir. Você vai notar, ao ler este livro, que muitas das mulheres que levam seus maridos à santidade chegam a um ponto em que decidem que as coisas não podem e não irão continuar do jeito que estão. Elas param de "entrar no jogo" e deixam claro para seus maridos que estão determinadas a ficar firmes no Senhor.

Como mencionei anteriormente, muitas mulheres desistiram desse poder de influenciar seus maridos porque temem ficar sozinhas: "Se eu disser 'Agora chega', ele pode me deixar. E aí?"

Pense nisso: e se ele ficar e crescer no Senhor por causa disso?

Sua aquiescência do passado mudou *alguma* coisa? Se não, por que você acha que vai mudar no futuro? A provisão e a força de Deus a ajudarão a enfrentar as consequências da obediência. Deus não abandonará você, não importa o que aconteça. É Deus, e não sua situação conjugal, que define sua vida.

Abrace essa liberdade e a glória de ser uma mulher forte que está viva para Deus! Deus tem dado o poder de influenciar seu marido, mas ainda que ele vá embora, Deus lhe dará graça e poder para suportar. Uma vez que você compreenda completamente sua posição diante de Deus, nunca mais viverá à mercê da aprovação de um homem. Compreenda o poder que você tem e utilize esse famoso "mistério" do homem com uma mulher (Ef 5.31-33).

Abrace essa liberdade e a glória de ser uma mulher forte que está viva para Deus!

A Drª. Melody Rhode vê a ameaça da perda da esposa como o fator mais motivador para um marido. É claro que temos que colocar isso dentro do contexto de um casamento de aliança e compromisso. A Bíblia é muito específica e muito restrita sobre o que é um divórcio aceitável. O descontentamento, a aparente incompatibilidade e o mero enfado *não* contam! Melody afirma que o "poder de uma mulher precisa ser submetido a Deus e usado para o seu propósito, e não para si mesma".

Ela também enfatiza que a maioria das mulheres, por razões culturais, não conhecem seu poder de mudar seus maridos. "Elas se sentem sem forças por causa de seu sexo", ela observa, "e isso resultou em muita raiva reprimida, frustração e até desespero". Como seu irmão em Cristo, estou encorajando você a ser firme, corajosa e forte. Use sua posição e sua influência natural e espiritual muito real que Deus lhe deu para mudar o homem da sua vida.

Seja corajosa

A primeira coisa na qual muitas mulheres da Bíblia tiveram que ser instruídas foi parar de ter medo e ser corajosa. Quando Hagar foi abandonada por seu marido e exilada parecia que ela e seu filho morreriam lentamente de fome, mas um anjo de Deus a encorajou: *"Não temas"* (Gn 21.17). Quando as mulheres que tinham sido fiéis a Jesus estavam sós, enlutadas e se perguntando o que havia acontecido com o corpo de seu precioso Jesus, um anjo lhes avisou: *"Não temais"* (Mt 28.5).

Sei que pode parecer que estou incentivando você a tomar uma atitude arriscada, mas o caminho "seguro" às vezes é um lento desvio em direção à destruição. Um dos meus filósofos cristãos favoritos, Elton Trueblood, coloca muito bem a questão:

> A pessoa que nunca se arrisca, é verdade, nunca se ferirá, mas jamais alcançará os melhores frutos. O melhor fruto que a vida humana oferece parece vir somente dentro do alcance daqueles que enfrentam a vida com coragem [...] sem uma preocupação exagerada sobre possíveis fracassos e perigo pessoal. A boa vida é sempre a escolha do jogador e vem para aqueles que tomam posições claras. A neutralidade raramente é uma virtude.[5]

> *A coisa mais destrutiva que você pode fazer em um relacionamento com problemas é nada.*

O medo dá à luz a paralisia – e algumas vezes a inatividade é o nosso maior inimigo. Os casamentos podem morrer lentamente de anos de apatia. Tenho visto muitos relacionamentos murcharem porque um ou os dois parceiros se recusam a resolver seus padrões nocivos. A coisa mais destrutiva que você pode fazer em um relacionamento com problemas é *nada*. O presidente da *FedEx*, Frederick Smith, observa: "Muitas pessoas pensam que a inatividade é o caminho menos arriscado. Algumas vezes a ação é extremamente perigosa. Antes de Pearl

5 D. Elton Trueblood, *The Life We Prize* (Nova Iorque: Harper & Brothers, 1951), 158.

Harbour, eles colocavam todos os aviões no meio do campo de pouso pensando que os sabotadores fossem o maior perigo, e não um ataque aéreo. A ruína foi causada pelo cuidado e não pela coragem".[6]

Se você sempre age apenas com segurança em seu casamento o tempo vai acabar esquentando. Creio que o que pode lhe dar mais firmeza e coragem para abordar os assuntos que precisam de mudança é, em primeiro lugar, entender quem você é em Cristo e, em segundo, deixar Deus e não sua situação conjugal definir sua vida. Munida dessa aceitação, segurança e poder você pode se tornar uma poderosa força permanente. Pode, então, reivindicar o poder das palavras de Moisés em Deuteronômio 31.8: *O próprio Senhor irá à sua frente e estará com você; ele nunca o deixará, nunca o abandonará. Não tenha medo! Não desanime!*

O medo e o desânimo criam estagnação e decepção permanente no casamento. Se você já teve sua cota dessas coisas, por que não tentar o caminho de Deus para a perseverança?

O medo e o desânimo criam estagnação e decepção permanente no casamento.

A esperança *não* é uma estratégia

Uma das coisas que tenho tentado fazer nestas páginas iniciais é despertar em você uma capacidade que não é muito expressada na mulher cristã. Nossa cultura em geral – e até a cultura cristã – está deslizando em direção à passividade, que vai completamente contra quem Deus nos criou para ser.

Vou ser direto: *a esperança não é uma estratégia*. Apenas "desejar" que seu marido mude, apenas "desejar" que seu casamento seja diferente, não fará nada. O problema é que alguns cristãos espiritualizam o desejo chamando-o de "oração". Por favor, entenda, não estou combatendo a oração, estou desafiando um *conceito errado* sobre oração, ou seja, que nós podemos apenas expressar nosso descontentamento e esperar que nosso mundo e nossos relacionamentos sejam transformados. A verdadeira oração bíblica é muito, mas muito mais do que isso. Ela envolve receber ordens de marchar e colocá-las em *ação*.

6 Citado em Del Jones, "FedEx Chief Takes Cue from Leaders in History", In: *USA Today* (abril, 2005), 7B.

Um bom casamento não acontece por acidente e um bom casamento não é mantido por acidente. Nunca escrevi um livro por acidente e você não pode abrir uma empresa por acidente. Esses empreendimentos requerem escolhas deliberadas e muita perseverança. Quando você começa a agir em vez de apenas sentir pena de si mesma, torna-se uma mulher ativa, a mulher ativa espelha o Deus ativo que a criou.

Deus ativo, mulher ativa

Gênesis 1 apresenta nosso vislumbre inicial de quem Deus é. A primeira coisa que Deus deseja que saibamos é que ele é um Deus extraordinariamente *ativo*. Em Gênesis há *trinta e oito* verbos ativos descrevendo o que Deus faz: ele cria, ele fala, ele separa, ele chama, ele abençoa, ele dá e muito mais. Tudo isso em *um* só capítulo.

Então – e isso é a chave ele diz à mulher e ao homem para *fazerem a mesma coisa*: *Deus os* [homem e mulher] *abençoou, e lhes disse: "Sejam férteis e multipliquem-se! Encham e subjuguem a terra! Dominem sobre os peixes do mar, sobre as aves do céu e sobre todos os animais que se movem pela terra"* (Gn 1.28).

É você quem faz o seu casamento.

Deus fez você, mulher, para governar neste mundo, para dominar, para agir conforme a imagem dele. O pecado começa com a preguiça, o desespero e o desânimo. As pessoas desistem de seus casamentos, desistem de orar, desistem de suas igrejas, desistem de seus filhos e, no fim, desistem de si mesmas. Elas dizem: "Não adianta", e ficam de mau humor em vez de lutar para refazer seu casamento, simplesmente porque a primeira tentativa não funcionou.

Isso pode soar duro, mas quem já leu meus livros sabe que não tenho vergonha de ser duro. É você quem faz o seu casamento. O relacionamento que você tem é o resultado direto do que você investiu e, em muitos casos, um casamento vai até o nível da coragem. A intensidade romântica inicial acontece sem que trabalhemos por ela, é como se ela caísse em cima de nós do nada. O casamento, no entanto, tem que ser construído pedra por pedra. Temos que fazer escolhas deliberadas, temos que ser ativos e confrontar as fraquezas que vemos em nós mesmos e no outro.

Um teste rápido

Antes que você passe para o próximo capítulo, faça um teste rápido. Em uma escala de 1 a 10, responda: Quão forte você é? Uma resposta "1" denota uma mulher temerosa que deixa que todos passem por cima dela e nunca fala – por si mesma ou por qualquer outra pessoa. "5" seria uma mulher que está disposta a, ocasionalmente, falar pelos outros, mas não por si mesma. "10" sugere uma mulher forte que permanece corajosamente com Deus para ser um agente de mudança em seu lar, sua igreja e seu mundo.

Temos que fazer escolhas deliberadas, temos que ser ativos e confrontar as fraquezas que vemos em nós mesmos e no outro.

A segunda pergunta para refletir é esta: Como Deus pode usar um dos problemas atuais em seu casamento para fazer você avançar de um "3" para um "5" ou de um "7" para um "9"?

Finalmente, o teste termina com uma simples questão "sim" ou "não": Você permitirá que Deus a guie para torná-la uma pessoa mais forte, abordando corajosamente os problemas de seu casamento e perseverando através das lutas?

Creio firmemente que as dificuldades presentes em seu casamento podem ser o veículo de Deus para torná-la a mulher forte que ele a criou para ser.

Perguntas para discussão e reflexão

1. Você já enfrentou a "paralisia funcional" em seu casamento? Como foi? O que *não* funcionou quando você tentou abordá-la? Baseado no que Gary compartilhou, que abordagem poderia ser mais produtiva no futuro?
2. Qual você acredita ser o maior perigo para um casamento: a agressividade momentânea de um marido ou a fraqueza aparente de uma esposa? Se você escolheu a última opção, por que você acha que as mulheres geralmente abafam sua frustração em vez de enfrentá-las?
3. Que forma seria adequada para uma mulher que está comprometida com uma visão bíblica de casamento – "até que a morte os separe" – se levantar e dizer: "Se isso não mudar nosso relacionamento *será* afetado"? Quais seriam os possíveis perigos dessa mudança? Quais seriam os possíveis benefícios para a esposa e para o marido?
4. Você concorda com Gary que "a pior coisa que você pode fazer a um relacionamento doentio é nada"? O que impede algumas mulheres de agirem com firmeza? O que as ajudaria a agirem mais corajosamente?
5. Você já "desistiu" de algum aspecto em seu casamento? Em que sentido? O que você gostaria de ter feito de forma diferente? Como essa experiência poderia afetar suas ações futuras?
6. Em que área de seu casamento é mais difícil para você ser ativa e demonstrar coragem? Como as mulheres poderiam encorajar umas às outras a serem menos passivas e mais ativas em seus casamentos?
7. Liste as duas áreas de seu casamento que mais precisam de influência positiva que honre a Deus. Comece a orar para que Deus mostre respostas adequadas, ativas e cheias de amor.

3

"Seja digna de mim"

Como Deus usa as fraquezas dos outros para nos ajudar a crescer

O autor *best-seller* e historiador David McCullough encontrou por acaso uma carta escrita por John Adams, o segundo presidente dos Estados Unidos, para sua esposa durante a guerra: "Não podemos garantir o sucesso nessa guerra, mas podemos fazer uma coisa melhor: podemos merecer a vitória".

"Não podemos garantir o sucesso nessa guerra, mas podemos fazer uma coisa melhor: podemos merecer a vitória".

Mais tarde, McCullough leu outra carta. Essa de George Washington, que usou exatamente a mesma frase. A frase originalmente foi tirada de uma peça chamada *Cato* e resume o espírito por trás do nascimento dos Estados Unidos. Ela pode ajudar as mulheres modernas a reformar seus casamentos. McCullough explica: "Aquela frase na carta de Adams está dizendo que o resultado da guerra estava nas mãos de Deus. Não podemos controlar isso, mas podemos controlar nosso comportamento. Nós podemos merecer o sucesso".[7]

7 David McCullough, "Knowing History and Knowing Who We Are", In: *Imprimis* (Abril 2005), 5.

O mesmo princípio é verdadeiro em seu casamento. Você não pode garantir como as coisas vão acabar, não pode definitivamente controlar outro ser humano, mas *pode* "merecer" o sucesso. Você pode agir de tal forma que a transformação seja mais provável.

E se as falhas de seu marido forem instrumentos de Deus para moldar você?

Quero que você pense em uma coisa: E se as falhas de seu marido forem instrumentos de Deus para moldar você? E se exatamente aquilo que mais incomoda você nele fizer parte do plano de Deus para lhe ensinar alguma coisa? Você está disposta a aceitar que a reforma de seu casamento – o processo de transformar um homem – possa começar com você?

"Seja digna de mim"

O estrondoso sucesso militar de Napoleão Bonaparte encontrou rival somente em seu ego atroz. Em uma carta, ele repreende sua esposa:

> "Insisto que seja mais forte. Disseram que você está sempre chorando. Que vergonha, isso é muito ruim! [...] Seja digna de mim e desenvolva um caráter mais forte. Faça uma aparição adequada em Paris [...] Se você estiver sempre choramingando pensarei que não possui nenhuma força de caráter. Não gosto de covardes. Uma imperatriz precisa ter coragem."[8]

Embora o desdém de Napoleão nos ofenda e cause náuseas, acho que ele foi feliz ao forjar a frase: "Seja digna de mim". Esse deve ser o alvo de todo marido e toda esposa – um homem que aspire ser digno de sua esposa e uma mulher que aspire ser digna de seu marido.

Em nossa cultura obcecada pela autoestima, dizer a alguém que ele ou ela precisa se tornar "digno" soa como anátema, mas há um precedente bíblico para isso. Jesus diz que qualquer um que não tomar sua cruz e segui-lo não é digno dele (Mt 10.38). Paulo pede aos romanos que recebam Febe *no Senhor, de maneira digna dos santos* (Rm 16.2). Ele conclama os efésios a viverem uma vida de *maneira digna da vocação que receberam* (Ef 4.1). Os santos são chamados a serem dignos, ou elogiados por serem dignos

8 Citado em André Castelot, *Josephine* (Nova Iorqure: Harper & Row, 1967).

em Filipenses 1.27, Colossenses 1.10, 1 Tessalonicenses 2.12, 2 Tessalonicenses 1.11, 3 João 6 e Apocalipse 3.4.

Esse é um alerta para que nós desenvolvamos seriamente raízes espirituais profundas e continuemos a desenvolver nossa habilidade de nos relacionarmos. Precisamos buscar as Escrituras, crescer em sabedoria, continuar a orar e desenvolver nosso discernimento espiritual. Com Cristo em nós e o Espírito Santo nos transformando, não temos nenhuma desculpa para continuar na imaturidade.

O apóstolo Paulo desafiou Timóteo a desenvolver completamente os dons que Deus lhe dera e então escreveu: *Seja diligente nessas coisas; dedique-se inteiramente a elas, para que todos vejam o seu progresso* (1Tm 4.15). Paulo quer que Timóteo saiba: "você não é perfeito, mas as pessoas precisam ver *progresso* em sua vida. Em cinco anos você precisa ser mais sábio, mais forte e mais maduro em caráter do que é agora".

Minha esposa se casou com um imaturo de vinte e dois anos. Eu sinceramente espero que o marido dela seja agora mais maduro, mais amoroso e menos egoísta do que naquela época. Oro fervorosamente para que daqui a dez anos, ele tenha se tornado muito mais maduro, muito mais amoroso e muito mais gentil, sábio e altruísta.

> *Com Cristo em nós e o Espírito Santo nos transformando, não temos nenhuma desculpa para continuar na imaturidade.*

Esse crescimento não acontece por acidente, é claro. Não ocorrerá a menos que eu seja, para usar as palavras de Paulo, *diligente nessas coisas*, a menos que eu *atente bem para a sua* [minha] *própria vida e para a doutrina* (1Tm 4.16), "perseverando" nelas. Se eu não crescer, minha esposa crescerá mais do que eu. Não posso dar a Lisa o marido perfeito, mas certamente não quero dar a ela um esposo preguiçoso. Quero me tornar "digno" dela. Talvez eu nunca consiga chegar lá completamente, mas não será por falta de tentativa. Nunca serei tão magro como fui um dia, nunca terei a quantidade de cabelos daquela época, mas posso me tornar um homem cujo caráter ofusca em muito o rapaz de vinte e dois anos com quem ela se casou.

Veja, quando você cresce em caráter, aprofunda suas raízes espirituais, aprende a ouvir a voz de Deus e molda sua mente com sabedoria, quando você permite que o Espírito Santo transforme seu caráter e mude seu coração, poderá fazer com que seu marido se apaixone novamente por você e se sinta mais motivado do que nunca para manter seu respeito e afeição. Nada se compara a estar casado com uma mulher de Deus, *nada*. E nada cansa mais facilmente do que viver com uma esposa narcisista, fraca ou medrosa.

Seu marido a escolheu do jeito que era e aceita você como é, mas você pode abençoá-lo com a mulher que você quer se tornar. Faça isso. Honre a fé dele em você tornando-se a mulher dos seus sonhos.

Perseverança dolorosa

A razão pela qual é tão importante se concentrar em seu crescimento é que você pode evitar o pecado do orgulho que constantemente nos tenta a nos concentrarmos em mudar nossos cônjuges e negligenciarmos nossas próprias fraquezas. Jesus alertou contra isso com palavras fortes:

> *"Por que você repara no cisco que está no olho do seu irmão e não se dá conta da viga que está em seu próprio olho? Como você pode dizer ao seu irmão: 'Irmão, deixe-me tirar o cisco do seu olho', se você mesmo não consegue ver a viga que está em seu próprio olho? Hipócrita, tire primeiro a viga do seu olho, e então você verá claramente para tirar o cisco do olho do seu irmão"* (Lc 6.41s)

A reforma de seu casamento *começa com você*. Sugerir qualquer outra coisa seria negar tudo o que eu já escrevi. Não estou dizendo que é errado esperar mais de seu marido. Não estou negando que você possa desfrutar mais de seu casamento se seu marido deixar alguns maus hábitos e der mais atenção a você. Estou dizendo que se você usar este livro para focalizar na mudança de seu marido de forma a negligenciar seu crescimento, tudo o que eu fiz foi inspirar um novo fariseu e não a mulher santa que Deus está procurando.

A reforma de seu casamento começa com você.

Vamos combinar em manter essa perspectiva em mente por todo o livro.

Como Deus está usando essa realidade de viver com um homem imperfeito para lhe ensinar a ter mais paciência e compreensão? Como Deus está usando seu casamento com um homem irritadiço para lhe ensinar a amar pessoas iracundas? Como Deus está usando os desejos sexuais de seu marido, sua insegurança vocacional ou talvez sua falta de sociabilidade para ensinar você a negar-se a si mesma, tomar sua cruz e seguir Jesus?

Como ele está usando seu casamento para lhe ensinar a amar?

Como ele está usando seu casamento para lhe ensinar a amar?

Quando você se vê em um casamento difícil ou em um casamento basicamente bom com uma situação em particular que lhe incomoda, pode ter certeza de que Deus quer amadurecer você no enfrentamento desse problema *com força, coragem, dignidade e sabedoria bíblica*. Deus poderia, é claro, dizer uma só palavra e seu problema seria resolvido na hora, mas não é assim que ele trabalha. Ele permite que encaremos situações que podem nos aterrorizar e nos fazer sentir completamente incapazes. Ele pode até nos conduzir a enfrentar nossos maiores medos para que cresçamos nele.

A Bíblia é clara sobre isso. O crescimento espiritual acontece perseverando através de tempos difíceis:

- *Não só isso, mas também nos gloriamos nas tribulações, porque sabemos que a tribulação produz perseverança; a perseverança, um caráter aprovado; e o caráter aprovado, esperança. E a esperança não nos decepciona, porque Deus derramou seu amor em nossos corações, por meio do Espírito Santo que ele nos concedeu.* (Rm 5.3-5)
- *Meus irmãos, considerem motivo de grande alegria o fato de passarem por diversas provações, pois vocês sabem que a prova da sua fé produz perseverança.* (Tg 1.2s)
- *Assim acontece para que fique comprovado que a fé que vocês têm, muito mais valiosa do que o ouro que perece, mesmo que refinado pelo fogo, é genuína e resultará em louvor, glória e honra, quando Jesus Cristo for revelado.* (1Pe 1.7)

A maioria de nós nunca enfrentou a perseguição física a que esses versos se referem diretamente, mas enfrentamos provações espirituais e relacionais que têm o mesmo efeito. Deus pode usar seu casamento para torná-la mais forte, mais sábia e uma mulher mais completa, desde que você não fuja dos desafios que estar casada com o seu marido representa.

A equação da mudança

O seu casamento não é apenas um número na escala de 1 a 10, é uma equação matemática: $x + y = z$. O seu marido pode ser o x. Um número que você não pode mudar de forma alguma. Mas se mudar o y (essa é você), você influencia no resultado geral de seu casamento: $x + 2y = q$. Isso é ao mesmo tempo a beleza (a mudança é sempre possível mesmo que apenas unilateral) e a frustração (a natureza dessa mudança é limitada, nunca garantida) dos relacionamentos humanos. É também por isso que este livro concentra-se em como uma mulher pode *influenciar* um homem e não como uma mulher pode *mudar* um homem.

Deus pode usar seu casamento para torná-la mais forte, mais sábia e uma mulher mais completa, desde que você não fuja dos desafios que estar casada com o seu marido representa.

É inteiramente natural e saudável sonhar grandes coisas para seu marido, mas isso é muito diferente de *exigir* egoisticamente essas coisas.[9] Quando sonha algo de forma positiva você se oferece a Deus como um instrumento de amor, mudança e transformação espiritual. Quando exige que alguém mude para seu benefício, você está, literalmente, tentando dobrar o mundo ao seu redor para o seu conforto, suas necessidades e sua felicidade. Isso é orgulho, arrogância e egocentrismo. E Deus nunca abençoa *isso*.

Portanto, vamos definir nossas expectativas logo de saída. O que você sonha para o seu homem? Talvez você queira que seu marido pare de beber, dê mais atenção aos filhos, ore com você ou leia com você. Ou talvez você queira que ele pare de dar livre vazão a seu temperamento, pare de

9 Agradeço à minha amiga Dina Horne por esse comentário.

ver pornografia ou seja um líder mais espiritual. As chances de que você queira que ele seja mais relacional e se envolva mais são grandes.

Esses são bons sonhos! Qualquer homem seria tremendamente abençoado se apenas um deles se realizasse, mas, por favor, tenha isso em mente: sua posição eterna diante de Deus *não* depende de nenhuma dessas realizações.

Você e Deus estão nisso juntos e ele está começando a reforma de seu casamento com você.

As boas notícias são que você e Deus estão nisso juntos. Ele sabia, antes mesmo de criá-la, com quem você iria se casar, e vai continuar dando as ferramentas necessárias para que se torne a pessoa que ele a chamou para ser e para que faça a obra que ele a criou para fazer dentro de seu atual relacionamento. Deus *nunca* a abandonará em nenhuma situação: *... pois o Senhor, o seu Deus, vai com vocês; nunca os deixará, nunca os abandonará* (Dt 31.6). Mesmo que você seja casada com um homem não cristão, a graça de Deus lhe é suficiente. Você não pode cavar um buraco tão fundo que a separe da provisão, do cuidado e da força para viver de Deus. Sim, nossas escolhas podem resultar em consequência desagradáveis, mas mesmo assim, Deus nos ajuda a suportá-las.

Essa é a mensagem que eu quero comunicar: você e Deus estão nisso juntos e ele está começando a reforma de seu casamento *com você*. Deixe que ele a transforme enquanto você infuencia seu marido. Embora talvez nunca obtenha os resultados que tem em mente, você pode, sem dúvida, mudar a equação de seu casamento remodelando a si mesma. Isso começa com entender, talvez pela primeira vez, a glória de ser uma mulher de Deus e agir com a força de uma mulher de Deus, que compreende que foi criada à sua imagem, teve seus pecados perdoados pela obra de Jesus Cristo e recebeu dons e poder pelo Espírito Santo para viver a vida que Deus a chamou para viver.

Talvez você tenha escolhido este livro simplesmente para descobrir como motivar, ou até transformar, seu marido. Estou aqui para dizer que, por mais nobre que seja essa causa, ela ainda é pequena demais para você. Deus a fez para mudar *o mundo*. Seu lar é o ponto de partida.

Enfrentando corajosamente os desafios que todos os casamentos enfrentam e deixando Deus transformar *você* nesse processo, alguma coisa maravilhosa vai acontecer: a formação de uma nova mulher, plenamente viva para Deus, que pode tomar as lições que aprende em casa e aplicá-las em qualquer lugar.

"Não podemos garantir a vitória nessa guerra, mas podemos fazer uma coisa melhor: podemos merecer a vitória."

Perguntas para discussão e reflexão

1. Se é verdade que as falhas de seu marido são instrumentos de Deus para transformá-la, como você acha que Deus está tentando trabalhar em você hoje?
2. Por que é importante que as esposas mantenham a atitude saudável e bíblica de se "tornar digna" quando procuram ser uma influência no crescimento de seu marido?
3. Como Deus está usando seu casamento da maneira que está no momento para ensinar você a amar?
4. Como o fato de estar casada com um homem imperfeito tem feito com que você se torne mais forte e mais sábia?
5. Qual a diferença de ter "sonhos" para seu marido e exigir que ele mude?
6. Como a noção de que Deus está com você em seu casamento a ajuda a enfrentar suas atuais frustrações e lutas conjugais?
7. De que maneiras uma abordagem corajosa e ativa dos problemas de seu casamento vai preparar você para influenciar e transformar o mundo?

Parte 2

Criando o clima para a mudança

4

A viúva de Sarepta

Compreendendo a sede mais profunda do homem

Será que já houve uma mulher mais desesperada? Em uma terra devastada pela fome, sem comida em lugar algum, uma mãe olhou para o resto de farinha e azeite e compreendeu que só tinha mantimento para uma última refeição.

Essa cena aconteceu há cerca de três mil anos atrás, muito antes que existissem supermercados cheios de comida e lanchonetes em cada esquina prometendo uma solução rápida para estômagos roncando. Naquela época, durante uma fome ou seca, quando não havia comida, significava literalmente que *não havia comida*. Todas as maçãs foram colhidas, todas as batatas foram escavadas da terra. Até as cascas das árvores foram tiradas. Qualquer coisa que poderia ser consumida já tinha sido, deixando a morte como a última certeza.

Imagine que você fosse essa viúva. Você suportou o trauma de ver seu marido morrer e agora encara a terrível perspectiva de ver a vida de seu filho se esvair lentamente de fome.

Bem nesse momento um homem estranho entra em sua vida dizendo ser profeta de Deus. Ele pede que você lhe prepare uma refeição. Quando você responde que sua farinha e seu azeite se acabaram e que você tem o suficiente somente para preparar uma última refeição para si e seu filho, ele lhe assegura que, se você assar o último pão para ele, seu pote de farinha e seu jarro de azeite nunca se esvaziarão.

O que tem a perder? Então, você faz o que ele disse e vê, com espanto, que era verdade. Por meses sem fim, aquele pequeno montinho de farinha e aquela jarrinha de azeite continuam a se encher sozinhos. A princípio, você abriu aquele pote e aquele jarro com as mãos trêmulas. Queria acreditar que estava vivendo um milagre, mas sua mente lutava com a ideia o tempo todo: "Talvez a farinha estivesse grudada no fundo do pote, talvez da mesma forma o azeite escorreu das laterais do jarro e ajuntou-se no fundo". Gradualmente, depois de alguns dias, compreende que uma única explicação faz sentido: Deus milagrosamente providenciou que esse profeta chamado Elias viesse até você. Nenhum fenômeno natural pode explicar o que você está experimentando.

Com o tempo, você não se surpreende mais quando abre o pote e o jarro. Na verdade, embora isso seja contra tudo o que é razoável, você ficaria mais surpresa se aquelas vasilhas estivessem vazias. O enchimento tinha acontecido com tanta frequência que não parecia mais um milagre. Era normal.

Mas a tragédia ataca e sacode você do seu conforto.

Seu filho adoece gravemente de uma doença que não tem nada a ver com a fome. Após uma dolorosa batalha ele sucumbe à enfermidade e morre.

Agora você está furiosa com o homem de Deus que tem preservado você da fome. Que bem você fez para ser poupada de uma morte precoce pela fome? E agora tem que ver seu filho morrer doente? Você confronta Elias e lhe diz exatamente o que pensa dele e como desejaria que nunca o tivesse visto na vida.

Elias toma seu filho, leva para o quarto dos fundos fora de sua vista. Pouco momentos depois, você não pode acreditar no que vê – seu filho, que estava morto, corre para seus braços! Você nunca sentiu alegria como essa e em um grito espontâneo de louvor, clama: *Agora sei que tu és um homem de Deus e que a palavra do Senhor, vinda da tua boca, é a verdade* (1Rs 17.24).

De repente, um silêncio. Você percebe que acaba de insultar o homem que salvou seu filho. *Agora* você sabe que ele é um homem de Deus e que Deus fala através dele? Só *agora* você acredita nele? O que você comeu durante meses? De onde você pensa que veio aquela farinha? Quem disse a você, contrariando toda a lógica, que a farinha continuaria a aparecer? Quem disse a você, contrariando toda lógica, que o óleo continuaria a correr? Ainda assim, precisou acontecer *isso* para você acreditar em suas palavras?

O que aconteceu à viúva há muito tempo continua a acontecer em muitos casamentos hoje. A milagrosa provisão de Elias para essa mulher se tornou algo comum. O que antes parecia um fato extraordinário (farinha e azeite que nunca se acabavam), logo se transformou em uma bênção tão comum, tão esperada, que cessou de ser notada e muito menos apreciada. Depois de cerca uma semana era como as coisas sempre foram.

Infelizmente, muitas mulheres veem seus maridos dessa mesma forma. Os pontos fortes de seus cônjuges se tornam tão familiares que as esposas deixam de notá-los e muito menos de apreciá-los. Quando, porém, uma fraqueza levanta sua cabeça feia, tudo se apaga da memória.

Os pontos fortes de seus cônjuges se tornam tão familiares que as esposas deixam de notá-los e muito menos de apreciá-los.

Os maridos, é claro, percebem isso. Em uma pesquisa envolvendo mil homens, apenas dez por cento dos maridos (apenas um em cada dez) acreditam que suas esposas o amam mais do que eles amam suas esposas. Pensamos que somos muito mais felizes com vocês do que vocês conosco.[10]

Cegas para a bênção

No primeiro aniversário dos ataques de 11 de setembro às torres gêmeas de Nova Iorque, Lisa e eu assistimos a várias entrevistas com viúvas de vítimas. "O que mais mudou em sua perspectiva da vida no ano que passou?", um entrevistador perguntou. A primeira viúva respondeu: "Não

10 "The GQ Poll: The State of Man", In: *GQ* (dezembro de 2004), 224.

As pequenas coisas que permitimos que nos aborreçam parecem triviais comparadas com a perda de bênçãos que antes tinham sido desprezadas.

aguento ouvir as mulheres reclamando de seus maridos". Todas as outras balançaram as cabeças concordando e, então, outra viúva acrescentou: "Eu ficaria feliz se entrasse no banheiro e visse a tampa levantada".

Suas palavras fazem soar um alerta profundo. As pequenas coisas que permitimos que nos aborreçam parecem triviais comparadas com a perda de bênçãos que antes tinham sido desprezadas. Diante de uma perda enorme, essas mulheres não se importavam mais com pequenas irritações, em vez disso, tinham que enfrentar o grande e negro vazio de tudo aquilo que seus maridos tinham feito por elas, repentinamente arrancado de suas vidas para sempre.

Sarah mora na costa oeste dos Estados Unidos. (Por várias razões fiz dessa história uma composição de várias). Ela assistiu uma de minhas conferências "Casamento Sagrado" e tinha se reunido com várias mulheres em um grupo pequeno entre as sessões. Uma esposa começou a se gabar do lindo jardim de rochas que seu marido construiu em um fim de semana. Sarah parecia estranhamente quieta até que, finalmente, levantou a mão e disse: "Pare, por favor! Meu marido passou o final de semana deitado no sofá assistindo o torneio de golfe na TV. Eu não preciso ficar ouvindo como o seu marido passou o final de semana trabalhando no quintal".

Mais tarde falei particularmente com Sarah.

"Quanto mede sua casa?", perguntei.

"Um pouco mais de 180 metros quadrados", ela disse. "E tem um jardim lindo".

"Uau, parece muito boa, especialmente com três crianças pequenas. Você tem sorte de morar em uma casa assim."

"Acho que sim", ela disse.

"Onde você trabalha?", perguntei.

"Ah, eu não trabalho", respondeu Sarah. "Meu marido ganha o bastante para eu ficar em casa com as crianças".

"Que ótimo!", disse a ela, "Você sabia que 65% das mulheres em sua situação têm que trabalhar fora de casa, mesmo que não queiram? Você é uma das poucas que podem escolher ficar em casa. Isso deve fazer você se sentir muito bem".

"Acho que sim".

Mudei a conversa para a segunda-feira depois do domingo preguiçoso de seu marido. Sarah não sabia, mas eu tinha conversado com o marido dela, então eu sabia o que tinha acontecido na segunda. "Jim" levou o filho para um treino de baseball. A temporada de baseball ia começar e o menino estava ansioso para pegar algumas dicas do pai. Depois, no fim da tarde, Jim levou as filhas ao cinema. No caminho de casa telefonou para Sarah perguntando se ela queria alguma coisa do supermercado.

Depois que Sarah contou tudo isso, perguntei a ela: "Você sabe o que uma mãe solteira diria se, só por um dia, um homem levasse o filho dela para um passatempo de 'homem', ensinando-o a jogar baseball? Ou se ela pudesse ter uma folga enquanto alguém leva suas filhas ao cinema e ainda por cima ligasse perguntando se ela precisava de alguma coisa do supermercado? Ela pensaria que tinha morrido e chegado ao céu! Iria para a cama orando: 'Obrigada, Senhor, por um dia em que tudo não esteve sobre os meus ombros!' "

"Obrigada, Senhor, por um dia em que tudo não esteve sobre os meus ombros!"

Vi uma luz brilhando no rosto de Sarah. Ela correu para Jim e o beijou na testa.

"Por que isso?"

"Por ser você."

Sarah havia se esquecido das "bênçãos comuns" de Jim. Minutos antes, estava cega para as coisas que seu marido tinha feito, concentrando-se somente no que ele não tinha feito em um final de semana. Agora ela o vê sob um novo prisma.

Recentemente tive o privilégio de ministrar na África do Sul. Nossos anfitriões levaram a mim e a meu filho a Soweto, uma famosa área residencial onde viveram a família Mandela e o bispo Desmond Tutu. Em meio a casas bonitas estende-se uma vasta paisagem de barracos feitos de sucata. Paramos em um lugar e crianças pequenas correram ao nosso encontro de mãos estendidas esperando ganhar alguma guloseima. À distância, vi uma jovem mãe carregando um balde de vinte litros para a torneira comunitária. O bairro não tem luz elétrica e dispõe de umas poucas torneiras comunitárias. Nossos olhares se cruzaram de relance. Embora ela pudesse apenas imaginar o lugar para onde eu voltaria, eu não precisava imaginar. Eu podia ver onde ela vivia e gostaria de poder mostrar a todas as esposas do meu país o que aquela mulher enfrenta todos os dias. Você pode não viver como uma estrela de cinema, mas, provavelmente, não tem que andar duas quadras todos os dias através de becos enlameados para conseguir um pouco de água.

Quando foi a última vez que você agradeceu a seu marido por ajudá-la a manter o seu estilo de vida?

Amando o menos que perfeito

Raramente encontro uma esposa que se compare a uma mulher de Soweto. A maioria se sente tentada a se comparar a alguém que esteja um pouco (ou às vezes muito) "melhor" do que ela. São como Sarah, a esposa do marido que assistia ao torneio de golfe na TV, que caiu na mesma armadilha da viúva de Sarepta. Embora Elias tivesse oferecido muitas provas de quem ele era, quando surgiu um novo problema, a viúva de repente não conseguia ver tudo o que Elias tinha feito. Ela só conseguia ver o que ele *não tinha* feito.

Ela só conseguia ver o que ele não tinha feito.

Admito que se eu tivesse uma conversa com Jim, iria desafiá-lo a considerar se passar o fim de semana assistindo TV seria o melhor uso do tempo de um marido e pai de família. Ele estava exagerando um pouco. Mesmo assim, não era justo que Sarah olhasse para ele apenas sob o critério de um final de semana perdido. Jim tinha providenciado para sua família uma bela casa. Ele ganhava bastante dinheiro para que Sarah pudesse ficar em casa com as crianças, como ela desejava. Estava envolvido na vida de seus filhos. Jim não era perfeito, mas havia muitos motivos para ser grata. Como minha amiga Lisa Fetters diz: "As esposas precisam olhar para o quadro todo, e não para incidentes isolados".

Para influenciar um homem você precisa aprender a apreciá-lo pelo que ele é e pelo que ele tem feito. Tenho conversado com esposas que teoricamente sabem que seus maridos não são perfeitos, mas, na realidade, ressentem-se do fato de que eles não são. O autor e conselheiro matrimonial Leslie Vernick afirma: "Elas procuram o seu príncipe encantado. Quando ele se transforma em um cara comum, ficam decepcionadas".[11]

Para influenciar um homem você precisa aprender a apreciá--lo pelo que ele é e pelo que ele tem feito.

O texto de Tiago 3.2 tem revolucionado minha maneira de ver a vida em família: *Todos tropeçamos de muitas maneiras*. Observe as palavras "todos" e "muitas". Nenhum cônjuge evitará essa realidade. *Todos* nós – inclusive seu marido – tropeçamos de muitas maneiras. Viver com um homem é viver com alguém que certamente desapontará você, não uma ou duas vezes, mas de muitas maneiras. Até o Dr. James Dobson e o Pr. Rick Warren tropeçam de *muitas* maneiras. Aquele "marido perfeito" que você vê abrir a porta gentilmente para a esposa todos os domingos, que sempre parece tão gentil e prestativo e que tem um salário maravilhoso? Em algum lugar, de forma bem concreta, ele tropeça de muitas maneiras. Se você se divorciar do seu marido e passar cinco anos entrevistando candidatos a segundo marido, se aplicar testes psicológicos e entrevistar seus amigos mais chegados e familiares, se você encontrar um homem que pareça combinar com você emocional, espiritual e recreativamente, ainda assim, acabará com um marido que tropeça de muitas maneiras.

Apenas um homem perfeito andou nesta terra e ele nunca se casou. Como toda esposa é casada com um homem imperfeito, cada uma terá

11 Esse e outros comentários de Leslie Vernick são resultado de nossa discussão das ideias para esse livro.

decepções legítimas em seu casamento. Você quer definir seu marido por essas decepções ou vai orar para que Deus abra seus olhos para as bênçãos comuns que seu marido oferece e para as quais você, muitas vezes, está cega?

Assim que você se casa com um homem real, precisa aprender a deixar de lado certas expectativas.

Pense sobre isso cuidadosa e honestamente: assim que você se casa com um homem real, precisa aprender a deixar de lado certas expectativas. Um homem real *será* um pecador. Um homem real *terá* arestas. Um homem real virá com fraquezas reais e lacunas em seu conhecimento ou habilidades. Se você não quer se casar com um homem real ou se ressente do fato de que seu marido é real e não perfeito, então, não se case. Quando você se casa com uma pessoa real, ela vai pecar contra você, vai desapontá-la, vai frustrá-la. Essa é a vida real.

Minha esposa e eu certa vez conhecemos uma mulher casada com um marido cheio de habilidades. Se ele constrói uma casa na árvore para os filhos, a casa tem portas e janelas que funcionam. Ele mantém o carro da esposa em perfeitas condições. Nada na casa dele fica quebrado por mais de quarenta e oito horas. No ponto de vista da esposa, porém, ele não é particularmente "profundo". Ele não desenvolve conversas longas sobre sentimentos. É bom ouvinte, mas você não o ouve compartilhar coisas pessoais. E ele nunca abre um livro.

Minha esposa imediatamente gostou das qualidades daquele homem porque ela vive a constante frustração de ser casada com um desastrado. Tem que aguentar descargas de vasos sanitários vazando, portas emperradas e consertos que são deixados de lado até que consigamos guardar dinheiro suficiente para pagar um profissional. Quando eu tento consertar alguma coisa, invariavelmente o problema fica pior e acaba custando mais caro.

Mesmo assim, essa outra esposa deixou bem claro que gostaria que o marido dela estivesse disposto a conversar. Perguntou abertamente à minha esposa como era ser casada com um escritor que lida com conceitos e que regularmente fala com pessoas e que gosta de discutir livros com sua esposa. Tenho certeza de que minha esposa se sentiu tentada a pensar que aquela mulher tinha coisa bem melhor, especialmente quando Lisa teve que se levantar no meio da noite pela enésima vez e chacoalhar a alavanca da descarga para fazer a água parar de correr.

Nenhum marido vem com o pacote completo. Nenhum marido pode fazer tudo. Sua função de esposa é lutar para estar sensível aos pontos fortes de seu marido. Resista à tentação de comparar suas fraquezas aos pontos fortes de outros e, ao mesmo tempo, esquecer os pontos fortes de seu marido e os pontos fracos dos outros. Não se ressinta por ele ser menos do que perfeito. Ele não pode ser outra coisa.

Detectores de decepção

Por que essa perspectiva é crucial se você deseja ser uma influência sagrada? Os maridos detectam o desapontamento com estranha precisão. O fato de valorizarmos tão profundamente a afirmação, toda a vez que não a recebemos é como viver com um grito longo, alto e insano. Nós temos a tendência de reagir da seguinte maneira: "Se eu não consigo agradá-la dando o máximo que posso, por que deveria continuar tentando?" Não estou dizendo que *devamos* reagir dessa forma, só estou dizendo que é *assim* que normalmente reagimos.

Se você deseja influenciar seu marido para uma posição positiva, precisa aprender a apreciá-lo de coração.

Se você deseja influenciar seu marido para uma posição positiva, precisa aprender a apreciá-lo de coração.

Lysa TerKeurst conta em seu livro *Cative o coração dele* que estava entrando no ônibus para o aeroporto quando conheceu um homem de sessenta anos que lhe disse uma coisa muito simples, mas impressionante. Lysa comentou que as pessoas devem adorar ver o ônibus chegar porque significa que vão para casa. O motorista riu: "É, todo mundo fica feliz quando viro a esquina. É por isso que amo meu trabalho. As pessoas entram no ônibus e dão um grande sorriso. Elas estão esperando por mim e quando eu finalmente chego, elas estão felizes porque estou ali. Eu queria ter uma câmera para filmar as pessoas entrando no meu ônibus com seus rostos sorridentes e seus comentários: 'Como é bom ver você'. Eu adoraria que a minha mulher visse esse filme. É assim que eu sempre quis que ela olhasse para mim quando chego do trabalho".[12]

É assim que eu sempre quis que ela olhasse para mim quando chego do trabalho.

Duvido que exista um homem que não se sinta assim. Seja um motorista de ônibus, um CEO, um atleta famoso ou um encarregado de supermercado, alguma coisa especial acontece no coração de um homem quando sua esposa e filhos parecem felizes em vê-lo. Eu sei que, às vezes, com nossa grosseria e nosso ar cheio de razão fica difícil para vocês ficarem felizes em nos ver. Mas é disso que precisamos.

Meu amigo Dave Deur, pastor da Igreja Central Wesleyana na cidade de Holland, no Estado de Michigan, estava dando uma aula sobre casamento. Ele pediu que os homens citassem cinco maneiras pelas quais eles gostam de ser amados. Virtualmente todas as listas incluíam atos ou palavras de apreciação, e muitos homens citaram várias vezes a afirmação usando palavras diferentes. Fiquei impressionado como os homens usaram pelo menos duas (muitas vezes três) de suas cinco respostas para descrever afirmação. De fato, um homem listou cinco coisas que poderiam ser resumidas por afirmação!

A regra número um para influenciar seu marido é essa: pare de menosprezá-lo.

Como você pode ver, aquele motorista, que só queria que a face de sua esposa se iluminasse quando o visse, não é uma exceção, é a regra. A regra número um para influenciar seu marido é essa: *pare de menosprezá-lo*. Ele quer se sentir notado, especial e apreciado. Isso o coloca em uma disposição "moldável". Quando ele se sente desvalorizado, torna-se defensivo e ressentido à mera sugestão de mudança.

Leslie Vernick, autor de *How to Act Right When Your Spouse Acts Wrong* (Como agir certo quando seu cônjuge age errado), certa vez perguntou a um marido em um aconselhamento o que ele mais gostaria de receber de sua esposa. Ele respondeu: "Tem um cara no meu

12 Lysa TerKeurst, *Cative o coração dele* (Rio de Janeiro: CPAD, 2002).

trabalho que é totalmente estabanado e nunca consegue fazer nada direito. Nenhum de nós achava que ele fosse grande coisa, mas um dia a mulher dele chegou e olhou para ele como se ele não pudesse fazer nada de errado. Todos nós ficamos com inveja dele dali em diante porque sabíamos que ele não era perfeito, mas sua mulher o tratava como se ele fosse. Eu adoraria que minha mulher me olhasse assim".

Aceitação espiritual

Sem se sentir apreciado, admirado e genuinamente respeitado, seu marido provavelmente nunca mudará. Se você nota muita tensão em sua casa, um alto nível de frustração e raiva na vida de seu marido, se percebe que há um desânimo que o leva à passividade (quando ele fracassa), se observa um mentalidade "escapista" quando ele passa o tempo livre na frente do computador jogando, assistindo esportes na TV, fugindo de casa e exagerando na recreação, é bem possível que você esteja diante de um homem que não se sente amado, apreciado e respeitado. Ele é um homem que está *aguentando* e não vivendo realmente, e homens que apenas toleram a vida nunca mudam, só deixam o tempo passar.

Sem se sentir apreciado, admirado e genuinamente respeitado, seu marido provavelmente nunca mudará.

A afirmação é mais do que um desejo do homem, muito mais. A aceitação e o encorajamento são exigências bíblicas.

- *Portanto, aceitem-se uns aos outros, da mesma forma como Cristo os aceitou, a fim de que vocês glorifiquem a Deus* (Rm 15.7).
- *Por isso, exortem-se e edifiquem-se uns aos outros, como de fato vocês estão fazendo* (1Ts 5.11).
- *Pelo contrário, encorajem-se uns aos outros todos os dias* (Hb 3.13).

Mesmo que seu marido nunca mude, mesmo que cada mau hábito, cada responsabilidade negligenciada, cada traço irritante de seu caráter permaneça exatamente como está, pelo bem de sua própria saúde espiritual você precisa aprender a amar esse homem *como ele é*. Muitos livros e artigos ignoram esse ponto. Seu primeiro passo, e o mais importante, é amar, aceitar e até honrar seu marido imperfeito.

Eu sei que algumas de vocês podem pensar que isso soa contraditório a tudo o que eu disse nos capítulos anteriores, porém, quando colocadas em prática, essas duas verdades – confrontar seu marido e aceitá-lo – podem se complementar. Quando você mostra respeito e afirmação por seu marido é impressionante como aquele homem imperfeito fica vulnerável à mudança. A história de Dan Allender é um bom exemplo disso.

"Você é um bom homem"

Em seu excelente livro *How Children Raise Parents* (Como os filhos criam os pais), o Dr. Dan Allender descreve como seu filho mais novo fez com que ele perdesse a paciência em uma pista de esqui. Ele pediu para que Dan o carregasse para baixo e Dan se recusou. Então, o menino começou a chorar e chutar. Dan começou a ficar irritado e exigiu que ele descesse de esqui. Começou a levantar a voz e sua esposa, Becky, sugeriu que ele descesse e deixasse que ela resolvesse a situação.

Dan desceu e viu o menino recusar-se a obedecer Becky. Isso foi a gota d'água. Dan subiu até o alto da pista, furioso, encontrou-se com Becky e disse: "Sai da frente. Seu jeito não funcionou, ele vai descer do meu jeito".[13]

Você está para testemunhar o poder profundo e incrível que uma mulher representa. Vou deixar Dan continuar seu relato:

> *Becky ficou firme. Minha mulher olhou para mim com bondade e força. Quando me aproximei dela sua cabeça balançou de um lado para outro e ela disse: "Não". Houve um momento de silêncio e ela disse: "Eu sei que você foi envergonhado e humilhado pelos homens mais importantes de sua vida e eu sei que não é isso que você quer ser para o seu filho". Era tudo o que ela precisava dizer. Uma miríade de rostos atravessou minha memória em um segundo e eu senti novamente a dura experiência de ser humilhado e envergonhado pelos homens que eram importantes para mim. Isso silenciou minha raiva e eu comecei a chorar. Minha mulher*

13 Dan Allender, *How Children Raise Parents* (Colorado Springs: Water Brook, 2003), 196.

colocou a mão sobre o meu coração e disse: "Você é um homem bom". Ela virou as costas e em um movimento leve e gracioso esquiou colina abaixo.[14]

Mesmo quando Dan agiu da pior forma, sua esposa o chamou para dar o melhor de si usando a afirmação. Ela resistiu a ele, mas ela também tocou em sua ira e firme, mas gentilmente, lembrou-lhe: "Você é um homem bom".

Quando Dan chegou perto de seu filho, ele era um homem transformado. Esse é o poder que uma mulher tem: um gesto magnânimo e uma frase dita de forma correta podem fazer maravilhas. Já que o menino tinha visto e ouvido a coisa toda, Dan optou pela abordagem direta:

"Andrew, você viu minha cara quando eu estava subindo a montanha, não viu?"

Ele se encolheu: "Vi".

"E você viu como eu estava bravo, não viu?"

"Vvvvvi".

"E ficou com medo, não ficou?"

"Fffiquei, ffiquei".

"E sabe o que eu ia fazer se a mamãe não fosse tão firme e amorosa e ficasse na sua frente para proteger você".

A essa altura, seus olhos estavam brilhando de lágrimas e seu queixo tremia de medo. Olhei para ele, tomei seu rosto em minhas mãos e disse: "Andrew, eu estava errado. Mamãe me amou e amou você. Ela me fez ver a pessoa que eu me tornei e o que eu não quero ser. Andrew, me perdoe por ter ficado com raiva. Eu te amo".

O presente que meu filho me deu foi de valor incalculável. "Papai, a mamãe está certa. Você é um homem bom".[15]

Você pode ver o que há de bom em seu marido, mesmo quando ele está mostrando seu lado pior? Você pode parar o suficiente para ver a ferida que há por trás da raiva e chamá-lo a ser o melhor que pode? Se você aprender a fazer isso, *moverá* seu marido diretamente para os braços de Deus.

> Você pode ver o que há de bom em seu marido, mesmo quando ele está mostrando seu lado pior?

14 Ibid.

15 Ibid., 197.

Perguntas para discussão e reflexão

1. Cite os três principais aspectos positivos que a atraíram em seu marido quando o conheceu. Quando foi a última vez que você o elogiou por essas características?
2. Se seu marido morresse, fora o companheirismo, quais são as duas ou três coisas de que você mais sentiria falta? Como você pode afirmar essas qualidades agora?
3. O texto de Tiago 3.2 que diz que *todos tropeçamos de muitas maneiras* a ajuda a olhar para seu marido e seu casamento sob uma perspectiva diferente? Por quê?
4. Que tipo de expressão geralmente está em sua face quando seu marido chega em casa? Existe alguma possibilidade de você recebê-lo de forma edificante e que possa favorecer uma influência positiva?
5. Como os amigos de seu marido descreveriam a maneira como você olha para ele? Isso requer uma mudança? Qual?
6. Em que aspecto de caráter seu marido tem maior probabilidade de falhar? Seguindo o exemplo de Becky Allender, como você pode invocar o melhor de seu marido com afirmação e ao mesmo tempo dizer "não" ao pecado?

5

O legado de Sarepta

Como você pode aprender a apreciar um homem imperfeito

Quando Robert Kennedy se tornou Procurador Geral da República dos Estados Unidos, os líderes do movimento pelos direitos dos afrodescendentes se desesperaram. "Bobby" era de origem irlandesa e, de acordo com um líder daquela época, "famoso por não se interessar pelo movimento pelos direitos civis. Sabíamos que estávamos em uma grande enrascada. Estávamos falando com o Dr. Martin Luther King Jr. cabisbaixos, desanimados, murmurando e reclamando sobre a situação, quando o Dr. King bateu a mão na mesa e ordenou que parássemos [de reclamar]. 'Chega!', ele disse. 'Tem alguém aqui que tem alguma coisa boa para falar de Bobby Kennedy?' Dissemos, 'Martin, é isso que nós estamos falando, ninguém fala bem dele. O cara é um conservador católico de origem irlandesa. Ele significa más notícias' ".[16]

Talvez você já tenha se sentido assim a respeito de seu marido. Você vê tantas coisas negativas, tantos problemas, preconceitos e maus hábitos a serem vencidos que honestamente não consegue pensar em uma única coisa boa para dizer a respeito dele. Enquanto ficar aí, não vai mudar seu marido. Nunca irá influenciá-lo.

16 O palestrante é Henry Belafonte, que contou a história a Bono (veja Michka Assayas, *Bono: In Conversation with Michka Assayas* [Nova Iorque: Riverhead, 2005], 86).

Martin Luther King Jr. entendeu isso profundamente. Ele olhou para seus companheiros e disse: "Bem, vamos encerrar essa reunião. Nós nos reuniremos novamente quando alguém encontrar uma coisa boa para dizer a respeito de Bobby Kennedy, *porque esta, meus amigos, é a porta pela qual nosso movimento vai passar*".[17]

Luther King encerrou a reunião, insistindo que não havia nada mais a fazer até que alguém descobrisse alguma coisa boa para dizer de Bobby Kennedy. Em seu ponto de vista, não havia como levar aquele homem a pensar como eles até que encontrassem uma coisa positiva para dizer a seu respeito. Essa única coisa seria a porta da redenção, a porta da influência, a porta da mudança.

O plano de Luther King funcionou. Eles descobriram que Bobby era amigo chegado de um bispo e eles trabalharam com aquele bispo de maneira tão eficiente que, de acordo com aquele líder que não conseguia achar nada de positivo para falar de Bobby Kennedy, "Ninguém foi mais amigo do movimento pelos direitos dos afrodescendentes [do que Bobby Kennedy]. Não houve ninguém a quem devêssemos mais o nosso progresso do que àquele homem".[18]

Seu maior pesadelo transformou-se na realização de seu maior sonho.

Esse incrível triunfo foi construído sobre o poder do reconhecimento de um ou dois pontos fortes, trabalhando sobre eles e encontrando um caminho para o movimento através dele. Você influenciará seu marido da mesma forma. Quando se encontrar em desespero, vencida pela negatividade para com o homem com quem se casou, lembre-se das palavras de Martin Luther King Jr.: "Nós nos reuniremos outra vez quando alguém tiver encontrado alguma coisa boa para dizer a respeito de Bobby Kennedy, porque esta, meus amigos, é a porta pela qual o movimento passará".

Todas as mulheres têm uma coisa em comum: o marido dela é um homem imperfeito.

17 Ibid., ênfases adicionadas.

18 Ibid., 87.

Você não está sozinha

Embora cada mulher tenha se casado com um homem que possui um contexto, uma personalidade e talentos únicos, todas as mulheres têm uma coisa em comum: o marido dela é um homem imperfeito. Nenhuma mulher tem um cônjuge que não lhe dá motivo para uma queixa legítima. Talvez realmente você tenha mais queixas do que as outras, mas todas as esposas podem encontrar alguma coisa que precisa melhorar, de outra forma você não estaria lendo este livro!

Este é um desafio espiritual. Você terá que lutar contra a tendência humana natural de ficar obcecada com as fraquezas de seu marido. Quando lhe peço para afirmar os pontos fortes de seu marido, não estou minimizando suas muitas fraquezas, só estou encorajando você a fazer uma escolha espiritual *diária* de se concentrar nas qualidades pelas quais você se sente grata. Virá o tempo em que você poderá abordar as fraquezas, *depois* que tenha estabelecido um firme fundamento de amor e encorajamento. Por enquanto, você precisa fazer uma escolha consciente de dar graças por seus pontos fortes.

> *Ficar obcecada com as fraquezas de seu marido não fará com que elas desapareçam.*

Descobri que Filipenses 4.8 é tão relevante para o casamento quanto é para a vida: ... *tudo o que for verdadeiro, tudo o que for nobre, tudo o que for correto, tudo o que for puro, tudo o que for amável, tudo o que for de boa fama, se houver algo de excelente ou digno de louvor, pensem nessas coisas.*

Ficar obcecada com as fraquezas de seu marido não fará com que elas desapareçam. Talvez você tenha feito isso por anos e, se isso for verdade, o que você conseguiu a não ser mais do mesmo? Leslie Vernick alerta: "Pensar sempre negativamente sobre seu marido *aumenta* sua insatisfação com ele e com seu casamento". Afirmar os pontos fortes de seu marido, no entanto, provavelmente reforçará e edificará aquelas áreas que você preza e o motivará a buscar a excelência de caráter em outras.

Os homens amam o aplauso. Quando alguém nos elogia, desejamos conservar a opinião daquela pessoa intacta. Amamos a sensação de que nossas esposas nos respeitam e nada nos causa emoção maior do que ouvir seu elogio ou ver aquela expressão maravilhada em seus olhos. Nós iremos até o fim do mundo se for preciso para continuar a ter isso.

Será que essa abordagem, baseada na Palavra de Deus, não merece pelo menos uma tentativa?

Tenha em mente que não existe um homem que esteja "ligado" o tempo todo.

Para isso é preciso ser realista. Tenha em mente que não existe um homem que esteja "ligado" o tempo todo. Isso explica porque seu marido pode ser tão solícito, carinhoso e atencioso um dia e tão desligado, rude e crítico no dia seguinte. Você precisa dar espaço a ele, um humano menos que perfeito, para que ele tenha dias ruins, dias "fora do ar" e dias "normais". Os problemas espirituais advêm do fato de que você provavelmente está mais inclinada a definir seu marido pelos dias ruins a aceitar que os dias bons sejam a norma. Firme-se no bem, comece a defini-lo pelo que ele faz de bom, agradeça a ele (e a Deus) pelas coisas boas e, portanto, *reforce* as coisas boas.

O restante deste capítulo oferecerá exercícios espirituais práticos para ajudá-la a aprender a apreciar um homem imperfeito. Minha oração é que isso a ajude a valorizar e a ser cada vez mais grata pelo homem que Deus lhe deu como companheiro nesta jornada da vida.

Estimule em vez de condenar

Em meus tempos de garoto, a mascote da família, uma cadelinha poodle toy, adorava tentar alcançar os carros que passavam. Em uma tarde fatídica, ela finalmente conseguiu e ficou gravemente ferida. Meu pai correu para a rua para recolhê-la e nosso animalzinho de estimação se tornou um monstro. Alucinada de medo e dor aquela poodle mordia meu pai enquanto ele a carregava nos braços. Ele tinha corrido para ajudá-la tentando trazer alívio, mas a dor era tão grande que ela só conseguia morder as próprias mãos que tentavam cuidar dela.

Seu marido pode ser assim. Mesmo que ele tenha tido pais extraordinários é bem provável que tenha trazido algum elemento de dor para dentro de seu casamento. Talvez seus irmãos o provocassem. Talvez uma antiga namorada o tenha magoado. Talvez ele tenha tido uma mãe fria e calculista. As possibilidades são infinitas, exceto pelo fato de que ele veio a você como um homem ferido. Talvez você tenha se casado com um homem *profundamente* ferido. Infelizmente, os homens feridos mordem. Algumas vezes, como nossa cachorrinha, eles mordem as próprias mãos que tentam trazer-lhe a cura.

Antes que um relacionamento casual se transforme em um compromisso permanente, muitas mulheres veem um homem ferido e pensam: "Quero ajudá-lo". O casamento, porém, tem alguma coisa que, muitas vezes, faz com que ela diga: "Por que ele tem que *ser* assim?" As necessidades daquele homem que um dia trouxeram sentimentos de cuidado e compaixão são as mesmas feridas que tentam sua esposa a cair na amargura e no arrependimento.

A hora de fazer julgamentos de caráter era *antes* do casamento ("Eu quero mesmo viver com as feridas desse homem?"). Uma vez que a cerimônia tenha terminado, Deus desafia você a manter uma atitude de preocupação e apoio, em vez de ressentimento e frustação.

> A hora de fazer julgamentos de caráter era *antes* do casamento.

Você pode manter um coração manso, superando as feridas e, pacientemente, orando por uma mudança de longo prazo? Ou vai congelá-lo em suas incapacidades com seu julgamento, ressentimento, condenação e críticas? Você pode manter uma atitude de *apoio* em vez de uma atitude de acusação?

Dê a seu marido o benefício da dúvida

Algumas esposas podem literalmente mergulhar em sua frustração com as dificuldades relacionais de seu marido – "Por que ele não me ajuda?", "Por que ele não fala comigo sobre isso?", "Por que ele não parece se importar?" – sem perceber que talvez ele não saiba o que fazer. Muitas mulheres acusam seu marido de falta de carinho ou amor, mas de fato ele pode ser apenas incompetente! Não está *tentando* ser teimoso, indiferente ou insensível de propósito, ele apenas honestamente não sabe do que você precisa, nem o que ele deve fazer.

Norma Smalley, esposa do autor cristão Gary Smalley, descobriu que isso acontecia em seu grupo de casais:

> As mulheres muitas vezes acham que, se seus maridos as amassem, saberiam o que elas estão pensando e do que elas precisam. Isso simplesmente não é verdade. As esposas precisam aprender a falar a língua do marido. Precisamos ser diretas em nossa comunicação e dizer a eles o que queremos que façam. Quando quisermos que eles nos ouçam sem nos dar conselhos, precisamos dizer isso claramente. Quando quisermos a ajuda deles ou coisa parecida, precisamos dizer diretamente.[19]

Meu irmão frustrou sua esposa tentando agradá-la. O creme dental das crianças tinha acabado, então ele foi até o supermercado e comprou um que achou que as crianças iriam gostar: creme dental em gel de *Guerra nas Estrelas*. As filhas gritaram de alegria, mas sua esposa detestou. "Você já tentou limpar aquela meleca azul?", ela perguntou. "É horrível e gruda em tudo!" Felizmente ela percebeu que esse foi apenas um caso de boa intenção que não deu certo.

Como você escolhe ver as atitudes de seu marido determinará se você ficará feliz ou furiosa com ele.

No entanto, muitas esposas se recusam a dar a seus maridos o benefício da dúvida. Elas supõem que eles não se importam com elas ou, pior ainda, que estejam tentando tornar a vida delas mais difícil, quando, na realidade, eles não fazem ideia do que fazer. Minha cunhada poderia escolher uma das duas opções para encarar o caso do creme dental: meu irmão se incomodou o suficiente para ir até o supermercado para comprar um novo (apesar de sua escolha equivocada) ou ele intencionalmente fez a vida de sua esposa mais difícil comprando uma marca que criava um pesadelo de limpeza.

Como você escolhe ver as atitudes de seu marido determinará se você ficará feliz ou furiosa com ele.

19 Norma Smalley, "Differences Can Strengthen a Marriage", In: *The Joy of a Promise Kept* (Sisters, Ore., Multnomah, 1996), 39.

Posso acabar com um mito muito destrutivo? Talvez você ache que quanto mais seu marido amar você, melhor poderá ler sua mente. Isso é romântico, mas é um conceito *nada* realista, além de altamente destrutivo. Isso pode destruir seu casamento e impede a comunicação madura, fazendo com que você não seja direta. Ao mesmo tempo, tenta você a ficar ressentida por ele comprovar que é incapaz de usar telepatia.

Deixe-me sugerir uma estratégia muito mais saudável. Em vez de ficar magoada pela insensibilidade ocasional de seu marido, baseada pelo menos parcialmente (lembre-se de que você está dando a ele o benefício da dúvida) em falta de noção, tente se dirigir a ele de maneira direta. Seja direta em vez de esperar que ele adivinhe o que você precisa. Sua aparente relutância em ajudar bem pode ser o resultado de não fazer ideia do que você quer. Minha amiga Donna Burgess me contou que no começo de seu casamento ela disse a seu marido: "Querido, a lâmpada está queimada". Seu marido pensou que ela estivesse fazendo uma observação e ela pensou estar fazendo um pedido para trocá-la.

Talvez você ache que quanto mais seu marido amar você, melhor poderá ler sua mente.

Considere outros exemplos:

- "Querido, eu gostaria muito que você massageasse meus pés por dez minutos. Tive um dia difícil."
- "Estou tão desanimada hoje. Você poderia me ouvir por meia hora? Não quero conselhos, quero que você entenda. Preciso de um ombro forte."
- "Puxa, hoje eu tive um dia cansativo no trabalho. Estava pensando em fazer sexo hoje à noite, mas me ajudaria muito se você lavasse os pratos enquanto eu descanso um pouco."

Já vi muitas mulheres desejando essas coisas, mas nunca fazendo esses pedidos diretamente. Elas pensam: "Se você me amasse saberia o que eu quero". A verdade, no entanto, é que se ele ama você, ouvirá suas preocupações e agirá de acordo. O amor é um compromisso e uma política – *não* telepatia! É bem mais saudável ser direta e pedir ajuda do que esperar que ele adivinhe o que precisa. A maioria de nós, homens, não tem a mesma perspicácia a respeito de vocês, como vocês têm de nós. Então, ajudem-nos a nos conectar. Por favor, apenas peça – direta, concreta e regularmente.

Respeite a posição mesmo que você não concorde com a pessoa.

A Bíblia convoca as mulheres a respeitarem seus maridos: *"a mulher trate o marido com todo o respeito"* (Ef 5.33). Ela não diz que as mulheres devem respeitar os maridos *perfeitos* ou mesmo os maridos *santos*. Ela diz que os maridos – sem distinção – devem ser respeitados.

O respeito, em alguns casos, vem com a posição e não com a pessoa. O apóstolo Paulo insultou um homem usando uma linguagem dura ("sepulcro caiado"!), mas em seguida desculpou-se ao saber que estava falando com o sumo sacerdote: *"Irmãos, eu não sabia que ele era o sumo sacerdote, pois está escrito: 'Não fale mal de uma autoridade do seu povo' "* (At 23.5).

Seu marido, porque ele é seu marido, merece respeito.

Seu marido, *porque ele é seu marido*, merece respeito. Você pode discordar de seu julgamento, pode objetar quanto à maneira como ele lida com as coisas, mas, de acordo com a Bíblia, a posição dele, por si só, exige de você o respeito adequado. Se você retiver esse respeito, seu marido poderá parar de lhe ouvir.

Conceda a ele a mesma graça que Deus lhe concede

Elyse Fitzpatrick, especialista em aconselhamento, certa vez contou a seu grupo pequeno como Deus a levou de uma fé legalista, baseada em obras, a uma "existência pacífica e cheia de graça com meu misericordioso Pai celestial".

"A pressão saiu de cima de mim", ela disse a eles. "Não me interpretem mal, não é que eu tenha deixado de buscar a santidade. Apenas descobri que meu Pai me levará até onde ele quiser que eu esteja e que meus fracassos de alguma forma servem para glorificá-lo. Meu relacionamento com ele está evoluindo para que seja totalmente baseado em sua graça, sua misericórdia e seu poder".

Então a amiga de Elyse respondeu deixando-a perplexa: "Isso deve ser uma bênção para seu marido, Elyse. Andar nesse tipo de graça deve fazer com que você seja tão paciente e tão cheia de graça com o Phil. Saber que Deus está trabalhando nele da mesma forma como está trabalhando em você deve fazer seu casamento tão doce e seu marido tão feliz. Deve ser maravilhoso para ele saber que a pressão saiu de cima dele também."

Você dá a seu marido o mesmo que Deus lhe tem dado?

Elyse ficou tão perplexa com sua amiga porque não tinha feito a conexão que ela fez. "Eu raramente estendi a Phil a graça que eu estava desfrutando com o Senhor. Em vez disso, eu era como o homem da parábola de Jesus que, depois de ter sido perdoado por um grande débito, saiu e surrou seu colega porque ele lhe devia uma quantia ridícula".[20]

Requer muita maturidade espiritual amar a misericórdia, oferecer graça, dar a alguém os mesmos benefícios espirituais que recebemos de nosso Pai celestial. Perceber o quanto Deus tem feito por nós, como ele viu cada ato mau que você já cometeu, ouviu cada sílaba de fofoca, notou cada pensamento malicioso, feio ou odioso e, ainda assim, gosta de você. Mais do que isso, ele a ama e a perdoou.

Agora vem a parte mais difícil: você dá a seu marido o mesmo que Deus lhe tem dado?

20 Elyse Fitzpatrick, *Helper By Design: God's Perfect Plan for Women* (Chicago: Moody Press, 2003) 54-55.

Molde seu coração através da oração

Pratique orações positivas por seu marido. Encontre as cinco ou seis coisas que ele faz bem (ou mesmo duas) e tente cansar Deus agradecendo por ele lhe ter dado um marido com essas qualidades. Complemente com orações, com comentários ou até cartões que agradecem a seu marido pessoalmente por ser o que é.

Pratique orações positivas por seu marido.

Eu coloquei isso em prática com minha esposa e tive resultados impressionantes. Certa manhã, levantei-me cedo e imediatamente senti minha frustração pela noite anterior. Temos um problema em nosso relacionamento que já cansamos de discutir nas duas últimas décadas. Lisa reconhece sua necessidade de crescer nessa área, mas algumas situações nas semanas anteriores me convenceram de que nada tinha mudado.

Fiquei ressentido e, no meu humor ressentido, posso escorregar para aquilo que eu chamo de "absorção cerebral". Começo a preparar minha defesa. Como um advogado, recordo cada atitude de desprezo, cada conversa, e provo para o meu júri imaginário o quanto minha esposa está errada e eu, certo.

De repente, lembrei-me da viúva de Sarepta. Decidi aplicar a verdade dessa passagem, então mencionei algo sobre a personalidade de Lisa pelo qual eu era grato. Isso me lembrou de mais alguma coisa, que me lembrou de outra coisa, que me lembrou de outra qualidade. Depois de quinze minutos comecei a rir. Eu vi o quanto tinha a agradecer e me pareceu absurdo perder tempo me lamuriando por causa de um único aspecto.

As orações de gratidão literalmente moldam nossa alma. Elas aguçam efetivamente nossas afeições. Leslie Vernick explica isso da perspectiva do aconselhamento: "Os terapeutas cognitivos sabem que o que pensamos afeta diretamente nossas emoções. Se pensamos em coisas negativas, cultivando atitudes nocivas ou espírito crítico, nossas emoções tomam uma espiral descendente. Por outro lado, se pensarmos em coisas que são boas, verdadeiras, corretas, coisas pelas quais somos gratos, nossas emoções podem ser elevadas".

Faça uso liberal dessa ferramenta poderosa, mas temos que dar tempo a ela. Uma sessão de gratidão não suavizará completamente um coração endurecido, mas com o passar do tempo, a gratidão torna-se um amigo persistente e permanente da afeição.

Abandone as expectativas irrealistas

Descobri uma das dicas mais sábias que já encontrei sobre casamento quando me deparei com as palavras de Patricia Palau, esposa do famoso evangelista Luis Palau. Patricia diz que sabia, mesmo antes de se casar com Luis, que seu marido desejava cumprir zelosamente o chamado de Deus para alcançar o perdido: "Deus quer que todos sejam salvos (1Tm 2.4), e houve momentos em que eu pensei que meu marido estava determinado a fazer todo o possível para alcançar os últimos quatro bilhões de almas perdidas restantes para Jesus Cristo".[21] Em razão do chamado de Luis, Patricia enfrentou certas dificuldades que deixariam qualquer mulher maluca: "muitas viagens, longos períodos de separação e criar quatro meninos sozinha pelo menos um terço do tempo". Acrescente a isso uma renda incerta e viver em três países durante os primeiros anos de seu casamento e você poderia esperar uma mulher ressentida e amargurada.

Seu marido não atenderá 100% de suas necessidades. Ele provavelmente não chegará nem aos 80%.

Não se você fala com Patricia.

E aí vai aquela dica de que eu lhe falei: "Nós esperávamos que as coisas fossem diferentes da regra. Também sabíamos de cara que não poderíamos suprir em 100% as necessidades um do outro. Entender isso nos protegeu das decepções que resultam das expectativas não realistas."[22]

Seu marido não atenderá 100% de suas necessidades. Ele provavelmente não chegará nem aos 80%. Se você esperar que ele o faça vai ficar frustrada, amargurada e com raiva. Deus não criou o casamento para atender

21 Patricia Palau, "Influencing Our World for Christ", In: *The Joy of a Promise Kept*, 148.

22 Ibid.

a 100% de nossas necessidades! Quando exige de seu casamento mais do que Deus o criou para dar, você é a única culpada por sua frustração!

Talvez você se sinta tentada a responder: "Mas *minhas* expectativas são legítimas e ele não as supre!"

Saiba de uma coisa: é isso que *toda* mulher com raiva e decepcionada diz. Não estou dizendo isso para repreendê-la ou negar sua dor, mas simplesmente para abrir seus olhos para uma verdade capaz de sustentar sua vida. Quero que você encontre satisfação em vez de viver em constante frustração.

Patricia descobriu que aceitar o papel da cruz em sua vida a ajudou a avaliar seus próprios desejos. Ouça mais uma vez a essa sábia mulher:

> Talvez algumas coisas melhorem por falta de foco em nós mesmos. Em vez de focar em nosso casamento ou em nossos desejos, Luis e eu focamos no chamado de Deus em nossas vidas. Vivemos para uma causa maior do que nós dois e depois de quarenta anos, ainda gostamos um do outro, nos damos bem e temos suprido um ao outro tanto quanto possível.
>
> Nossa realização é fazer a vontade de Deus. A oração de nosso coração é: *Não a minha vontade, Senhor, mas a tua.* Esse objetivo me livra de dizer: "Eu mereço mais do que isso" quando Luis viajava por duas semanas me deixando com os quatro meninos. Eu não pensava: "Não acredito que Luis já vai me deixar sozinha de novo, duas ou três semanas depois de sua última viagem". Para mim, a ordem do Senhor: "Tome a sua cruz e siga-me" significava deixá-lo ir enquanto eu cuidava das coisas em casa. Não, não é justo, mas traz vida – vida eterna – a outras pessoas. E então eu recebia paz, contentamento e satisfação.[23]

Criar filhos, apoiar um marido, se envolver na igreja, todas essas atividades podem constituir um chamado "maior do que nós dois".

A atitude de Patricia também funciona para mulheres de vendedores de computadores assim como para esposas de pastores ou evangelistas. Patrícia rendeu-se à *vontade de Deus,* qualquer que fosse. Criar filhos, apoiar um marido, se envolver na igreja, todas essas atividades podem constituir um chamado "maior do que nós dois", mesmo que esse chamado nunca possa ser celebrado em um livro de história.

Seja qual for a situação, a vida cristã exige uma cruz. Sua cruz pode ser diferente da de Patricia,

23 Ibid., 149.

mas você *terá* uma cruz para carregar. O ressentimento e a amargura farão com que cada farpa daquela cruz doa como um prego afiado. Uma atitude de submissão e rendição talvez não torne essa cruz leve, mas a tornará mais doce e, no final de sua vida, pode até parecer preciosa.

Quando uma mulher madura casada por mais de quatro décadas como Patricia testifica que recebeu "paz, contentamento e satisfação", isso significa que ela encontrou o que virtualmente toda mulher quer e muito poucas conseguem. Por quê? Porque muitas mulheres olham para a cruz como seu inimigo em vez de seu amigo mais fiel. Paz? Contentamento? Satisfação? De uma mulher que criou quatro meninos com um marido quase sempre ausente? Que passou por *dois anos* de quimioterapia? Como? Patricia compreende uma coisa que o mundo despreza: "No fim, nada nos faz 'sentir' tão bem quanto a obediência a Deus".[24]

> *Frequentemente nos esquecemos que ambas as partes em um casamento têm suas expectativas e, algumas vezes, essas expectativas entram em conflito.*

Se não morrer para as expectativas irrealistas e se recusar a cruz, você se verá em uma guerra constante com seu marido em vez de ter paz. Você se sentirá frustrada em vez de contente e decepcionada em vez de satisfeita. Por quê? Frequentemente nos esquecemos que *ambas* as partes em um casamento têm suas expectativas e, algumas vezes, essas expectativas entram em conflito.

Martie Stowell, casada com o Dr. Joseph Stowell (ex-presidente do Moody Bible Institute) descobriu que isso é verdade em seu casamento:

> Quando Joe e eu ficamos noivos eu tinha um conjunto de pressuposições de como nosso casamento seria. Uma delas é que Joe estaria em casa na maioria das noites e passaríamos horas conversando, contando as coisas que fizemos e sonhando juntos, assim como fazíamos no namoro, mas essas expectativas não se materializaram. Depois que nos casamos, Joe tentava equilibrar o seminário, um emprego de meio período e um ministério com o compromisso comigo como sua esposa. Geralmente, ele chegava tarde em casa e eu ficava triste por passar a noite sem ele depois de trabalhar o dia inteiro em meu emprego frustrante. Eu sentia que Joe estava quebrando uma promessa implícita de que passaria tempo comigo. Esse era o problema! Eu nunca falei com ele a respeito das minhas expectativas.

24 Ibid., 152

Em minha mente, ele estava quebrando uma promessa, mas do ponto de vista dele, ele estava apenas cumprindo suas responsabilidades.[25]

Mais tarde, Martie conversou com Joe sobre seus desejos e os dois se organizaram para passar algumas noites juntos. Em razão de seu chamado como líder cristão, Joe não podia estar em casa como Martie sonhara, mas por causa de seu chamado como marido cristão, ele passa mais noites em casa do que provavelmente tinha pensado quando era solteiro. Nenhum dos dois recebeu o que queria, mas ambos se curvaram a algo maior do que os dois. É por isso que eu digo que a harmonia, alegria e paz nunca abençoarão um lar dominado pelas expectativas em vez de pela cruz.

"Tenho pena de um casal que espera demais um do outro."

Em seu livro *It's my Turn* (É a minha vez), Ruth Bell Graham é bem direta nesse aspecto:

Tenho pena de um casal que espera demais um do outro. É tolice uma mulher esperar que o marido seja para ela aquilo que só Jesus Cristo pode ser: sempre pronto a perdoar, totalmente compreensivo, infinitamente paciente, invariavelmente terno e amoroso, infalível em todas as áreas, antecipando cada necessidade e provendo mais do que o necessário. Essas expectativas colocam um homem sob uma pressão impossível.[26]

Seu marido não é uma Igreja

Esse mundo decaído sem dúvida vai nos desapontar, e é por isso que precisamos um do outro. Você tem um desejo natural de conhecer e ser conhecida, de amar e ser amada, de cuidar e ser cuidada. É por isso que Deus não só nos faz um chamado para o casamento, mas também para viver em comunidade. Seu marido pode ser um homem maravilhoso e consagrado, *mas ele não é uma igreja.*

É impossível que ele seja tudo para você. Você é responsável por buscar algumas coisas fora do casamento para o seu desenvolvimento pessoal, assim como para sua saúde emocional e espiritual. Se você desativar seu

25 Martie Stowell, "When He Doesn't Keep His Promises" , In: *The Joy of a Promise Kept*, 164-68

26 Ruth Bell Graham, *It's My Turn* (Old Tappan, N.J.: Revell, 1982), 74.

sistema de apoio, isto é: suas amigas, seus hobbies, seu lazer e seus amigos espirituais, esperando que seu marido possa substituir todas essas coisas e, ao mesmo tempo, supra todas as suas necessidades relacionais, você está configurando seu casamento para a decepção e o fracasso. Nenhum marido sozinho é suficiente, você ainda precisa das outras pessoas e é *sua* responsabilidade cultivar esses outros relacionamentos.

Será que alguém pode preencher o doloroso vazio de desapontamento que você sente por seu marido? Por exemplo, talvez você desejasse que seu marido orasse mais com você por sua família. Enquanto isso não acontece, por que não encontrar uma amiga e orar com ela por suas famílias? Se seu marido está cansado demais ou simplesmente não quer ir a um estudo bíblico semanal, convide uma amiga. Talvez seu marido seja do tipo caseiro que prefere ficar em casa assistindo televisão a acompanhar você na corrida, então encontre uma mulher que possa correr com você.

Se você consegue suprir essas necessidades compreensíveis e naturais fora do seu casamento, estará menos suscetível a se ressentir de seu marido pelo que ele não faz e mais inclinada a reconhecer o que ele faz. Mantenha isso em mente: *Meu marido é um homem, não uma igreja, e não é justo que eu exija que ele faça tudo por mim.*

Nenhum marido sozinho é suficiente, você ainda precisa das outras pessoas e é *sua* responsabilidade cultivar esses outros relacionamentos.

Retornamos ao mesmo ponto: o que define sua vida é Deus e não seu estado civil. Como filha de Deus, você tem tudo o que necessita para ter uma vida significativa, produtiva e realizada. Essa vida é mais bem vivida no contexto de uma igreja. É ali que somos edificados e onde encontramos oportunidades para servir.

Peça a Deus que transforme *você*

Assim que você começar a orar agradecendo a Deus por seu marido, esteja certa de uma coisa: o inimigo da sua alma e aquele que deseja destruir seu casamento vai lembrá-la onde seu marido falhou. Pode contar com isso.

Você se verá cada vez mais ressentida: "Por que deveria agradecer a Deus por meu marido trabalhar duro durante o dia, mas quando chega em casa à noite nem sequer fala comigo?" "Por que eu deveria agradecer a Deus por meu marido ter sido sempre fiel a mim quando ele não consegue ganhar o suficiente para comprarmos uma casa e eu tenho que fazer mais horas extras do que eu gostaria?"

Você precisa responder a essa tentação com um saudável exercício espiritual: assim que se lembrar das fraquezas de seu marido, no mesmo segundo que as qualidades ruins vierem à mente, comece a pedir que Deus ajude *você* a vencer algumas fraquezas suas bem específicas. É isso mesmo, por mais inútil que pareça, responda à tentação de julgar seu marido pedindo a Deus que mude *você*. Ore munida de duas listas: uma, contendo os pontos fortes de seu marido e outra, seus pontos fracos.

Longe de mim culpar as mulheres por todos os problemas, deixe-me dizer uma coisa, eu faço a mesma coisa: oro munido de um papel com os pontos fortes de minha esposa e os meus pontos fracos. Creio que *tanto o marido quanto a esposa* deveriam fazer isso, mas como esse livro é dedicado às esposas, vou enfatizar sua reação e não a de seu marido.

Um marido casado com uma mulher decepcionada perde muito de sua motivação para vencer seus maus hábitos.

Deixe-me ser brutalmente honesto aqui: um marido casado com uma mulher decepcionada perde muito de sua motivação para vencer seus maus hábitos. Por que você acha que seu marido se esforçava tanto antes de vocês se casarem? Porque ele amava a maneira como você o admirava. Queria captar sua atenção, impressionar você. Quando ele viu que você o notou e que gostava dele, isso fez com que ele quisesse agradá-la mais ainda. *Ele se sentiu motivado a continuar pela forma como você o admirava.*

O câncer relacional do claro desapontamento corroerá toda a motivação para mudanças futuras. Antes que você tente mudar seu homem, relaxe, desfrute-o, aprecie-o e agradeça a Deus por ele. Antes de começar a pensar no que ele precisa mudar, faça um inventário exaustivo sobre os aspectos que você gostaria que ele deixasse como está. Então, agradeça a Deus por isso e agradeça a seu marido também.

Ganhe olhos novos

A maior falha de "Greg" como marido aconteceu há mais de uma década. Apesar de trabalhar o mais que pudesse em seu ministério, o dinheiro era curto. A esposa de "Greg", "Anne", estava chocada como ele parecia incompetente em coisas práticas em comparação com o pai dela. Eles tinham um bebê recém-nascido e Anne esperava cada vez mais de Greg que, precisava passar a maior parte das noites no ministério.

Ele adquiriu respeito considerável por causa de seu trabalho fora de casa. Muitas pessoas o elogiavam, o agradeciam e reconheciam como Deus o usava em suas vidas. Em casa, porém, ele sempre se sentia como o marido que não ganhava o suficiente, não conseguia consertar as coisas e estava sempre cansado.

Você percebe a armadilha diabólica que estava sendo armada?

Greg abertamente reconhecia a si mesmo como um marido medíocre. Ele ainda estava em seus vinte anos, era egoísta e não tinha aprendido a amar e apreciar uma mulher. Olhando para trás, ele compreende perfeitamente porque sua esposa estava tão frustrada com ele.

Então começou a trabalhar com uma mulher que compartilhava da mesma visão de ministério que ele tinha. Inicialmente não sentia nenhuma atração física por essa mulher e, por isso, ele baixou a guarda. Depois de alguns meses trabalhando juntos, Greg "passou dos limites" emocionalmente. Assustado com seus pensamentos, ele, tolamente, foi até a mulher (quando deveria ter ido a outro homem envolvido no ministério) explicando longamente porque eles não deveriam mais passar tempo juntos.

A outra mulher não era boba. Quando Greg falou sobre como sua família era importante para ele e como ele não queria colocar isso em perigo, ela pode ler as entrelinhas.

"Então, você quer dizer...", não terminando a frase, mas ambos sabiam muito bem o que ela queria dizer. A verdade era chocante demais para dois cristãos mencionarem.

"Não posso acreditar nisso", disse ela. "Você parecia tão perfeito..."

Essas palavras, "Você é perfeito", funcionaram para Greg como a droga mais poderosa que ele já tinha experimentado. Se sentindo mal-amado, desrespeitado e desprezado em casa e ouvindo alguém pronunciar algo tão fascinantemente lisonjeiro, fez com que, literalmente, fosse elevado às alturas.

O relacionamento logo se tornou uma confusão. Greg decidiu enfrentar a atração sozinho, mas é óbvio que não conseguiu. O relacionamento nunca se tornou físico, mas a infidelidade emocional causou um dano tremendo. Se não fosse pelo conselho firme e pela correção que recebeu de homens consagrados, assim como as escolhas nobres feitas pela outra mulher, só Deus sabe o que poderia ter acontecido.

Sem sombra de dúvida, Greg errou completamente. Seu sentimento de que sua esposa o estava negligenciando não causou sua falha, nem ele culpou a outra mulher. Ele abertamente admite sua culpa.

Com que olhos você vê seu marido?

Conto essa história na esperança de que sua dolorosa lição possa encorajar outras esposas. Veja, *o mesmo Greg* desapontou uma mulher e encantou a outra. Uma mulher olhou para ele com olhos cansados enquanto outra o viu de forma renovada. Uma olhou para ele através das expectativas frustradas, outra o viu com possibilidades ilimitadas.

Com que olhos você vê seu marido? Tenha uma coisa em mente: *Você não é a única que está olhando para ele.* Isso não é uma ameaça, é só a afirmação de uma realidade.

Tenho conversado com muitos homens influentes que parecem surpreendentemente negligenciados por suas esposas. O fato de essas esposas verem os limites domésticos de seus maridos as torna cegas para as realizações públicas deles e, portanto, dão menos incentivo em casa do que eles recebem lá fora. Uma combinação perigosa, com certeza. Uma esposa sábia algumas vezes para e reajusta sua visão do homem com quem ela se casou, dando a ele o devido valor.

Deixe-me colocar de outra forma: talvez seu marido seja "apenas" um subgerente ou um pastor ajudante. Embora isso não pareça grande coisa para você, ainda assim outras pessoas o admiram e lhe devotam respeito e afeição: pessoas a quem ele contratou ou treinou, clientes ou membros da igreja que contaram com sua liderança ou habilidades. Quando um marido se sente mais respeitado e apreciado no trabalho do que em casa, surge uma situação muito delicada. Com o tempo, seu coração gravitará para o lugar onde se sente mais querido.

As esposas que trabalham fora podem enfrentar essa tentação mais do que as mulheres que cuidam dos filhos e da casa. Isso ocorre, em grande parte, porque você pode estar entre os quase 33 por cento das mulheres que ganham mais do que seus maridos[27]. Ginny Graves escreve sabiamente sobre isso:

> Muitas mulheres estão irritadas e exaustas depois de passar longos dias no escritório e, então, fazer a maior parte do "serviço de mulher" em casa. Se têm filhos, anseiam ainda mais por mais tempo livre e menos estresse, e desejariam que seus parceiros assumissem uma parcela maior do fardo financeiro, um desejo que acaba por não ser alcançado porque seus maridos não conseguem achar um emprego com um salário mais alto.[28]

Vivendo com esse tipo de frustração pode ser fácil esquecer-se das coisas que, no início, atraíram você a seu marido: seu senso de humor, sua gentileza, sua profundidade espiritual ou vários outros pontos fortes. Embora você feche os olhos para essas qualidades, não significa que as outras o façam. O respeito é uma obrigação espiritual e uma disciplina. Dê valor a seu marido!

O respeito é uma obrigação espiritual e uma disciplina. Dê valor a seu marido!

Linda Dillow escreve sobre uma vez em que ela fez uma palestra na faculdade em que seu marido trabalhava. Depois que ela se apresentou, uma garota de dezoito anos disse: "Você é a esposa do Jody Dillow? Ele é maravilhoso!", Linda escreve. "A última sentença foi dita com um tipo de chilique. Ela continuou falando de meu marido como se ele fosse Tarzan,

27 Citado em Ginny Graves, "As Women Rise in Society, Many Married Couples Still Don't 'Equal'", *In: USA today* (30 de junho, 2005), 13A. O interessante é que esse número era de 14 por cento em 1987.

28 Ibid.

Albert Einstein e Billy Graham, os três em um. Mal consegui terminar a palestra naquela tarde. Por todo o caminho de volta para casa fiquei pensando em como aquela garota via meu marido. Vê-lo através dos olhos de outra mulher me sacudiu!"[29]

Como você pode começar a apreciar um homem imperfeito? Peça a Deus um olhar renovado.

Valor imensurável

No século 12, a vasta riqueza do Castelo Weinsberg estava em perigo.[30] As forças inimigas sitiavam a fortaleza de pedras e ameaçava os tesouros depositados dentro dela. Os habitantes não tinham a menor chance de se defender contra uma legião tão grande que exigia a rendição completa. Se os ocupantes do castelo concordassem em entregar sua riqueza e os homens entregassem suas vidas, as mulheres e crianças seriam poupadas.

Depois de entrarem em acordo, as mulheres do Castelo de Weinberg fizeram uma proposta: pediram que elas pudessem sair com todos os bens que elas pudessem carregar. Se as forças inimigas concordassem com essa única condição, os homens renderiam suas armas e entregariam as riquezas do castelo. Cientes da quantidade de riquezas dentro do castelo, as forças inimigas concordaram. Afinal, quanto essas mulheres conseguiriam carregar?

Onde está sua maior riqueza?

Finalmente, os portões do castelo se abriram e a cena trouxe lágrimas aos olhos até dos soldados mais calejados. Cada mulher saiu carregando seu marido nas costas.

Quantos desses homens resgatados eram perfeitos? Nenhum. Mesmo assim, cada um daqueles homens imperfeitos valia mais para sua esposa do que qualquer coisa que ela possuísse.

Onde está *sua* maior riqueza?

29 Linda Dillow, *Creative Counterpart* (Nashville: Nelson, 2003), 178.

30 Esse é um relato do folclore do Leste Europeu que também afirma que as tropas do duque da Bavária bateram em retirada de tão comovidos que ficaram com a atitude daquelas mulheres.

Perguntas para discussão e reflexão

1. Cite pelo menos uma qualidade positiva de seu marido que ofereça um caminho para uma sagrada influência.
2. De que formas práticas uma esposa pode aplicar Filipenses 4.8 à forma como pensa sobre seu marido? *Finalmente, irmãos, tudo o que for verdadeiro, tudo o que for nobre, tudo o que for correto, tudo o que for puro, tudo o que for amável, tudo o que for de boa fama, se houver algo de excelente ou digno de louvor, pensem nessas coisas.*
3. Você define seu marido mais por seus dias ruins do que pelos bons? Como as mulheres podem desenvolver expectativas realistas – aceitando o fato de que seus maridos terão dias difíceis e, ainda assim, trabalhar para influenciá-los positivamente?
4. Que feridas seu marido trouxe para o casamento? Como você avaliaria sua atitude, no momento, em relação a essas feridas: um cuidado redentivo ou julgamento crítico? Como uma mulher pode crescer nessa área?
5. Você admite pensar que seu marido, de alguma forma, intuitivamente sabe o que você quer? Em que área você será mais direta para pedir ajuda ou apoio?
6. Pense um pouco na graça que Deus tem demonstrado a você. Pense em todos os seus pensamentos impuros, atitudes erradas e atos imorais pelos quais Deus lhe perdoou. Agora pergunte a si mesma: como posso oferecer a meu marido a mesma graça que Deus mostrou por mim?
7. Que porcentagem de suas necessidades você tem pedido que seu marido supra? Você acha que tem exigido do casamento mais do que Deus planejou? Se a resposta é afirmativa, de que forma? Se há necessidade de um pedido de desculpas, você teria coragem de pedi-las a seu marido?
8. Que necessidades espirituais e relacionais que não estão sendo atendidas em seu casamento podem ser atendidas cultivando outras amizades na igreja? Você vê isso como uma concessão, como uma segunda opção ou um saudável benefício da comunidade cristã? Além de

se certificar de que essas amizades devem ser desenvolvidas entre pessoas do mesmo sexo, quais são os outros parâmetros básicos para esses relacionamentos?

9. Se durante seu noivado alguém tivesse perguntado a seu marido o quão satisfeito ele estava com você em uma escala de um a dez, o que você acha que ele teria dito? O que você acha que ele diria se alguém fizesse a ele essa pergunta agora? O que mudou?
10. Seu marido recebe mais afirmação fora ou dentro de casa? Cite algumas coisas práticas que você pode fazer para corrigir isso ou manter na direção correta.

6

A auxiliadora

Aceitando o elevado chamado do casamento

Quando Grant Fishbook decidiu deixar seu cargo na igreja, algumas pessoas não gostaram de seus motivos, então criaram suas próprias razões e começaram a difamá-lo. Questionaram o caráter e a integridade de Grant, o que só fez com que se sentisse ainda pior. Desanimado, Grant passou a trabalhar por um salário de oito dólares por dia, arrastando-se debaixo de casas e tentando imaginar como pagaria a prestação de sua casa e sustentaria sua família ao mesmo tempo em que ouvia a voz de Deus quanto ao futuro.

Grant ainda acreditava que Deus o chamara para o ministério, então, as decepções dos acontecimentos recentes, a frustração de trabalhar em um emprego que não lhe trazia nenhuma realização, a incerteza do futuro e a súbita crise financeira, tudo isso ameaçava enterrá-lo em desânimo.

Mas Grant tinha uma esposa. Uma esposa consagrada e forte que assumiu sua posição com firmeza. Laurel viu o desapontamento no rosto de seu marido, mas nunca desistiu de acreditar nele. Em meio ao desânimo dele, ela se tornou sua protetora em vez de sua acusadora.

Um dia, Grant entrou em casa e ouviu sua esposa falando ao telefone. Grant tinha entrado atrás dela sem que Laurel percebesse. O que Grant ouviu foi: "Não, você *não pode* falar com meu marido. Você não pode entrar em contato com ele a não ser através de mim e se você conseguir se esquivar de mim, lembre-se de uma coisa: ele é meu marido e eu sou a mulher dele".

Hoje Grant pastoreia a maior igreja do Condado de Whatcom, em Washington, onde eu moro. Em um recente domingo de Páscoa mais de cinco mil pessoas compareceram para celebrar a ressurreição de Cristo, o Rei. Grant seria o primeiro a lhe dizer que a razão pela qual ele pode fazer o que faz se dá, em parte, pelo que Laurel fez há anos atrás. Naquele tempo, ele era um homem frágil sustentado por uma esposa forte, mas com o apoio de Laurel, Grant tornou-se o líder espiritual de toda uma região.

É exatamente assim que Deus queria que o casamento fosse.

O peso espiritual dos papéis conjugais

Quando Deus disse: *Não é bom que o homem esteja só; farei para ele alguém que o auxilie e lhe corresponda* (Gn 2.18), não estava falando consigo mesmo, estava falando *conosco*. Ele estava nos deixando a par dos planos da Trindade para o casamento humano. Deus criou a esposa para auxiliar o marido.

Esse tema aparece por todas as Escrituras. O livro de Provérbios proclama a verdade da influência de uma mulher auxiliadora:

- *A mulher exemplar é a coroa do seu marido, mas a de comportamento vergonhoso é como câncer em seus ossos* (12.4).
- *A mulher sábia edifica a sua casa, mas com as próprias mãos a insensata derruba a sua* (14.1).
- *Seu marido tem plena confiança nela e nunca lhe falta coisa alguma* (31.11).

Paulo pressupõe que o "auxílio" conjugal é uma habilidade transferível, que pode ser aprendida. Ele impele um jovem pastor de nome Tito a se assegurar de que as mulheres mais velhas "ensinem" de forma adequada as mulheres mais jovens a amarem – ajudarem – seus maridos (Tito 2.3-4).

Isso obviamente levanta a mais contenciosa das questões: a submissão bíblica. A frase por si só pode ser (e tem sido) tão mal usada que muito dano tem causado na discussão contra e a favor dela. Então, vamos esclarecer algumas coisas.

Em primeiro lugar, a Bíblia *não* ensina a subjugação da mulher pelo homem. A Bíblia não proíbe a mulher de servir como líder do governo ou presidente de uma empresa, nem de trabalhar fora de casa. Ela se refere aos papéis do marido e da mulher e a vários papéis dentro da igreja e não a relacionamentos entre vizinhos e colegas de trabalho.

Em segundo lugar, a submissão definida apropriadamente não significa "inferioridade". Todos nós somos um em Cristo, portanto podemos afirmar que existe uma igualdade sexual absoluta (veja Gl 3.28). Deus aprecia cada parte da mulher quanto aprecia o homem. As mulheres podem ser tão ou mais capazes do que os homens.

Em terceiro, "auxiliadora" não é um título *exclusivo* para uma mulher. Eu fui chamado para ser um marido – um servo mártir de minha esposa – mas isso não quer dizer que eu não tenha outros papéis para os quais Deus também tenha me chamado. Às vezes ouço pregações sobre a submissão bíblica nas quais parece que o único papel na vida de uma mulher é agradar e ajudar seu marido. Nem o autor de Gênesis, nem o apóstolo Paulo ensinam isso. "Auxiliadora" pode ser *um* papel que define um chamado de Deus para a mulher casada, mas não é *o único* papel que a define.

Finalmente, o contexto de submissão é *mútuo*. Pouco antes de Paulo instruir as esposas a se submeterem a seus maridos (Ef 5.22), ele diz a todos nós: *Sujeitem-se uns aos outros, por temor a Cristo* (Efésios 5.21). A submissão da esposa a seu marido é colocada no contexto de um casamento em que o marido é chamado para ser como Cristo, entregando sua vida em favor dela, colocando-a em primeiro lugar, servindo, cuidando, sempre amando sacrificial e completamente como Cristo amou a igreja (v. 25).

O contexto de submissão é mútuo.

Paulo descreve uma visão idealista de um compromisso simultâneo ao bem-estar do outro. Não tenho a intenção de usar a palavra "idealista" negativamente, certamente todo o casamento deveria lutar por isso. No entanto, creio que Paulo seria o primeiro a objetar se ouvisse dizer que as mulheres estavam sendo obrigadas a se submeterem, enquanto os maridos paternalistas e autoritários não estavam atendendo ao desafio correspondente de amar como Cristo. A igreja não pode ensinar a submissão das esposas *sem* o respectivo amor sacrificial e o serviço dos maridos. Isso não significa que a falta de amor sacrificial por parte do marido *cancele* o chamado da esposa à submissão, mas faz com que a aplicação desse princípio seja delicada.

Quando um homem é condescendente e autoritário para com sua esposa, quando ele a trata como uma empregada, quando exige que ela conceda favores sexuais conforme sua vontade, o último lugar em que deveria olhar para justificar sua atitude é a Bíblia. Suas ações e atitudes ofendem a vontade revelada de Deus e sua Palavra. Esse *não* é o casamento que Deus planejou e não é o que Gênesis, Provérbios e Paulo ensinam a respeito dos papéis de marido e mulher.

Quais *são*, então, esses papéis?

Complementos

Os termos teológicos formais para os dois principais pontos de vista com respeito aos papéis do homem e da mulher dentro do casamento são o *igualitário* e o *complementar* (embora alguns estudiosos proponham outras distinções). A visão igualitária não distingue os papéis com relação ao gênero no casamento. Todos os casais devem tomar suas próprias decisões sobre quem exerce melhor que função e dividir as responsabilidades baseando seu casamento sobre os pontos fortes e fracos de cada um. De acordo com esse ponto de vista, a única diferença ordenada por Deus entre um homem e sua esposa é, por assim dizer, seu "encanamento".

> *A Bíblia descreve o papel do marido mais como de responsabilidade do que de privilégio.*

No modelo complementar, Deus deu ao marido o papel de liderança serva e amorosa. A Bíblia, no entanto, descreve o papel do marido mais como de *responsabilidade* do que de *privilégio*. As mulheres do Novo Testamento ministravam e ensinavam, mas Paulo claramente esperava que os maridos tomassem a frente no lar e na igreja. É isso que muitos, incluindo eu mesmo, creem que a Bíblia ensina em Gênesis 3.16, 1 Coríntios 11.3, Efésios 5.22-32, Colossenses 3.18-19 e 1 Timóteo 2.12-14, entre outras passagens.

A visão complementar parece se enquadrar melhor nas recentes pesquisas da neurociência sobre como trabalham o cérebro do homem e da mulher. Por causa da forma como o cérebro dos homens é conectado, a submissão da esposa parece ser o caminho mais efetivo para influenciar o marido. Linda Dillow sugere: "A submissão é a sua única esperança de mudança de seu marido. Seu marido mudará de atitude se você permitir que ele seja o cabeça de seu lar e à medida que você for submissa a ele. Ele não mudará com você resmungando, depreciando, sugerindo, lembrando ou sendo a 'mamãe' dele". [31]

Ele não a ouvirá se não sentir que você o apoia.

Se o seu marido sentir que você está tentando assumir o controle, ele se tornará defensivo, e não maleável. Lutará pelo terreno dele sem nem mesmo tentar entender você. *Ele não a ouvirá se não sentir que você o apoia.*

Se você concorda que as Escrituras ensinam o modelo complementar, também tem que aceitar que seu marido não precisa *merecer* o papel dele. A pegadinha é que essa submissão, da perspectiva bíblica é determinada não pelo merecimento da pessoa a quem nos submetemos, mas pelo merecimento da pessoa que nos chama à submissão: *Sujeitem-se uns aos outros, **por temor a Cristo*** (Ef 5.21 – ênfase acrescentada).

Vale lembrar que Jesus "se submeteu" (*era-lhes obediente* – Lucas 2.51) a seus pais, não porque eles fossem mais dignos do que ele (pois ele nunca deixou de ser o Filho de Deus), mas porque foi isso que o Pai celestial pediu dele: que ele cumprisse o papel legítimo de filho obediente aos pais.

Podemos pressupor que quando a Bíblia ensina a submissão, Deus sabia muito bem que as esposas teriam que assistir seus maridos falharem e cometerem erros. Felizmente esse verso também apresenta alguns limites. Se você se submeter "por temor a Cristo", nunca será obrigada – *nunca* – a fazer qualquer coisa que ofenda a Cristo.

31 Dillow, *Creative Counterpart*, 138.

Eu admito que não é fácil se submeter a uma pessoa imperfeita. É por isso que quando faço palestras para jovens adultos e universitários, friso a importância de avaliar o caráter do futuro parceiro. Os sentimentos passam, mas o caráter fica. Se você está escolhendo alguém para passar o resto da vida a seu lado é tolice deixar os sentimentos se sobreporem às questões de caráter.

Se você está escolhendo alguém para passar o resto da vida a seu lado é tolice deixar os sentimentos se sobreporem às questões de caráter.

Mas espere aí, falando da perspectiva dos homens, se você acha que a submissão é difícil, tente ser aquele que deve *amar você como Cristo amou a igreja*! Nós maridos temos as nossas dificuldades. Há uma razão para eu passar tanto tempo fora de casa, minha profissão permite que Lisa fique em casa, como ela sempre quis (e ela me disse isso antes de nos casarmos). Há uma razão pela qual eu oro todos os dias: "Senhor, como posso amar minha mulher hoje como ela nunca foi amada e nunca será?" Assim como Cristo permanece concentrado e ativo em seu amor por nós, assim também ele me chama a permanecer concentrado e ativo em meu amor por Lisa.

Lisa e eu descobrimos que ao seguir o modelo complementar baseado em nosso entendimento das escrituras estamos conseguindo criar um lar de apoio mútuo que afirma o chamado que Cristo fez a cada um de nós. Meu papel como líder espiritual não significa que eu "mando no galinheiro" com punho de ferro. Também não quer dizer que eu faço o "trabalho de homem" enquanto a Lisa cuida do "trabalho de mulher". Na correria de uma manhã de domingo qualquer é mais fácil você me encontrar passando as roupas de Lisa do que ela passando as minhas. Ela cuida de nossas finanças, do imposto de renda e coisas assim, porque é melhor do que eu nessa área.

O peso espiritual de cumprir meu papel de líder que se sacrifica, serve e cuida da família me amadurece como homem em Cristo. Isso confronta minha preguiça, meu egoísmo e minha detestável autonomia masculina. O chamado de Lisa como auxiliadora a livra do orgulho, do egoísmo e da frivolidade. Lisa não tinha nem vinte anos quando se casou e eu era um rapaz imaturo de vinte e dois anos, mas a tarefa de negarmos a nós mesmos, aprendermos a amar e criarmos uma família juntos resultou em uma jornada incrivelmente recompensadora que encheu nossa alma. Para mim e para ela, o casamento e a família têm sido elementos essenciais que nos impulsionam à maturidade espiritual. Para o mundo em geral pode parecer que estamos renunciando a muitas coisas: minha "liberdade", a "realização pessoal" de Lisa, mas o que ganhamos vale muito mais: *"Pois quem quiser salvar a sua vida a perderá; mas quem perder a vida por minha causa, este a salvará"* (Lc 9.24).

Seja qual for a visão que você adote a respeito dos papéis no casamento, o autor de Gênesis e o apóstolo Paulo são bem explícitos que a esposa deve, pelo menos, ver a si mesma como uma "auxiliadora" o que, se você pensar um pouco, se parece muito com ser alguém que move o outro.

Algo para dar

Infelizmente, algumas pessoas apagaram esse ensino bíblico porque creem que é depreciativo descrever a mulher como a "auxiliadora" ou a "ajudadora" do homem. Mas se isso é verdade, a Bíblia está depreciando Deus quando o descreve como *nosso* ajudador?

- *O Deus de meu pai foi o meu ajudador* (Êx 18.4).
- *Quem é como você, povo salvo pelo Senhor? Ele é o seu abrigo, o seu ajudador* (Dt 33.29).
- *Tu és o auxílio do órfão* (Sl 10.14 – versão ACRF).
- *Tu tens sido o meu ajudador* (Sl 27.9).
- *O Senhor está comigo; ele é o meu ajudador* (Sl 118.7).

Gênesis apresenta um homem criado com uma profunda vulnerabilidade. É evidente que ele não é autossuficiente e precisa de alguém a seu lado para viver com ele. Adão, e todos os homens depois dele, era como Derek Kidner observa: "feito para a comunhão, não para o poder; ele não vive até que ame, entregando-se a outra pessoa do seu nível. Então a mulher lhe é apresentada totalmente como sua parceira e contrapartida, nada é dito ainda sobre a geração de filhos. Ela é valorizada por si só".[32]

32 Derek Kidner, *Genesis* (Downers Grove, Ill.: InterVarsity, 1967) 65.

Se você entrou nessa invenção de Deus chamada casamento, seu papel é ser a ajudadora de seu marido. Isso não a diminui em nada, assim como a Bíblia não denigre Deus chamando-o de nosso ajudador. De fato, ser capaz de ajudar pressupõe em certo sentido que você possui algo que a pessoa que está sendo ajudada não tem. Se você parar de pensar em si mesma como a ajudadora de seu marido, o casamento vai sofrer, porque é assim que Deus planejou que o casamento funcionasse.

Você não pode entrar no casamento e ter pensamentos de solteira.

Você não pode entrar no casamento e ter pensamentos de solteira. Isto é, você não pode tornar-se uma esposa e começar a agir como se ainda estivesse solteira. Nos votos de casamento, muitos de nós incluímos a expressão "*viver só para ti*". Isso vai além da fidelidade sexual, inclui a negação da "mentalidade de solteiro". Concordamos em deixar de lado nossa cosmovisão do "eu primeiro" de solteiro e nos comprometemos a formar um *casal*. Estar casada com um homem é ajudá-lo, esse é o modelo bíblico. Essa ajuda pode ter muitas formas diferentes, mas sempre busca o bem da outra pessoa. Ao assumir voluntariamente o papel de esposa, você se compromete a gastar boa quantidade de seu tempo e esforço no bem-estar de seu *marido*.

Sublinho a palavra "marido" porque a vida contemporânea tenta a mulher a se concentrar em todos os outros lugares: seu trabalho, seus filhos. Carolyn Mahaney lembra às esposas: "Observe... fomos criadas para sermos as ajudadoras de nossos maridos, não a mãe de nossos filhos. Certamente temos que amar cuidar e criar nossos filhos, mas esse amor deve fluir de um estilo de vida que está em primeiro lugar e acima de tudo comprometido em ajudar nossos maridos. Eles devem sempre ser os primeiros em nossos corações e em nossos cuidados. "[33]

Quantas vezes pensamos a respeito do papel de ajudadora? Quantas vezes acordamos pela manhã e nos perguntamos: "Como posso ajudar meu marido hoje?" Quando você faz essa pergunta repetidamente, estará vivendo um casamento planejado por Deus. Quando você permite que

33 Carolyn Mahaney, *Feminine Appeal* (Wheaton, Ill.:Crossway, 2003), 34.

o egoísmo reine ("Por que meu marido não está *me* ajudando?"), estará vivendo em um casamento poluído por Satanás.

Para que você não pense que estou sendo injusto, saiba que, quando falo aos homens, digo que devem ter os seguintes pensamentos: "Como posso cuidar de minha esposa hoje? Como posso servi-la? Como posso entregar minha vida em favor dela como Cristo entregou sua vida por mim?"

Porém, como estou falando com você e não com seu marido, é minha obrigação colocar essa responsabilidade diante de você. Você pode se sentir muito tentada a ver seu casamento como acabado, ou menos do que poderia ser porque há algo errado ou falta algo em seu marido. O primeiro passo é fazer um inventário pessoal, começando com essa pergunta fundamental: "Como posso começar a ajudar meu marido hoje?" Uma vez que você coloque isso em prática, estará no caminho de criar um clima mais propício a promover a mudança em seu marido.

Saiba que, quando falo aos homens, digo que devem ter os seguintes pensamentos: "Como posso cuidar de minha esposa hoje? Como posso servi-la?

O casamento não funciona se a esposa negligencia sua obrigação. Se a esposa não tem essa atitude, não importa se ela tenha se casado com o homem mais perfeito da terra, o relacionamento vai sofrer porque ela foi criada (e o relacionamento no qual entrou foi criado para ela) para ser uma ajudadora.

Como os homens são

Até algumas feministas descobriram a sabedoria por trás da submissão bíblica (ainda que a maioria delas *jamais* use essa frase). Laura Doyle chocou algumas de suas colegas feministas em 1999 quando lançou seu livro *Surrendered Wife* (Esposa submissa). O título por si só causou grande controvérsia nos círculos editoriais de Nova Iorque, mas quando o livrou entrou na lista dos dez mais vendidos as pessoas realmente começaram a falar.

Em seu livro, Laura admitiu sentir-se infeliz com seu casamento, então começou a perguntar a outros maridos o que eles queriam de suas esposas. Depois de ouvir seus comentários, concluiu que seu marido provavelmente queria as mesmas coisas, então tentou colocá-las em prática. Ela parou de resmungar. Parou com as reclamações e as críticas e então deixou que ele tomasse decisões importantes. Ela fez o que podia para ajudá-lo e até – isso realmente acendeu a controvérsia – começou a fazer sexo sempre que ele quisesse. Tratando-o dessa forma, o marido de Laura de repente se transformou em um homem "fabuloso".

Não estou endossando as táticas encontradas no livro de Laura, porque eu creio que a nossa motivação deve ser a reverência a Deus mais do que fazer uma coisa para obter outra. No entanto, pelo menos, mostra que até as feministas estão descobrindo como um homem "funciona". O homem típico permanece imóvel por causa de jogos de poder, de críticas ou por causa de uma esposa que o desrespeita. É movido por uma esposa que deixa que ele lidere e o ajuda a chegar aonde ele quer chegar.

Isso não é meramente cultural. A neurociência tem mostrado que é assim que os cérebros dos homens funcionam. Os homens, em sua maioria, são fisiologicamente inclinados a certas atitudes no trabalho e em casa. Se você quer realmente transformar seu marido, deve tratá-lo da forma como Deus planejou que fosse tratado.

Deus quer ajudar você e seu marido a construírem uma família que o honre.

Você não pode obrigar seu marido a servir você ou cuidar de você, mas *pode* se concentrar em ajudá-lo e, na maioria dos casos, essa ação, por si só, vai incentivá-lo a servir e a cuidar. Mesmo que isso não aconteça, como disse uma esposa cuja história você lerá mais adiante, desencadeará uma grande aventura espiritual em sua própria vida.

Felizmente, não estamos nisso sozinhos. Se você pode, em primeiro lugar, aceitar o plano de Deus para o casamento, então poderá receber a ajuda de Deus para fazer com que o seu casamento dê certo. Deus quer ajudar você e seu marido a construírem uma família que o honre. A ajuda dele é mais do que suficiente para as suas necessidades: *Ele* (Cristo) *não é fraco ao tratar com vocês, mas poderoso entre vocês* (2Co 13.3).

Minha esposa e eu temos o mesmo alvo para nosso lar que Paulo tinha para a igreja: *Nele vocês também estão sendo juntamente edificados, para se tornarem morada de Deus por seu Espírito* (Ef 2.22). Como nos tornamos uma habitação assim? Eu preciso exercer fielmente meu dever de marido enquanto minha esposa precisa fielmente exercer suas funções de esposa. Nossa intenção é testemunhar a beleza da vida de Cristo e de sua igreja em nossa casa e em nossa vizinhança.

Isso não acontece naturalmente. Eu não sou o tipo de personalidade Alfa. Nem sempre sou o líder forte que preciso ser. Tenho a tendência de frustrar Lisa mais por deixar as coisas acontecerem do que por agir de modo autoritário. Tenho certeza de que ela nem sempre tem achado uma tarefa fácil cumprir o chamado de Deus de se submeter a um marido imperfeito. No entanto, nós continuamos comprometidos com o plano de Deus. O fato de o plano ir contra a minha natureza não significa que o questiono, significa que me submeto à sua vontade e peço a ele que me ajude a vencer minhas fraquezas naturais e pecaminosas.

Eu preciso exercer fielmente meu dever de marido enquanto minha esposa precisa fielmente exercer suas funções de esposa.

A questão não é o que faz a mim ou a Lisa felizes, a questão aqui é o que faz *Deus* feliz. Não direcionamos nossas vidas por aquilo que consideramos confortável, tentamos organizar nossa vida por aquilo que traz o máximo de glória a Deus e por aquilo que cumpre o nosso chamado de proclamar a mensagem de reconciliação de Deus. Isso tem nos trazido uma glória que ultrapassa em muito qualquer alegria temporária.

Nós dois temos que regularmente nos lançar na presença de Deus para cumprir o chamado para nossas vidas. Nos vinte e poucos anos em que temos vivido assim como marido e mulher, descobrimos que Deus é mais do que capaz. Temos descoberto a verdade de Efésios 3.20s: Àquele que é capaz de fazer infinitamente mais do que tudo o que pedimos ou pensamos, de acordo com o seu poder que atua em nós, a ele seja a glória na igreja e em Cristo Jesus, por todas as gerações, para todo o sempre! Amém!

Desafio você: se você deseja realmente mudar seu marido, comece fazendo essa oração: "Senhor, como posso ajudar meu marido hoje?"

Ajudadoras cansadas

"Hannah" trabalha em período integral, tem uma filha em idade pré-escolar e se sente culpada pelo fato do romance estar se desvanecendo em seu casamento: "Eu levanto às seis da manhã, arrumo minha filha, me arrumo, trabalho oito ou nove horas, volto para casa, brinco com minha filha, tento preparar para nós alguma coisa para comer, coloco a menina na cama e não sobra muita energia para a intimidade física".

É cruel fazer as esposas se sentirem culpadas por não atingirem um padrão ideal quando suas agendas estão transbordando.

Esse cansaço é legítimo. É cruel fazer as esposas se sentirem culpadas por não atingirem um padrão ideal quando suas agendas estão transbordando. A última coisa que desejo fazer quando falo sobre ajudar o marido é um sermão sobre as mulheres que trabalham fora e não estão fazendo o suficiente. Sou realista e a vida real envolve concessões. Um marido cuja esposa trabalha fora tem que entender que outros elementos dentro de casa vão ficar de lado. Se você tem filhos pequenos e trabalha em período integral (ou até meio período) é assim que você está ajudando seu marido nessa época de sua vida.

Se a situação existe porque o marido não consegue ou não está disposto a ganhar o suficiente para a esposa ficar em casa, ele tem que assumir a responsabilidade por isso e dar uma folga para ela. Em muitos casos, a questão não são as razões pelas quais a esposa se sente cansada demais para fazer sexo, são as prioridades e as escolhas referentes ao estilo de vida que levaram a esposa ao cansaço.

No entanto, sacrifícios ocasionais podem realmente falar mais do que dez livros. Como eu trabalho em tempo integral, deixe-me usar a mim mesmo como exemplo. Eu enfrento as mesmas lutas que você: tentar amar meu cônjuge fielmente e, ao mesmo tempo, fazer um bom trabalho quarenta horas por semana. Uma manhã acordei e balbuciei uma oração que incentivo os casais nos seminários "Casamento Sagrado" a fazerem: "Senhor, como amar minha esposa hoje como ela nunca foi amada, nem nunca será?"

Não demorou muito para eu estar convencido de que deveria levar minha filha para uma sessão de fisioterapia naquela tarde. Normalmente, minha esposa cuidaria dessa tarefa que tomaria umas quatro horas, mas quanto mais eu ouvia a voz de Deus, mais me convencia de que ele queria que eu fizesse isso, ainda que deixasse um buraco em minha agenda.

Quando mencionei meus planos a Lisa, ela me deu uma resposta morna: "Ok, como quiser."

Francamente eu esperava algo um pouco mais carinhoso como: "Puxa, eu poderia procurar no mundo inteiro e não encontraria um homem tão generoso e amoroso como você, alguém que estivesse disposto a deixar de lado o seu tempo de trabalho para que eu pudesse ter uma tarde livre!" Não tive tanta sorte. Mas como eu já havia prometido, não podia fazer nada.

À medida que a manhã passava, Lisa começou a se sentir mal e chegou a tirar um cochilo depois do almoço, uma coisa que ela raramente faz. Então, a irmã dela ligou nos informando que gostaria de nos visitar. Nós tínhamos acabado de nos mudar para nossa casa e nenhum dos irmãos de Lisa a conhecia. Ela começou a arrumar a casa para o dia seguinte.

Quando orei sobre como amar Lisa e Deus respondeu com uma sugestão bem prática nenhum de nós sabia que ela ia ficar doente, mas Deus sabia. Nenhum de nós sabia que sua irmã telefonaria e pediria para fazer uma visita inesperada, mas Deus sabia. Deus queria que eu amasse minha esposa removendo seu principal compromisso do dia – às minhas custas.

Deus queria que eu amasse minha esposa removendo seu principal compromisso do dia.

Em outra ocasião, fiz a mesma oração e tive um forte sentimento de que precisava deixar Lisa dormir enquanto eu acordei as crianças, dei o café da manhã para elas e as mandei para a escola com o lanchinho na mão. A essa altura entrei em pânico, eu deveria dar uma palestra importante no dia seguinte e ainda tinha que preparar minhas anotações. Ainda por cima tinha que organizar duas oficinas e minhas horas mais produtivas são sempre as primeiras horas da manhã. No entanto, Deus tinha deixado claro que eu deveria colocar as necessidades de minha esposa acima das novecentas pessoas que me ouviriam no dia seguinte. Lisa ficaria sozinha com as crianças pelo resto da semana na minha ausência e seu Pai celestial queria lhe dar um pouco de descanso antes de enfrentar essa tarefa.

É claro que eu não posso fazer isso todos os dias. Nem faço isso a maior parte dos dias, mas ainda penso que, às vezes, Deus nos pedirá que deixemos o trabalho sofrer para que possamos cuidar de nossos cônjuges. Não cheguei àquela conferência tão preparado como gostaria, mas meu principal e melhor compromisso é com Lisa e não com meu empregador.

Da mesma forma, você também pode esperar que Deus o chame vez por outra para fazer alguns sacrifícios vocacionais para ajudar seu marido. Minha amiga Melody Rhode me impressiona nessa questão. Estou convencido de que ela tem um *best seller* guardado dentro dela, mas escolheu deixar de buscar isso ativamente no momento em razão das responsabilidades familiares. Ela trabalha três dias por semana como terapeuta matrimonial e familiar e acredita que mais um projeto interferiria em sua habilidade de amar e cuidar de sua família. Ela, no entanto, deseja escrever seu livro assim que os compromissos com sua família permitirem.

Melody e eu estávamos discutindo sobre responsabilidades familiares e de trabalho e ela fez uma observação interessante: "Viver é fazer concessões". Nós olhamos para o ideal, mas precisamos viver no real. A família, é claro, sempre vem antes da ambição pessoal. Alguns casais podem decidir mudar drasticamente seu estilo de vida para que a esposa não tenha que trabalhar em tempo integral, ou mesmo trabalhar fora. Alguns de nossos amigos tomaram essa decisão com resultados maravilhosos. Eles tiveram que aprender a viver sem certas coisas, mas a intimidade que obtiveram combinada com o sentimento de união da família resultante os convenceu de que valeu muito a pena.

"Viver é fazer concessões".

Sejam quais forem as escolhas que você e seu marido façam, peço que essas decisões aproximem vocês. Trabalhar em dois empregos para oferecer casa e comida para seus filhos pode se tornar um esforço cooperativo quando vocês se apoiam mutuamente, demonstram interesse um pelo outro e fazem sacrifícios ocasionais para mostrar que vocês se importam um com o outro.

Sejam quais forem as escolhas que você e seu marido façam, peço que essas decisões aproximem vocês.

Se, em meio a tudo isso você pode convencer seu marido que está do lado dele, comprometida com sua luta e com seu bem-estar, estará mais propícia a descobrir uma intimidade e uma lealdade que não conhece limites. *Como* você ajuda seu marido depende da situação de sua família, mas o chamado para auxiliar seu marido permanece.

Como você pode ajudar seu marido hoje?

Perguntas para discussão e reflexão

1. Pense em um momento em que seu marido estava se sentindo desanimado ou vulnerável. Como você reagiu? Há alguma outra coisa que você deveria ter feito ou dito? O quê?
2. Cite pelo menos três coisas que as mulheres mais velhas devem ensinar as mulheres mais jovens de acordo com Tito 2.3s a respeito de amar e ajudar seus maridos.
3. Discuta o comentário de Gary: "Ele (seu marido) não a escutará a menos que sinta que você o apoia". Você concorda? Como as esposas podem apoiar seus maridos mesmo que não concordem com eles?
4. Identifique e compartilhe com uma amiga os benefícios espirituais que uma mulher pode desfrutar entendendo e aplicando seu papel ordenado por Deus no casamento.
5. Cite três coisas que você pode começar a fazer que realmente ajudariam seu marido física, emocional ou espiritualmente.
6. Como a ajuda a seu marido poderia pavimentar o caminho para que você seja uma influência na vida dele?
7. Cite duas ou três mudanças que você pode fazer em sua vida que permitirão que você se torne uma ajudadora melhor.

7

UMA VOCAÇÃO, UM CHAMADO E UM COMPROMISSO

FOCALIZANDO AS RESPONSABILIDADES PESSOAIS

Fiz meus alunos do seminário rirem ao comparar os sermões do Dia das Mães com os sermões do Dia dos Pais. Os primeiros são quase odes à glória, força, maravilha e beleza do amor da mulher, os últimos quase que invariavelmente repreende os homens por não tomarem a iniciativa de assumir suas responsabilidades e chamado.

Quando discutimos a palavra *responsabilidade*, por alguma razão a igreja geralmente pensa principalmente nos homens. Os sermões dirigidos aos homens quase sempre falam sobre responsabilidade. Não me lembro de ouvir uma única vez essa palavra usada com relação às mulheres, exceto quando leio a Bíblia.

Em Tito 2.4, Paulo usa uma curiosa palavra quando fala a respeito das mulheres mais velhas treinando as mulheres mais novas a amarem seus maridos. De acordo com o Dr. Gordon Fee, "O verbo traduzido por 'ensinar'...é muito incomum, literalmente significando 'trazer alguém de volta à razão' ". O Dr. Fee sugere que, em seu contexto, o verbo pode significar "algo como 'fazer as mulheres caírem em si' quanto às suas responsabilidades".[34]

34 Gordon Fee, *I and II Timothy, Titus* (Peabody, Mass.:Hendrickson, 1995), 187.

> *Paulo deixa claro que a única maneira de se livrar das obrigações conjugais é pelo consentimento da outra pessoa.*

Paulo tinha muito interesse em abordar as responsabilidades das mulheres. Em sua primeira carta aos Coríntios ele deixa claro que o casamento dá uma responsabilidade muito específica a uma pessoa específica. Ele assegura às mulheres que elas podem viver livres como solteiras e que não têm nenhuma obrigação de se casarem, *mas uma vez casadas*, elas *precisam* cumprir as obrigações conjugais.

A carta de 1 Coríntios 7.3-5 trata especificamente das obrigações sexuais, mas o princípio se aplica mais amplamente. Paulo deixa claro que a única maneira de se livrar das obrigações conjugais é pelo consentimento da outra pessoa. No dia em que me casei, e no dia em que você se casou, entregamos o direito exclusivo aos nossos corpos à outra pessoa e *nos tornamos responsáveis por ela*. Esse relacionamento constitui uma reivindicação. Por que eu sou um marido, não tenho permissão para fazer certas coisas, enquanto outras eu *devo* fazer. Nunca mais poderei agir como um indivíduo solteiro porque renunciei à minha individualidade no dia do meu casamento. Eu livremente escolhi renunciar a uma "liberdade" futura e, em certo sentido, me escravizei a essa obrigação.

Por exemplo, quando minha mulher teve nosso primeiro filho, deixei passar a oportunidade de obter um PhD na Inglaterra (*alguém* tinha que ganhar dinheiro). Mais tarde, como pai de três filhos, levei muitos anos para conseguir recursos para trabalhar em tempo integral como escritor. Eu não podia simplesmente "perseguir o meu sonho" sem trabalhar em dois empregos por quase uma década. Porque eu sou um marido e pai, quando cheguei aos quarenta, recusei uma oferta muito tentadora de me tornar um escritor residente em um seminário, pois aceitar aquela posição exigiria que minha família se mudasse para um lugar que eles não queriam. Mais ou menos ao mesmo tempo, recusei uma oportunidade incrível de trabalhar com uma igreja que, na opinião de muita gente, era a igreja mais influente do país, porque, mais uma vez, isso afetaria negativamente a vida das crianças. Não digo isso de forma alguma para dar um tapinha de consolo nas minhas costas, mas para colocar meu comentário no contexto: *não* estou dizendo que *só* as mulheres devem se sacrificar. Estou dizendo que *ambos*, homens e mulheres, maridos e esposas, se obrigam a sacrifícios em favor de seus cônjuges e filhos.

Vivemos em uma cultura que glorifica o egoísmo mais do que a responsabilidade. Os livros e filmes nos incitam a "seguir nosso coração", sem levar em consideração os nossos compromissos. Precisamos recapturar a beleza da responsabilidade e a glória da fidelidade. Uma supermodelo chega ao ápice de sua carreira no início de seus vinte anos, enquanto a beleza de uma mulher consagrada e responsável cresce a cada década. Algumas mulheres tentam em vão preservar um passado que se desvanece, enquanto outras experimentam a alegria de forjar um novo futuro. Tudo depende do que elas valorizam mais.

As famílias se destroem porque perdemos o respeito pela responsabilidade. Em vez disso, permitimos que a intensidade romântica nos cative. Já que foi Deus quem criou nossos sentimentos, eles devem ser bons, tem que haver um propósito divino na paixão. Infelizmente, no entanto, nos transformamos em glutões românticos. Em vez de sermos gratos pelo romance quando ele aparece, nós o cobiçamos, exigimos e até construímos nossa vida em torno dele. Raramente nos damos a oportunidade de experimentar a satisfação duradoura da lealdade, do compromisso e da responsabilidade.

As famílias se destroem porque perdemos o respeito pela responsabilidade.

Isso nos deixa despreparados para o que Deus deseja realizar através do compromisso vitalício do casamento. O casamento é difícil, tanto é que nunca devemos forçar ninguém a assumir suas responsabilidades sem sua livre e espontânea vontade. Uma vez que escolhemos esse relacionamento, no entanto, devemos cumprir os papéis que o relacionamento exige de nós. Nossa decisão primária de assumir as responsabilidades de uma esposa ou de um marido determinará nossa capacidade de assumir outras responsabilidades e, se você tem filhos, isso leva a situação a um nível completamente diferente.

Tenho visto em primeira mão como a força de uma mulher pode fazer uma diferença fundamental na família e até na nação. Algumas vezes é necessário que a força de uma mulher virtualmente envergonhe um homem e o obrigue a assumir sua responsabilidade. Penso em Débora tomando as rédeas em Israel, Ester movendo o coração de um rei e a ex-primeira ministra da Inglaterra Margareth Thatcher dizendo aos seus contemporâneos homens que não era hora de serem molengas, seus colegas do sexo masculino precisavam criar casca grossa para confrontar o comunismo efetivamente.

As esposas responsáveis talvez não signifiquem muito para nossa cultura, mas as implicações espirituais são preciosas e profundas. Ironicamente, se mais mulheres se preocupassem em ser responsáveis em vez de estarem obcecadas em ser felizes, realizadas e "importantes", teríamos muito mais mulheres felizes e realizadas e, por conseguinte, igrejas e um mundo muito mais forte. Jesus mandou que buscássemos *primeiro* o Reino de Deus *e* a sua justiça e, enquanto buscássemos isso, *"todas essas coisas lhes serão acrescentadas"* (Mt 6.33).

Responsável diante da irresponsabilidade

Meus filhos devem estar cansados de me ouvir dizer: "Sua maior tentação de pecar é quando alguém peca contra você, mas os pecados *deles* não justificam o *seu* pecado".

> *"Sua maior tentação de pecar é quando alguém peca contra você, mas os pecados deles não justificam o seu pecado."*

Isso é uma verdade que atinge as esposas e os irmãos. Lutar contra a irresponsabilidade de seu marido usando sua própria irresponsabilidade é como derramar gasolina no fogo: só faz as coisas ficarem mais explosivas, muito mais explosivas. A Bíblia recomenda uma abordagem bem mais subversiva: deixe o bem vencer o mal, deixe a responsabilidade envergonhar a irresponsabilidade.

É um fato espiritual que a bondade mata a maldade muito mais efetivamente do que a reclamação, o resmungo ou o desrespeito. Lembre-se:

Deus nos ganhou pela graça quando nós ainda éramos inimigos rebeldes. Ele não pediu nada de você que ele mesmo não tenha feito e esse Deus diz que temos a responsabilidade de amar, mesmo em face da irresponsabilidade dos outros.

Pedro escreveu: *Não retribuam mal com mal nem insulto com insulto; pelo contrário, bendigam; pois para isso vocês foram chamados, para receberem bênção por herança* (1Pe 3.9). Deu para entender? Somos chamados a responder ao mal com *bênção*. Não é próprio da natureza humana pensar: "Como posso abençoar essa pessoa que acabou de me ferir?" No entanto, essa prática espiritualmente poderosa conduz a resultados muito eficientes. Sejam quais forem as atitudes das pessoas, ainda prestamos contas diante de Deus por nossas atitudes.

Não é próprio da natureza humana pensar: "Como posso abençoar essa pessoa que acabou de me ferir?"

Paulo trabalha sobre isso em sua carta aos cristãos de Roma: *Abençoem aqueles que os perseguem; abençoem, e não os amaldiçoem* (Rm 12.14). Então ele cita o livro de Provérbios: *Se o seu inimigo tiver fome, dê-lhe de comer; se tiver sede, dê-lhe de beber. Fazendo isso, você amontoará brasas vivas sobre a cabeça dele* (Rm 12.20, veja Pv 25.21s). Jesus disse essencialmente a mesma coisa: *"Mas eu lhes digo: Amem os seus inimigos e orem por aqueles que os perseguem, para que vocês venham a ser filhos de seu Pai que está nos céus"* (Mt 5.44s).

A Bíblia é incrivelmente relevante e prática para os casados! Não é um livro de contos de fadas que finge que ninguém nunca vai nos magoar nem que ninguém pecará contra nós. Pelo contrário, ela promete que seremos magoados e enganados e, então, nos oferece conselhos muito práticos para nos ajudar a responder de forma adequada. Abençoamos quem nos fere[35]. Alimentamos os que se fazem nossos inimigos e, com o tempo, essa atitude geralmente obtém mais êxito na preparação de uma mudança redentora do que a discussão, a reclamação, a fofoca ou a ameaça de divórcio.

35 Mas, por favor, veja o capítulo 11 a respeito do temperamento masculino para ver como isso se aplica: creio que nenhuma mulher deva tolerar o abuso físico.

Na feiura das provações, a beleza da responsabilidade brilha mais do que nunca.

Mesmo que essa abordagem não tenha resultado, no entanto, é para isso que Deus nos chama como cristãos e é de fundamental importância. Gosto muito do que Linda Dillow diz a esse respeito:

> Não posso prometer que, se você responder com uma bênção quando for ferida ou magoada, seu marido vai mudar. Não posso prometer uma vida de felicidade e realização pessoal, mas posso prometer que você estará vivendo de acordo com o seu propósito e o seu chamado como cristã. Você está obedecendo à vontade de Deus e há paz na obediência. A primeira razão pela qual deve reagir assim não é para que você assegure uma chance de uma esperada mudança em seu marido, mas é o desejo de Deus que você tenha esse tipo de resposta.[36]

Quando eu reajo de acordo com o plano de Deus, mesmo que a pessoa que pecou contra mim não mude, *eu vou* mudar. É uma dupla vitória. Quando reajo com maldade, pagando o mal com o mal, duas de duas coisas geralmente acontecem, ambas negativas: a situação piora e eu fico mais amargurado, ressentido e menos como Cristo. O brilho do cristianismo é que Deus pode fazer você crescer espiritualmente em um casamento nocivo, tanto quanto em um casamento saudável. Ele pode moldá-la na prosperidade ou na carência, no conforto ou no estresse, em intimidade ou na solidão. E a intimidade com ele é a mais preciosa recompensa que qualquer de nós pode experimentar.

Quando eu reajo de acordo com o plano de Deus, mesmo que a pessoa que pecou contra mim não mude, eu vou mudar.

Assim como criamos músculos gradualmente levantando um pouco mais de peso a cada dia para que a beleza da responsabilidade evolua, assim crescemos através de pequeninas e aparentemente insignificantes decisões que fazemos semana após semana.

"Você mudaria seu marido?"

Essa ideia de "melhorar" seu marido servindo pacientemente a um homem imperfeito e viver de acordo com suas responsabilidades é, na verdade,

36 Dillow, *Creative Counterpart*, 155.

um conselho antigo. O famoso teólogo e moralista Erasmo viveu durante a Idade Média (1466-1536). Em seus *Colóquios* ele tem uma seção intitulada "Casamento", na qual transcreve a conversa de duas mulheres falando sobre seus maridos. Uma mulher pinta um quadro terrível de seu marido: ele não lhe dá roupas boas, é preguiçoso, até chega em casa bêbado e vomita na cama. "Eu preferiria dormir com uma ninhada de porcos do que com um marido assim!", ela declara.

Você pode realmente estar casada com um homem difícil, mas será que a sua atitude não está piorando as coisas?

Em resposta a esse comportamento, ela o ataca verbalmente e, às vezes, até fisicamente. Grita com ele, briga com ele e o deprecia. "Se você não me tratar como uma esposa, não o tratarei como marido", ela explica.[37] Em essência, ela está dizendo: "Se ele vai ser irresponsável como marido, então serei irresponsável como esposa".

Essa é uma atitude comum e geralmente fatal em um relacionamento.

A amiga dessa mulher concorda que o casamento com um marido assim realmente deve ser uma provação, mas ela questiona se sua amiga não está tornando a situação pior ainda. "Em primeiro lugar", a amiga diz, "lembre-se de que você deve tolerar seu marido seja ele como for. É melhor, portanto, aguentar um que se comporta ou que tenha se tornado um pouco mais manso em razão de sua gentileza do que um que fica pior a cada dia por causa de sua rudeza".[38]

Esse conselho bem prático, embora antigo, tem muitas aplicações atuais. Você pode realmente estar casada com um homem difícil, mas será que a sua atitude não está piorando as coisas? Você não gostaria, em vez disso, de reagir de forma a tornar a situação um pouco mais tolerável, ou você prefere dar vazão à sua ira e fazer com que a situação piore? É provável que a beleza da *sua* responsabilidade constranja seu marido, mas ainda que não o faça, fará de sua casa um lugar mais agradável e, pelo menos, testificará aos seus filhos como deve ser uma vida

37 Desiderius Erasmus, "Marriage", In: *The Book of Marriage*, ed. Dana Mack e David Blankenhorn (Grand Rapids: Eerdmans, 2001), 101.

38 Ibid.,103.

que honra a Deus. Se você não pode dar a seus filhos um pai consagrado, dê pelo menos uma mãe.

Temos a responsabilidade de amar até os que não são amáveis.

Lembre-se de que o conselho de Jesus é radical. Temos a responsabilidade de amar até os que não são amáveis (veja Lc 6.32-36). Esse amor pode fazer maravilhas.

"Você mudaria seu marido de bêbado para sóbrio, de gastador para econômico, de preguiçoso para trabalhador?", pergunta à sua amiga a mulher sábia do texto de Erasmo.

"Certamente que sim, mas onde posso encontrar essa arte?"

"Mas você possui em si mesma essa arte, se apenas estiver disposta a fazer uso dela. Ele é seu marido, goste disso ou não, ponto final. Quanto melhor ele estiver, melhor você estará. Você tem olhos somente para os defeitos dele. Eles intensificam seu desgosto e com essa maneira de lidar você simplesmente está tentando segurá-lo onde ele não pode ser agarrado. O tempo de pesar os defeitos dele foi antes do casamento, pois um marido não pode ser escolhido apenas com os olhos, mas também com os ouvidos. Agora é hora de melhorá-lo e não de culpá-lo".[39]

Amo essa frase: "Agora é hora de melhorá-lo e não de culpá-lo". Essa é uma afirmação excelente: Já que você está presa a ele e como Deus ainda chama você para viver de acordo com suas responsabilidades e compromissos, o que você vai fazer? Afundar na sua tristeza ou decidir fazer seu casamento mais agradável com suas atitudes? Talvez ele nunca seja tão agradável quanto você sonhou um dia, mas você consegue deixá-lo mais agradável do que está? Levante-se e assuma essa responsabilidade, ou você vai se encolher e tornar as coisas ainda piores?

A esposa frustrada continuou a reclamar sobre quanto tempo esse processo de transformação poderia levar e sua amiga gentilmente a repreende: "Você se negaria a se esforçar para reformar seu marido com o qual você pode passar uma vida agradável? Quanto trabalho os homens empregam no treinamento de um cavalo! E nós ficaremos hesitantes em lutar para fazer nosso marido um homem mais tratável?"

39 Ibid., 106.

"O que devo fazer?"

"Eu já lhe disse. Cuide para que tudo em sua casa esteja limpo e arrumado e que não haja nenhum problema que o conduza porta afora. Mostre-se afável a ele, sempre tendo em mente o respeito devido de uma esposa por seu marido. Evite a tristeza e a irritabilidade. Não seja intolerável nem cruel. Mantenha a casa um brinco. Você conhece os gostos de seu marido, cozinhe o que ele mais gosta. Seja cordial e gentil com seus amigos favoritos também... Cuide para que sua casa seja alegre e animada. Se ele dedilhar o violão estando um pouco bêbado, acompanhe-o cantando. Assim você vai manter seu marido em casa e reduzir as despesas. Com o tempo ele vai pensar: 'Sou um tolo em gastar meu dinheiro e minha reputação fora de casa em um lugar sem graça, enquanto tenho em casa uma esposa muito melhor que me ama muito, de quem recebo uma acolhida mais rica e melhor' ".

E você, que trabalha fora, pode precisar modificar esse conselho, mas o espírito que está por trás dele continua relevante. Mantenha uma atitude positiva; não se melindre com seu marido. Você pode até usar um pouco do seu salário para, ocasionalmente, lhe comprar ingressos para seu evento esportivo favorito. Decida abençoá-lo e tornar sua vida mais agradável. Seja responsável, no que diz respeito ao chamado de Deus, por ser uma auxiliadora prática para seu marido.

Mantenha uma atitude positiva; não se melindre com seu marido.

Quando a esposa finalmente concorda em fazer a tentativa, ela diz à sua amiga: "Que Cristo abençoe nosso esforço!"

E ela responde: "Ele irá – se você fizer sua parte."[40]

A conversa certamente parece meio antiquada, devido às concepções atuais do casamento, mas há muita verdade oculta nesse diálogo. Levar seu marido a desenvolver seu caráter e se consagrar pode realmente envolver muito trabalho e muitos anos, mas tenho conversado com muita gente que passou pelo divórcio – e o trabalho, a mágoa e a dor envolvidos *nessa* escolha é muito maior do que você pode imaginar. Quase todos os

40 Ibid., 108.

indivíduos divorciados com quem já conversei têm me incentivado a animar outras pessoas a passarem pelo menos a mesma quantidade de tempo e esforço tentando salvar o casamento que eles terão de gastar lutando com a dor, a mágoa e o custo financeiro de uma separação.

Ajudando seu marido

É nesse ponto, em livros como este, que você encontra as estatísticas: 98% dos homens dizem que isso e aquilo são suas necessidades mais importantes e 88% dos homens dizem que gostariam que suas esposas fizessem isso e aquilo. Você não vai encontrar essas estatísticas aqui porque eu acredito que a ajuda verdadeira é um trabalho pessoal e individualizado. O que a "maioria" dos maridos quer não significa que seja o que *seu* marido quer. Em vez de avaliar as estatísticas você precisa descobrir o que o seu marido gostaria de ver na esposa dele.

Aqui vai um exemplo. A menos que eu esteja procurando acessórios para corrida, detesto fazer compras. Uma ocasião, eu estava procurando um relógio novo. Lisa rasgou um pedaço de um anúncio de jornal e me perguntou: "O que você acha deste aqui?" Eu adorei! Peguei o papel e comprei o relógio em cerca de 120 segundos. Entreguei o papel para a balconista da joalheria, ela fez o pedido e uma semana depois fui buscar. Eu não tive que fazer nem um pingo de pesquisa.

Eu realmente amei minha esposa aquele dia.

Eu *realmente* amei minha esposa aquele dia.

Outros homens podem gostar de fazer compras, mas talvez queiram que você faça outra coisa que ele não gosta. A chave é tornar o princípio pessoal.

Existe alguma outra forma de criar um vínculo mais profundo do que simplesmente ajudar seu marido? Eu não conheço nenhum. A beleza inevitavelmente se esvairá, mas a responsabilidade cresce em poder, habilidade, julgamento e sabedoria. Cumprir fielmente seu chamado como uma parceira pela vida toda forja elos mais fortes do que a atração física.

Ontem minha esposa me ligou enquanto eu estava na biblioteca. Ela sabia que eu estava fazendo anotações para um livro com o título provisório *O ministério de sentar-se perto.*

"Ei, Gary", ela disse, "você precisa dar uma olhada nesse livro: *The Five Silent Years of Corrie Ten Boom* (Os cinco anos silenciosos de Corrie Ten Boom). Acabei de ler sobre ele e eu acho que você pode encontrar ali alguma coisa para o seu livro". Esse tipo de coisa faz um homem sentir que tem apoio.

Ontem minha esposa me ligou enquanto eu estava na biblioteca. Esse tipo de coisa faz um homem sentir que tem apoio.

Você viu no eBay uma coisa que seu marido está procurando? Pode passar alguma informação sobre seus jogadores favoritos? Talvez você possa surpreendê-lo com uma xícara de café ou simplesmente assumindo uma tarefa dele (trocar o óleo do carro, passar camisas) que ele detesta fazer. Você está sendo responsável pelo seu chamado como auxiliadora de seu marido?

Faça a ele esta pergunta hoje à noite: "O que deixa você mais frustrado no seu trabalho?" Se você encontrar um meio de ajudá-lo com isso, criará o clima para uma profunda influência positiva. Creio que isso é ainda mais significativo se você for uma esposa que trabalha fora. Sua falta de tempo limita sua capacidade de ajudar, mas se você conseguir encontrar uma ou duas maneiras estratégicas de fazer a vida de seu marido correr mais suavemente, cimentará suas afeições. Se você fizer isso somente uma ou duas vezes por ano, no final da terceira década de casamento você terá estabelecido um cuidado prático vitalício, removendo cinquenta ou sessenta coisas que o frustravam. No processo, você terá acumulado um volume gigantesco de gratidão e a intimidade correspondente.

As conversas de hoje sobre os novos papéis do homem e da mulher na sociedade invariavelmente confundem os conceitos dos papéis no casamento. É por isso que eu chamo a atenção das mulheres jovens para escolherem o chamado de Deus em suas vidas. Em lugar algum a Bíblia insiste para que as jovens se casem; na verdade, Paulo até sugere que, em certas circunstâncias, elas deveriam considerar a possibilidade de permanecerem solteiras. No entanto, uma vez que você se casa, assume espiritualmente todas as obrigações e responsabilidades do casamento. *Irmãos, cada um deve permanecer diante de Deus na condição em que foi chamado* (1Co 7.24). Para a esposa, isso significa ser uma ajudadora.

Não é uma coisa espiritualmente saudável casar-se e, então, se ressentir do estado de estar casada.

Não é uma coisa espiritualmente saudável casar-se e, então, se ressentir do estado de estar casada. A história está repleta de mulheres solteiras que fizeram coisas extraordinárias em favor do mundo de Deus e do Reino de Deus. Deus também usa as mulheres casadas, mas se você pretende concorrer à presidência da república ou tornar-se a CEO de uma empresa, isso deve afetar a decisão que fizer sobre o tipo de homem com quem vai se casar e o tipo de família que vai formar.

O casamento se constitui em uma vocação, um chamado e um compromisso. Creio firmemente que você terá uma vida mais rica e realizada quando assumir seriamente a responsabilidade de cumprir cada um deles.

Você deseja *realmente* influenciar seu marido? Então trabalhe duro e torne-se uma esposa responsável. O mundo pode não aplaudir seus esforços, mas Deus a recompensará e seu marido a louvará. Reconhecidamente, a expressão "esposa responsável" não soa muito sexy e lhe garanto que jamais será o título de uma novela das 8, mas o conceito é biblicamente importante, é poderoso e dá vida. A responsabilidade realmente trará a alegria e a emoção da beleza espiritual em seu lar e em seu coração.

Perguntas para discussão e reflexão

1. Se o texto de Tito 2.4 ensina que as mulheres mais velhas precisam despertar as mais jovens para suas responsabilidades como esposas, que aspectos você vê como mais necessários nesse "despertamento"?
2. Gary argumenta que "as famílias se desintegram porque perdemos nosso respeito pela responsabilidade". De que formas você vê isso acontecendo em nossos dias?
3. A maioria das mulheres de hoje valoriza a ideia de ser mais responsável? O que elas mais valorizam?
4. Em que aspecto é mais difícil agir responsavelmente em face da irresponsabilidade de seu marido?
5. Há alguma coisa em suas atitudes, palavras ou ações que tentam seu marido a agir de forma mais irresponsável do que agiria? Quais são as abordagens alternativas que você poderia considerar ou buscar?
6. Como as mulheres poderiam encorajar outras que estejam pacientemente lançando os alicerces para uma mudança permanente na vida de seus maridos? Como a impaciência de uma esposa pode dificultar o desenvolvimento duradouro do caráter de seu marido?
7. Que qualidade positiva você pode desenvolver em resposta a uma das fraquezas de seu marido? (Por exemplo, tornar a casa um lugar agradável para um marido que viaja com frequência).
8. Em que área você mais precisa crescer a fim de se tornar uma esposa mais responsável?

8

Entendendo a mente masculina

Aprendendo a fazer concessões à masculinidade de seu marido

Nos Estados Unidos, todo inverno, homens adultos gastam milhares de dólares e centenas de horas tentando atrair formandos do Ensino Médio para a sua faculdade com um único objetivo: organizar o melhor time universitário do país. Em essência, esses treinadores são mestres na arte de convencer homens. Eles têm que saber como atraí-los e como motivá-los.

O ex-treinador da Universidade de Oklahoma, Barry Switzer tinha a reputação de excelente recrutador. Uma vez, em uma viagem ao Texas, ele estava entrando na casa de um rapaz quando notou uma lata de lixo cheia de latas de cerveja da marca "Pearl". Quando o pai do rapaz entrou na sala para cumprimentar o treinador, perguntou se ele gostaria de uma cerveja.

"Só se você tiver Pearl", Switzer respondeu.

O treinador Switzer conseguiu recrutar o moço.

Um caso clássico de má interpretação feminina ocorreu quando o treinador de futebol americano da Universidade de Rice, Ken Hatfield, visitou a casa de um jogador. Durante uma longa conversa com os pais, Hatfield disse uma coisa que a maioria dos homens entenderia prontamente.

Hatfield estava tentando recrutar um *punter*, que é o jogador que entra em cena quando o ataque falha e o time tem que ceder a bola para o outro time. Então o treinador falou casualmente: "Espero que ele não jogue muito no ano que vem".

"O que você quer dizer com isso?", a mãe perguntou com a voz sensivelmente alarmada.

"Minha senhora, estamos tentando marcar gols e então esperamos que o *punter* não jogue muito".

A mãe do menino tomou aquilo como uma ofensa e disse: "Nós não vamos para a sua universidade, vamos procurar um lugar onde ele possa jogar muito".

Hatfield ficou com pena pelo rapaz e pelo time que perdeu o recruta: "O menino queria muito vir para nosso time".[41]

Para influenciar um homem você tem que aprender a língua dele. Muitos problemas conjugais surgem não por causa de um problema entre Rob e Jill ou Kate e Kevin, mas por causa de uma barreira entre macho e fêmea. Neste capítulo espero dar a você uma visão da mente masculina vinda de um informante de dentro para que você aprenda a entender melhor e a se comunicar melhor com seu marido.

Para influenciar um homem você tem que aprender a língua dele.

O cérebro masculino

A ciência moderna esfriou o debate "natureza versus educação". Não faz muito tempo, alguns grupos argumentavam que não existe diferença inata entre meninos e meninas. Eles insistiam que as garotas tendem a escolher as bonecas, comunicação e romance e os garotos se fixam em guerra, barulhos engraçados e competição simplesmente porque assim foram educados.

Nos últimos dez anos, a neurociência tem comprovado que isso não é verdade. Bem antes de o bebê vir a esse mundo, enquanto ele ainda está aconchegado seguramente no útero de sua mãe, o cérebro de um bebê do

41 Esse caso e o anterior são baseados no relato de David Leon Moore, Thomas O'Toole e Kelly Whiteside, "Coaches Have Plenty of Tales to Tell", In: *USA Today* (4 de Fevereiro de 2003), 10.

sexo masculino é bombardeado com testosterona enquanto que o bebê do sexo feminino recebe maiores quantidades de hormônios femininos. Entre o terceiro e o sexto mês da vida desse bebê não nascido, os hormônios começam a moldar aquele pequenino cérebro, influenciando como aquele indivíduo irá interagir com o mundo. É verdade, os meninos recebem hormônios femininos e as meninas recebem um pouco de testosterona, mas as quantidades desses hormônios (os homens têm até *vinte vezes* mais testosterona do que as mulheres) marcarão o cérebro daquela criança no sexto mês de gravidez, ou seja, três meses antes de qualquer pai ou qualquer mãe ter a chance de se socializar.

(De fato, existe o que os neurocientistas chamam de "ponte cerebral" masculina e "ponte cerebral" feminina. Nossa tendência em direção aos cérebros femininos ou masculinos ocorre em uma linha contínua, resultando vários graus de moldagem. No entanto, mesmo aqui, uma "ponte cerebral" masculina terá mais testosterona que a "ponte cerebral" feminina).

O cérebro do homem, portanto funciona de modo muito diferente do cérebro feminino. Os exames de PET Scan (tomografia por emissão de pósitrons), ressonância magnética e SPECT Scan (tomografia computadorizada por emissão de fóton único) explodiram a antiga e falsa noção de que a diferença de gêneros é determinada mais pela educação do que pela natureza.[42] Como o cérebro se desenvolve gradualmente, o estereótipo pode nos desviar, mas certas coisas tendem a ser verdadeiras. Por exemplo, os cérebros masculinos geralmente tem menos serotonina do que os cérebros femininos. Como a serotonina acalma as pessoas, os homens têm maior probabilidade de agir explosivamente e compulsivamente. Surpresa? Provavelmente, não.

Aqui está outro exemplo. Os homens têm menos oxitocina em seus cérebros. Michael Gurian faz essa observação:

> A oxitocina é parte do que os biólogos chamam de instinto "cuidar e fazer amigos", contrastando frequentemente com o instinto "lutar ou fugir". Quanto mais altos forem os níveis de oxitocina, menos agressiva aquela pessoa tenderá a ser. Além disso, a pessoa com níveis mais altos de oxitocina tenderá a ser imediata e diretamente empática e com mais probabilidade de ligar o vínculo e a empatia

42 O livro de Michael Gurian, *What Could He Be Thinking? How a Man's Mind Really Works* (Nova Iorque: St. Martin. 2003), discute o assunto mais detalhadamente.

com as centrais verbais do cérebro, perguntando: "Como você está se sentindo?" ou "Está tudo bem com você hoje?"[43]

Por que seu marido tem menos probabilidade de se sintonizar com sua dor emocional e verbalizar preocupação do que, vamos dizer... sua irmã, sua mãe, sua filha ou sua melhor amiga? O cérebro dele não funciona da mesma maneira que um cérebro feminino, simplesmente não lhe ocorre conectar sua afeição com o questionamento verbal. Por que seu marido leva mais tempo para criar laços com seu filho adotivo? O cérebro dele possui menos quantidade de cola química, ele vai chegar lá, só vai levar um pouco mais de tempo.

O cérebro dos homens também precisa de mais descanso que o cérebro das mulheres e por isso os homens são mais inclinados a tirar "cochilos mentais".[44] Por que os homens gravitam em torno da tela da televisão e vão trocando de canal ao invés de se focar em um único programa? Nossos cérebros ficam cansados. Ao final de um dia, não queremos trama, história ou desenvolvimento de personagem, só queremos escapar (pense em edifícios explodindo, carros colidindo e pneus derrapando). Enquanto isso, *o seu* cérebro (que tem mais 15% de fluxo sanguíneo) ainda está funcionando até tarde do dia e, portanto, mais capaz de processar um entretenimento complexo.

Tenha cuidado de não culpar ou se magoar com seu marido por ele ser homem!

Lembre-se, isso não é verdade somente para o seu marido em particular, acontece com os homens em geral. Tenha cuidado de não culpar ou se magoar com seu marido por ele ser homem! Gurian diz: "Como a maioria de nós tem descoberto intuitivamente em nossos relacionamentos com o outro sexo, a feminilidade ou a masculinidade do cérebro não é tão mutável como muita gente gostaria."[45]

Se você quiser um argumento mais técnico, leia o livro de Gurian, "*What Could He Be Thinking? How a Man's Mind Really Works*" (No que ele deve estar pensando? Como a mente de homem realmente funciona).

43 Gurian, *What Could He Be Thinking?* 12

44 Ibid., 15.

45 Ibid.,16.

Para os nossos propósitos neste livro, é suficiente dizer que, se você realmente quer motivar seu marido e se comunicar com ele, desfrutar de um casamento satisfatório e criar filhos saudáveis com ele, *pare de esperar que ele aja como uma mulher*. Ele não consegue fazer isso.

Nem deveria.

Livre-se de toda a tática e habilidade que você usa para falar com suas irmãs, melhores amigas e mãe e compreenda que a mente de um homem funciona de forma bem diferente. Existem algumas similaridades, é claro, portanto algumas poucas estarão inter-relacionadas, mas se esperar que ele converse com você como sua melhor amiga, sua irmã ou sua mãe, você estará sendo injusta. Vai ficar decepcionada e, provavelmente, infeliz.

Recebi muitos feedbacks positivos de meu comentário em meu livro *Casamento Sagrado* de que muitos, se não a maioria, de nossos problemas no casamento surgem não entre dois indivíduos, mas entre dois gêneros. É por isso que o divórcio e o novo casamento não resolvem muita coisa. Um homem ainda se casa com uma mulher e, a menos que ambos os parceiros aceitem essa realidade, uma tremenda tensão continuará a existir. De fato, se um segundo casamento tem mais sucesso do que o primeiro, geralmente é porque um dos dois, ou os dois parceiros finalmente "entenderam" e aceitaram que simplesmente é assim que os homens (ou as mulheres) são. É muito mais saudável para todos (e muito mais econômico) aprenderem essa lição no primeiro casamento.

Se você aceitar e aplicar qualquer outra estratégia neste livro e *ainda* abordar seu marido como faria com uma amiga ou com uma filha, vai fracassar. Muitos livros sobre homens e mulheres não conseguem se dirigir a alguns dos problemas-chave. Em minha pesquisa nesses livros, entender as diferenças entre os gêneros me parece o grande divisor de águas. O livro de Laura Schlessinger, *The Proper Care and Feeding for Your Husband* (O cuidado e a alimentação adequados para seu marido, Nova Iorque: HarperCollins, 2004), vendeu muito bem porque a Dra. Laura entendeu como os homens são. Muitos outros livros dão conselhos que fazem a maior parte dos homens dar risada. Muitas vezes eu disse a mim mesmo enquanto lia esses livros: "Só uma mulher acreditaria que um homem reagiria *desse* jeito a *esse* conselho".

Dê tempo a ele

Aqui está outra grande diferença do cérebro do homem que está na raiz de muitos dos confrontos conjugais: estudos neurológicos mostram que os homens podem levar até sete horas a mais do que as mulheres para processar informações emocionais complexas.[46] Pense nisso: *sete horas*! Por que esse atraso? Muitos fatos fisiológicos ajudam a explicar isso: os homens têm um hipocampo menor no sistema límbico (que processa as experiências emocionais), as mulheres possuem mais atalhos neurológicos indo e vindo dos centros emocionais do cérebro e os feixes de nervos que conectam os dois lados do cérebro – permitindo o processamento de pensamentos e conversas com emoções – é 25% menor nos homens do que nas mulheres.[47]

Considere as implicações. Suponha que você tenha uma briga ou uma discussão logo após o café da manhã e leve cerca de quinze minutos para entender porque você se sente tão zangada. Seu marido pode não chegar a essa conclusão até *a hora do jantar*. No entanto, as mulheres muitas vezes acham difícil esperar todo esse tempo. Elas querem discutir seus sentimentos na hora e querem que seus maridos discutam os sentimentos deles enquanto seu cérebro está atrasado, preso nos primeiros estágios de processamento daquilo que acaba de acontecer.

Deixe-me pintar um quadro em palavras. Vamos dizer que seu marido convide você para uma reunião na igreja à noite. Assim que estacionam o carro, ele diz: "Ah, esqueci uma coisa. O pastor ligou na semana passada e perguntou se você não poderia dirigir uma devocional de dez minutos hoje à noite logo após o louvor. Eu disse a ele que você não se incomodaria".

Você ficaria furiosa com seu marido, mesmo que goste muito de dirigir devocionais. Por quê? Porque quer tempo para se preparar. Você sentiria que seu marido foi desleal por colocá-la em uma situação difícil. Sabe de uma coisa? É *exatamente* assim que seu marido se sente quando você rapidamente aperta o seu botão do processo emocional e espera que ele esteja pronto só porque você está. Ele precisa de tempo, *muito* mais tempo para chegar a esse ponto.

46 Ibid., 86.

47 Ibid., 82-84.

Não posso dizer quantas vezes já ouvi palestrantes sobre casamento dizerem aos maridos que eles precisam se concentrar na preparação quando o assunto é sexo. Tudo bem, mas assim como a maioria das mulheres precisam de tempo para aquecer-se sexualmente, também a maioria dos homens precisa de aquecimento emocional. Entrar de repente em uma complexa discussão emocional com seu marido é equivalente a seu marido lhe pegar pela mão e querer imediatamente ter um intercurso sexual. Lembre-se, os homens levam *sete horas* para processar informação emocional complexa.

Lembre-se, os homens levam sete horas para processar informação emocional complexa.

Li sobre uma esposa que insistiu em tirar as coisas a limpo antes de ela e o marido irem dormir tarde da noite. Seu marido queria tempo para pensar sobre o assunto, mas ela se recusava, querendo resolver o problema, desabafar e acertar tudo antes de ir dormir. O marido então a deixou mais furiosa caindo no sono no meio da conversa.

Compreender as diferenças cerebrais ajudaria esse casal a ver que o marido tem um desejo legítimo de processar sua resposta emocional. Certamente, nenhum conselheiro matrimonial que valha seu salário recomendaria que ele caísse no sono, mas nesse caso, a esposa insistiu de forma injusta tratar o assunto e desabafar sem antes dar a chance de seu marido tratar a questão sozinho. Lembre-se, seu marido não é tão eficiente como você no processamento de informação emocional. É simplesmente injusto forçar uma solução só porque você sente essa necessidade.

Leslie Vernick me disse que muitas vezes ele ouve as mulheres protestarem ao ouvir esse conselho, dizendo algo como: "Bem, a Bíblia diz que não devemos deixar o sol se pôr sobre a ira, é por isso que precisamos resolver o assunto antes de ir para a cama". Leslie apresenta uma correção útil: "A Bíblia nunca disse que temos que resolver todas as nossas diferenças com nosso cônjuge antes de ir para a cama. Se você ainda está lutando com a sua raiva, deixe-a de lado *sozinha,* antes de ir para a cama, mesmo que seu marido não queira ou não consiga discutir o assunto até tarde".

Se uma mulher responder: "Mas ele *não vai* discutir o assunto mais tarde". Leslie ajuda as esposas: "Aprenda a trazer um problema sem atacar o marido e, ao mesmo tempo, trabalhe em seu próprio coração e em sua abordagem. A maioria dos homens está disposta a discutir algo se sentirem que não estão sendo encurralados ou acusados por algo que fizeram de errado".

Aqui vai uma sugestão: se você tem um problema emocional que precisa ser resolvido, por que não dar um alerta várias horas antes que vocês tenham a chance de conversar? "Querido, tem uma coisa que está realmente me incomodando [ou magoando, ou me frustrando, ou me preocupando]. É mais ou menos isso... Você poderia pensar nisso para que a gente pudesse conversar hoje à noite?" Usando essa tática você dará a ele tempo suficiente para processar informação emocional complexa.

Por que os homens se fecham?

Quando uma mulher não entende a forma como o cérebro masculino trabalha, ela se arrisca a criar uma reação masculina extremamente destrutiva, uma coisa que os pesquisadores chamam de "se fechar". Os homens se "fecham" quando se desligam emocional e verbalmente, ignorando a mulher e, essencialmente, se esquivando de conversar. Compreensivelmente, poucas coisas irritam tanto uma mulher quanto ser excluída. E isso é uma atitude tipicamente masculina.

Uma razão biológica nos ajuda a explicar o que está acontecendo: "O sistema cardiovascular masculino permanece mais reativo que o feminino e se recupera do estresse mais devagar... Como a confrontação conjugal que ativa a vigilância exige muito do homem, não é de se surpreender que a maioria dos homens tenha mais tendência de evitá-la do que a mulher."[48]

Michael Gurian adverte que a maioria dos homens não gosta de desabafar imediatamente sobre eventos emocionais.

Michael Gurian adverte que a maioria dos homens não gosta de desabafar imediatamente sobre eventos emocionais (frustrações no trabalho

48 Ibid., 475.

ou relacionamentos, decepções na vida) porque falar sobre esses assuntos geralmente traz um grande desconforto cognitivo. Em outras palavras, é *doloroso* para os homens desabafar sobre experiências desagradáveis! Por causa da maneira como o cérebro feminino funciona (com a liberação de oxitocina) o desabafo sobre assuntos emocionais tem um efeito calmante, enquanto o oposto ocorre para a maioria dos homens: essas conversas podem criar ansiedade e aflição. Como é mais difícil para os homens processar a informação, eles sentem angústia em vez de conforto. Você provavelmente se sente aliviada em conversar sobre seus problemas, mas para os homens isso é uma tortura. É por isso que eles às vezes desligam: é um ato deliberado (embora prejudicial) de defesa pessoal.

Quando você compreende que o rompimento da represa verbal exige mais de seu esposo do que de você, e que ele leva mais tempo para se recuperar de um episódio assim, pode começar a entender porque as críticas, a reclamação e a demonstração de desprezo não permitirão a comunicação efetiva com seu marido. Provérbios 15.1 diz: *A resposta calma desvia a fúria, mas a palavra ríspida desperta a ira.*

O famoso especialista em prever divórcios, Dr. John Gottman, ajuda as esposas a entenderem o que realmente há por trás desse "fechamento". Quando uma esposa constantemente critica seu marido, age com rudeza e mostra aberto descaso por ele, seu comportamento geralmente leva a uma situação explosiva. Isso quase invariavelmente leva o marido a se fechar. Gottman escreve: "Pense no marido que chega do trabalho, encontra uma barreira de críticas da esposa e se esconde atrás do jornal. Quanto mais inerte é, mais ela grita com ele. Eventualmente ele se levanta e deixa o aposento. Em vez de confrontar sua esposa, ele se afasta. Dando as costas a ela, ele está evitando a briga, mas também está evitando seu casamento."[49]

Esse último pensamento é chave: "Você pode estar abordando um problema legítimo, mas se está abordando um problema legítimo de maneira ilegítima isso afastará seu marido de seu casamento. Ele vai excluir você. Você vai ficar mais frustrada porque percebe que ele não está ouvindo, o que a faz criticá-lo e desprezá-lo ainda mais. E o muro vai crescendo cada vez mais alto.

49 John Gottman, "The Seven Principles for Making Marriage Work", In: *Book of Marriage*, ed. Dana Mack e David Blankenhorn (Grand Rapids: Eerdmans, 2001), 472.

Como você pode dizer se seu marido está caindo nesse padrão? O Dr. Gottman diz: "Um homem fechado não lhe dá... uma resposta casual. Ele tende a olhar para o outro lado sem pronunciar uma palavra. Senta-se como uma parede de pedra impassível. O homem fechado age como se não se importasse com o que você está dizendo, se é que está ouvindo."[50]

Na experiência do Dr. Gottman, o fechamento geralmente acontece em casamentos mais maduros. É bem menos comum entre recém-casados. Leva tempo para a negatividade se acumular em níveis suficientes para que o marido decida desligar completamente sua esposa. Gottman diz mais:

> Geralmente as pessoas usam o fechamento como uma proteção contra o sentimento de *sufocamento*. O sufocamento significa que a negatividade de seu cônjuge, seja em forma de críticas, de desprezo ou de defensiva, é tão devastadora e tão repentina que o deixa em estado de choque. A pessoa se sente tão sem defesa contra esse ataque à queima roupa que aprende a fazer qualquer coisa para evitar uma repetição. Quanto mais você se sente sufocado pelas críticas ou desprezo de seu cônjuge, mas vigilante fica na procura de pistas de que ele está a ponto de "explodir" novamente. Tudo em que você consegue pensar é se proteger das causas do ataque de seu cônjuge. E a forma de fazer isso é se desengajar emocionalmente do relacionamento.[51]

Em vez de reagir com fúria, respire e pergunte a si mesma: "Por que meu marido está me evitando?" A resposta pode ter a ver com a maneira como você o está tratando. Se você responder à apatia com o mesmo comportamento que o criou, só o reforçará. Seja gentil, seja paciente e dê tempo a ele.

Descanso emocional

Assim como a represa verbal pode ser devastadora para o cérebro masculino, também o é a represa emocional. Quando uma mulher sufoca um homem, ele entra em pânico. A biologia do cérebro de um homem exige tirar férias ocasionais dos envolvimentos emocionais.

Aqui está um exemplo prático que pode ajudar você a entender o que eu estou tentando dizer. Muitos caras têm um relacionamento amoroso com seus carros, e as mulheres sempre ficaram intrigadas com isso. Por que os homens ficam discutindo sobre que peça de metal é mais confiável,

50 Ibid.

51 Ibid.

ou que companhia constrói o melhor motor? Por que eles compram adesivos para os carros ou até dão um nome para o caminhão? Por que eles saem de um quarto cheio de roupa suja jogada, passam por uma cozinha com uma pia transbordante de pratos, entram em uma sala de jantar que precisa de um aspirador e de um pano de pó e vão para fora lavar um veículo que parece já estar limpo?

Lembro-me de que quando eu era mais novo dirigia a caminhonete de uma empresa em que trabalhei como temporário. Eu lia o medidor de eletricidade das casas e dirigi essa caminhonete amarela o verão inteiro. Quando o verão terminou e eu tive de voltar para a escola senti que tinha de dizer um adeus formal para aquela caminhonete. Pode parecer piegas, mas nós tínhamos enfrentado muitas batalhas juntos, atravessamos os campos, compartilhamos os almoços e corremos de cachorros.

Ainda hoje, um de meus tesouros favoritos é o meu Honda CRV. Não é um carro sofisticado, nem um clássico, nem de luxo, mas eu gosto dele. Ele tem sido tão confiável e confortável. Eu me sinto em casa dentro dele.

O que está acontecendo? Por que nós, os homens, somos assim? Michael Gurian descreve a biologia masculina por trás desse caso de amor com um pedaço de metal: "Há uma tendência biológica para os homens buscarem um conjunto de objetos especiais que permitem que seu cérebro descanse e lhe proporcionem o prazer de um relacionamento independente sem o estímulo de uma conversação emocional. O carro é, sem nenhuma surpresa, o objeto escolhido por muitos homens."[52]

"Um carro me leva onde eu quero sem me perguntar como eu estou me sentindo."

Um carro me leva onde eu quero sem me perguntar como eu estou me sentindo. Um carro me deixa gritar com os outros motoristas sem me perguntar: "Por que você está tão aborrecido?" Um carro me deixa ouvir ao programa esportivo no rádio sem me perguntar de que cor eu quero pintar a cozinha. Meu carro nunca (nem uma vez sequer) me perguntou se alguma coisa estava errada ou pronunciou as famosas palavras: "Precisamos conversar". Além disso, meu carro é absolutamente claro a respeito de

52 Gurian, *What Could He Be Thinking?*, 227.

suas necessidades. Eu sei se o tanque de gasolina está cheio, pela metade ou completamente vazio. Meu carro nunca responderia ao meu questionamento sobre quanta gasolina ainda tem com a palavra: "Adivinhe!" ou "Você deveria saber sem ter que me perguntar".

É raro o homem que cria intimidade por pressão. Um bom e saudável casamento acontece gradativamente.

Em resumo, meu carro deixa o meu cérebro descansar. Tenho 15% a menos de sangue fluindo para o meu cérebro do que você, portanto meu cérebro precisa de mais descanso do que o seu. Meu carro entende isso. Meu carro respeita isso.

É por isso que eu amo meu carro.

É raro o homem que cria intimidade por pressão. Um bom e saudável casamento acontece *gradativamente*. Então, dê a seu marido um pouco de espaço: se ele não quiser conversar de vez em quando, deixe para lá. Nem peça que ele dê uma razão para isso.

Isso é uma verdade, especialmente depois do trabalho. A maioria dos homens precisa se despressurizar. Nossos cérebros trabalharam duro o dia inteiro. Nós passamos o dia solucionando problemas, usando nossos melhores recursos e mentalmente precisamos de um tempo para desmontar antes de pegarmos nossos pedaços e ficarmos inteiros de novo. Não é pessoal, não é contra você. É uma realidade que envolve nossos cérebros e o cansaço deles.

Um marido disse a Shaunti Feldhahn, autora do livro *For Women Only* (Só para mulheres), o seguinte: "Eu gostaria de fazer minha esposa entender que, às vezes, quando eu não falo com ela ou não ajo como um marido amoroso, isso não tem nada a ver com o que eu sinto por ela. Eu só preciso ficar sozinho com os meus pensamentos".[53]

Você tem que esperar para que seu marido dê mais de si mesmo a você. Se você não entrar em pânico e resistir à necessidade de tentar forçá--lo a ter intimidade, a longo prazo, obterá melhores resultados. Deixe-o ter algum tempo de silêncio. Se você abrir mão de um pouco, pode ganhar muito mais.

53 Citado no livro de Shaunti Feldhahn, *For Women Only: What You Need to Know About the Inner Lives of Men* (Sisters, Ore.: Multnomah, 2004), 146.

De fato, é uma sábia atitude da esposa encorajar seu marido a sair sozinho ocasionalmente. Meu amigo Dave Deur, o pastor que eu mencionei no capítulo 4 e que pediu aos homens de sua classe que fizessem uma lista de cinco maneiras que eles gostavam de ser amados, disse que a terceira resposta mais comum (depois de afirmação e sexo) foi essa: muitos homens mencionaram que gostariam simplesmente de ter a liberdade de fazer alguma coisa divertida sem que se sentissem culpados, sem um suspiro de decepção ou acusação: "Então, você realmente prefere sair e gritar com uns jogadores de futebol do que passar uma noite com seus filhos?"

Se um homem pede duas noites por semana, eu diria que ele tem problemas de prioridades. No entanto, um homem que trabalha duro precisa ocasionalmente passar um tempo fora para fazer alguma coisa de que ele goste realmente. Alguns homens se sentem culpados até em pedir isso, mas uma esposa pode produzir uma tremenda gratidão tomando a iniciativa. Na verdade, minha esposa fez isso recentemente.

Eu cancelei uma saída para jogar golfe que tinha planejado com três amigos por causa da data de entrega de um livro que estava se aproximando, de algumas viagens para dar palestras e de uma aula de seminário que precisava preparar. Lisa me telefonou e disse: "Gary, o dia está lindo, você deve ir". Comecei a protestar, mas ela disse: "Não me importo de pegar as crianças, você merece a tarde de folga". Eu fui e aproveitei imensamente o descanso. Foi muito importante para mim que Lisa pegasse as crianças na escola para eu passar uma tarde com amigos.

Lisa demonstrou o amor de Jesus. Considere um episódio de Jesus com seus discípulos. É exatamente como eu disse que Jesus cuidava deles: *"Venham comigo para um lugar deserto e descansem um pouco"* (Mc 6.31). Note que quando Jesus disse isso ainda havia muitas necessidades urgentes e muito trabalho a fazer. As pessoas ainda estavam indo e vindo, mas Jesus, preocupado com seus discípulos, disse a eles para deixarem o trabalho e descansarem um pouco.

Lisa me ama como Jesus amava seus discípulos.

A autora Linda Weber fala de uma ocasião em que permitiu que seu marido fizesse uma viagem. Inicialmente ela queria ir junto, mas entendeu que ele "precisava de um tempinho fora para refletir sobre algumas coisas que eram muito importantes para ele". Ela conta:

> Ele sabia que eu me preocupava com o que era importante para ele, por eu estar feliz que ele tivesse esse tempo. Em seus frequentes telefonemas para casa ele estava transbordando para compartilhar a alegria de estar vendo isso e fazendo aquilo ou lembrando os velhos tempos. Adorei o sentimento de me entusiasmar junto com ele por tudo aquilo e estava contente por ele desejar compartilhar comigo seus sentimentos. Foi um privilégio para mim entrar no mundo dele me interessando e demostrando alegria. Foi bom para nós. [54]

Esta última frase "foi bom para nós" pode ser difícil de entender. Tenha em mente: o que é bom para seu marido é bom para vocês dois. Repita comigo: *o que é bom para ele, é bom para nós*. Um marido saudável é um marido mais feliz, mais carinhoso e mais atencioso.

> Repita comigo: o que é bom para ele, é bom para nós.

Há um desdobramento positivo disso, é claro. Poucas mulheres hoje têm o tempo de descanso de que precisam. Assim como o seu marido precisa de uma folga ocasional do trabalho e da vida familiar, *você também precisa*. É mais provável que você obtenha esse tempo se permanecer sensível à necessidade dele a esse descanso. Estou muito mais disposto a sair da minha rotina para me certificar de que Lisa tenha um tempo para ela quando ela está me encorajando a fazer a mesma coisa. Os homens não são terrivelmente altruístas, mas geralmente somos sensíveis a um jogo justo.

Não espere entendê-lo

Por causa das maneiras diferentes como nosso cérebro funciona você fará bem a seu casamento aceitando o fato de que haverá coisas sobre seu marido que você *nunca* entenderá. Talvez alguns dos seguintes comentários lhe sejam familiares:

- "Não entendo. Você não pendurou as luzes de Natal no ano passado porque todos os finais de semana estavam chuvosos, mesmo assim você jogou dezoito buracos de golfe em meio a uma tempestade!"

54 Linda Weber, "Building a Strong Marriage", In: *The Joy of Promise Kept* (Sisters, Ore.: Multnomah, 1998), 97.

- "Você não espera cinco minutos por mim na loja do shopping, mas levanta às quatro e meia da manhã para caçar e espera sentado no meio do mato por um bicho por dez horas!"
- "Como você pode esquecer nosso aniversário de casamento e todos os nossos compromissos sociais, mas sabe exatamente em que quilometragem precisa trocar o óleo?"

Você estará vivendo um filme de ficção se esperar compreender completamente seu marido. Ele provavelmente nunca vai entender a si mesmo! Os homens parecem mais capazes de aceitar isso, mas as esposas se sentem na *obrigação* de entender seus maridos. Elas não conseguem aceitar que há algumas coisas sobre os homens que não fazem sentido e nunca farão. Algumas vezes você tem que simplesmente aceitar que é assim que *o homem é* – e amá-lo como ele é.

Você estará vivendo um filme de ficção se esperar compreender completamente seu marido. Ele provavelmente nunca vai entender a si mesmo!

Aprendi com meus filhos que quando algo me incomoda, algumas vezes o problema, na verdade, é o próprio incômodo. Eu costumava pensar que precisava mudar o que me aborrecia, então compreendi que o problema era permitir me sentir incomodado por uma coisa moralmente neutra ou apenas inconveniente. Salomão escreveu certa vez: *O homem que não tem juízo ridiculariza o seu próximo, mas o que tem entendimento refreia a língua* (Pv 11.12).

Seja uma mulher que tem entendimento – aprenda *como* e *quando* se comunicar de tal maneira que seu marido possa participar completamente. Parte da experiência de viver com alguém é aprender a se acomodar a ele, e isso inclui todos os hábitos e rituais sem sentido. Não deixe que aborrecimentos insignificantes envenenem seu relacionamento. Viva e até celebre o mistério: "Não faz sentido, mas se é assim que ele gosta, para mim basta".

Perguntas para discussão e reflexão

1. Quais das "diferenças cerebrais" entre os gêneros mais a surpreenderam ou esclareceram? Por quê?
2. De que maneiras o fato de não compreender a mente masculina criou conflito em seu casamento?
3. Houve alguma ocasião em que você estava esperando que seu marido agisse mais como uma mulher do que como homem? Você já se ressentiu do padrão masculino de raciocínio de seu marido? Como? Cite algumas reações mais saudáveis.
4. Como as discussões emocionais no futuro poderiam ser beneficiadas levando-se em consideração que os homens levam mais de sete horas para processar informações emocionais complexas do que as mulheres?
5. Seu marido já "se fechou"? Se a resposta for positiva, você contribuiu pra que ele tivesse essa reação sufocando-o? Que conselho você daria a uma esposa que percebesse um padrão de afastamento em seu marido?
6. Sabemos que conversar em meio às dificuldades tende a acalmar a mulher, mas pode ser neurologicamente doloroso para o homem. Como podemos encontrar um equilíbrio saudável?
7. Há alguma possibilidade de você estar "sufocando" seu marido emocionalmente? O que você precisa mudar a respeito disso?
8. Você precisa demonstrar amor por seu marido da mesma forma que Jesus demonstrou pelos discípulos, encorajando-o a relaxar ou divertir-se? O que mais supriria as necessidades de seu marido nessa área?
9. Você se lembra de alguma característica de seu marido que não seja pecaminosa, porém aborrece muito você? De sua parte, qual seria a resposta mais saudável e que honrasse a Deus?

9

Jeanne-Antoinette

O poder da busca persistente

Luiz XV herdou o trono francês aos dois anos de idade depois que seus pais e seu irmão mais velho morreram de escarlatina. Quase que imediatamente, os nobres começaram a disputar para ver quem o vestiria, quem serviria suas refeições, quem seguraria sua mão e até quem carregaria seu castiçal. Imagine uma campanha política voltada para assegurar o voto de um menino de dois anos e você terá um quadro acurado do que estava acontecendo. Não é difícil de imaginar a personalidade narcisista que poderia resultar de ser tratado como alguém tão especial desde o dia em que você começou a engatinhar.

Muitos homens hoje crescem com um sentimento semelhante de merecimento. Com toda a honestidade, uma parte de nós deseja ser adorado. Os executivos de marketing entendem isso. A próxima vez que você folhear uma revista, examine os anúncios dirigidos aos homens e veja quantas fotos de mulheres bonitas olhando com adoração, quase idolatria, para um homem que está usando uma colônia específica, consumindo uma bebida ou vestindo

Com toda a honestidade, uma parte de nós deseja ser adorado.

certa camisa ou calça de grife. Sabe aquele olhar de adoração nos olhos da mulher? É isso que ele quer ver em você.

Os homens deveriam buscar isso? Claro que não. Teologicamente falando, é repugnante. Eu deveria viver para adorar a Deus e trazer glória *a ele* e não para buscar a minha própria glória, mas o âmago pecaminoso de todo o homem deseja, no entanto, essa adoração.

Como uma mulher pode lidar com um homem assim, não para reforçar seu narcisismo, mas para ganhar o direito de exercer uma influência positiva?

Creio que a história de Jeanne-Antoinette contém algumas pistas, mas tenho que confessar que estou pisando em ovos. Esse deve ser o primeiro livro cristão a usar uma *amante* oficial como exemplo para mulheres cristãs consagradas.

Tenho uma visão elevada do casamento, um forte posicionamento contra o divórcio não bíblico e uma firme convicção de que os casos extraconjugais ofendem a Deus e destroem os casais. De forma alguma estou justificando as convenções imorais da França do século dezoito, porém, creio que um pouco de Luiz XV vive dentro da maioria das almas dos homens e sei que Jeanne-Antoinette aprendeu a motivar esse homem. Por essa razão, acho que ela tem algumas lições para compartilhar com as mulheres de hoje. Portanto, tenha paciência e veja se você não concorda comigo.

Cortejando a corte

A vida de Jeanne-Antoinette teve um início atribulado. Quando seu pai foi forçado a fugir da França por razões políticas, ela acabou em um convento. Depois de três longos anos, Jeanne voltou a viver com sua mãe, que possuía uma posição teológica bem diferente. Ela levou Jeanne a uma médium que previu que um dia ela se tornaria a amante do rei.

Em um tempo de casamentos arranjados e alianças políticas, o adultério tinha se tornado praticamente um modo de vida (embora a igreja ainda o considerasse um escândalo). Muitos reis, incluindo Luiz XIV e Luiz XV, tiveram várias amantes, a ponto de o título extraoficial de "a favorita" conceder muito prestígio.

Em face dessa realidade, qualquer previsão de que Jeanne pudesse se tornar um dia uma amante real deve ter soado como um absurdo. Na França pré-revolucionária, o nascimento determinava o seu lugar, a sociedade considerava improvável até mesmo a *tentativa* de elevar seu status. Os reis simplesmente não tomavam um membro da burguesia como amante: "compartilhar a cama real era um privilégio da aristocracia", observa a historiadora francesa Evelyne Lever.[55] Embora Jeanne-Antoinette tivesse muitas qualidades a seu favor (grande beleza, postura, talento musical), naquele tempo, a beleza raramente seria suficiente para escalar os altos muros do preconceito social.

No entanto, *foi* suficiente para chamar a atenção de Luiz XV.

Em algum momento do ano de 1745, o charmoso rei (frequentemente chamado o homem mais bonito da França) não pode deixar de notar essa jovem de vinte e poucos anos cuja propriedade localizava-se próxima ao local onde ele costumava caçar. De alguma forma (ninguém sabe especificamente), Jeanne-Antoinette fez o impensável, atraindo o rei de maneira tão fulminante que ele decidiu levar uma plebeia a Versailles como sua amante declarada. Essa simples atitude, porém, não seria *o bastante* para atender às convenções e o rei precisou inventar um título para ela. Felizmente para os propósitos do rei, o último aristocrata da família Pompadour tinha morrido recentemente sem deixar um herdeiro. Virtualmente, da noite para o dia, Jeanne-Antoinette tornou-se a Madame Marquesa de Pompadour e o famoso escritor e filósofo Voltaire foi seu professor no novo ambiente.

Quase imediatamente a jovem criou muitos inimigos. Uma mulher de nobre nascimento zombou dizendo que Madame Pompadour era "excessivamente vulgar, uma burguesa fora de seu lugar que iria afastar o mundo todo se não conseguissem afastá-la dali".[56]

A única esperança de sucesso de Madame Pompadour repousava na manutenção do favor do rei. Ela não tinha a segurança do casamento, portanto seus atos, sem dúvida, assumiram um caráter mais desesperado. Seu sucesso demonstra como uma mulher como ela pode mover um homem.

55 Evelyne Lever, *Madame de Pompadour: A Life* (Nova Iorque: Farar, Struss e Girpux, 2002), 11.

56 Christine Pevitt Algrant, *Madame de Pompadour: Mistress of France* (Nova Iorque: Grove, 2002), 46.

Servindo ao rei

A bela Madame Pompadour sabia que a beleza passa e que não poderia esperar competir com o melhor da França – na verdade, com o melhor do mundo – por muito tempo se dependesse somente de sua beleza. Sua aparência pode tê-la colocado no palácio, mas com tantos inimigos, certamente não poderia mantê-la ali.

Então ela estudou o seu homem. Procurou descobrir quais seriam os desejos e necessidades de um rei ocupado.

Então ela estudou o seu homem. Procurou descobrir quais seriam os desejos e necessidades de um rei ocupado que levava o fardo do governo de um país em seus ombros e trabalhou com afinco para fazer as coisas acontecerem.

Em primeiro lugar ela entendeu que o rei precisava escapar um pouco de suas responsabilidades e obrigações, ter pequenos bolsões de diversão que tornassem seu fardo menos pesado de carregar. Pensando assim, Madame Pompadour organizava pequenas reuniões sociais íntimas que o rei pudesse desfrutar duas ou três vezes por semana. A biógrafa Christine Pevitt Algrant descreve esses jantares da seguinte forma:

> A marquesa percebeu bem cedo a importância dos *petits cabinets* para os seus próprios fins. Ela entendeu que o rei apreciava esse cenário íntimo, confortável, agradável e alegre – bem burguês. Ela veio a compreender que, ao estabelecer esse ambiente ao mesmo tempo aconchegante e real, relaxado e refinado, ela se tornaria essencial em sua vida. Depois de se acostumar a essa simpática sociedade, depois de uma assembleia entediante ou uma cerimônia exaustiva, Luiz não conseguiria mais viver sem ela. E se ela, somente ela, era a responsável por esse bom humor, os amigos discretos, a voluptuosidade de tudo isso, então, sem ela, ele não poderia desfrutar de nada disso.[57]

Poucas mulheres podem igualar a forma como Jeanne-Antoinette se colocou inteiramente à disposição do rei. Quando ele se sentia deprimido, a marquesa "não o deixava sozinho, tentava animá-lo, alegrá-lo e afastá-lo de seus pensamentos sombrios, ela o tranquilizava e o cercava

57 Ibid., 55

com eufórica vivacidade.... Convidava mais e mais pessoas para jantar em seus aposentos particulares e aumentava o número de escapadas ao castelo menor".[58]

Madame Pompadour *tinha* que entreter o rei para manter sua posição, mas fico pensando se as esposas não poderiam encontrar alguma coisa aqui para aplicar em suas vidas. Afinal de contas, por que tantos casamentos terminam? Muitas vezes, um ou ambos os parceiros simplesmente param de tentar agradar seu cônjuge. Quando namoravam, se esforçavam e faziam o que podiam para deixar uma boa impressão. Presentes especiais eram muito bem calculados, demonstravam extremo cuidado, sentiam-se ansiosos em servir, fosse com uma massagem nas costas, um prato de biscoitos, uma refeição especial e um gesto amável e gentil.

Se você fizer um pequeno esforço, pode recordar um tempo em que ganhar o favor de seu homem lhe fazia mais feliz do que qualquer outra coisa. Você agia bem intencionalmente, não é? No entanto, talvez em algum momento entre o segundo e o terceiro ano de casados, em vez de tentar agradar seu cônjuge, você descobriu que queria que *ele* agradasse você. O ressentimento pode ter congelado sua motivação e você pode até ter desistido de tentar agradá-lo. Talvez você tenha começado a desprezar seu cônjuge sonegando sua afeição, cuidado, apoio e serviço.

Muitas vezes, um ou ambos os parceiros simplesmente param de tentar agradar seu cônjuge.

Isso acontece no quarto tanto quanto em qualquer lugar. Eu estava jantando no avião sobrevoando o meio-oeste dos EUA , quando coloquei os headphones e ouvi o seguinte diálogo do filme *Amor à Segunda Vista*, com Sandra Bullock e Hugh Grant: "Não deixe essa fachada de advogada enganar você, eu sou muito boa de cama".

58 Lever, *Madame de Pompadour*, 116.

Na cosmovisão cristã, uma pessoa solteira *não deveria* saber se ela é ou não é "boa de cama", mas como eu estava preso em um tubo de alumínio a nove mil metros do chão, tive muito tempo para pensar e a questão me desafiou em outro contexto. Qual foi a última vez que eu, uma pessoa casada, me perguntei "Será que eu sou realmente bom na cama?" Não estou tentando reduzir a intimidade sexual à mera mecânica, mas por que razão eu deveria me importar menos em agradar uma esposa compromissada comigo pela vida inteira do que uma garota bêbada desejando agradar um rapaz que ela acabou de conhecer? Infelizmente muita gente simplesmente para de se preocupar em ser "bom na cama". Elas abusam da segurança e do compromisso do relacionamento, permitindo que a intimidade física caia em uma rotina previsível. Eles param de tentar e fazem apenas o suficiente para "cumprir a obrigação" e manter a consciência tranquila.

Embora seja justificável questionar o baixo nível do caráter de Madame Pompadour, muito mais triste é ver essa amante do século dezoito se esforçar mais para manter um relacionamento ilícito do que muitas esposas (até mesmo cristãs) contemporâneas tentam fortalecer casamentos saudáveis! Como é deplorável que uma mulher adúltera pense mais em seu relacionamento com um amante do que muitas esposas em suas uniões vitalícias!

Por que nós nos importamos menos com nosso cônjuge do que uma amante com o rei? Porque nos esquecemos do poder da busca *persistente*. Jesus nos adverte: *"Devido ao aumento da maldade, o amor de muitos esfriará"* (Mt 24.12). O amor por seu marido está esfriando?

> *Para algumas mulheres, o casamento é o principal ideal da vida e, uma vez atingido, para que continuar se esforçando?*

Para algumas mulheres, o casamento é o principal ideal da vida e, uma vez atingido, para que continuar se esforçando? Quando para de tentar agradar seu homem, gradualmente você o perde, ou pelo menos, perde a intimidade que leva à influência. Você se torna uma pessoa diferente daquela com quem ele se casou e os dois começarão a se afastar.

Por favor, não me entenda mal, não estou eximindo Jeanne-Antoinette de sua imoralidade, mas estou aplaudindo seus esforços!

O livro de Provérbios contém um sério aviso:

> *Passei pelo campo do preguiçoso, pela vinha do homem sem juízo; havia espinheiros por toda parte, o chão estava coberto de ervas daninhas e o muro de pedra estava em ruínas. Observei aquilo, e fiquei pensando, olhei e aprendi esta lição: "Vou dormir um pouco", você diz. "Vou cochilar um momento; vou cruzar os braços e descansar mais um pouco", mas a pobreza lhe virá como um assaltante, e a sua miséria como um homem armado.*
>
> Provérbios 24.30-34

Seu casamento parece uma vinha abandonada? Você parou de plantar mudas saudáveis a ponto de as ervas daninhas (os maus hábitos) tomarem conta do lugar? Os muros de pedra (que protegem seu casamento) estão em ruínas? Seu casamento está vulnerável por causa da negligência? Se você começar a cochilar em seu casamento e deixar que o relacionamento lentamente fique à deriva, ano após ano, as riquezas de seu casamento cairão em pobreza emocional e espiritual.

É preciso muito esforço para amar bem um homem. O casamento precisa de trabalho árduo! Até a paixão mais elevada e intensa pode esfriar se não for conservada. Só porque seu marido um dia esteve loucamente apaixonado por você, não significa que ele vai morrer dessa maneira. Se você desprezá-lo e se acomodar nas artes do amor e do relacionamento, corre o sério risco de perdê-lo.

O casamento precisa de trabalho árduo!

Pense na semana que passou. Quanto você se esforçou para realmente *agradar* seu marido e trazer alegria e felicidade à vida dele? Você pensou uma única vez nisso? Se não, volte a um mês atrás. Quantas vezes nas últimas quatro semanas você fez disso um motivo de oração? Não consegue se lembrar da última vez em que ativamente trabalhou para agradar seu marido? Se você parou de se preocupar se é "boa na cama", está investindo menos esforço em seu casamento do que uma amante investiria em seu adultério. Essa atitude honra a Deus?

Em nível prático, se você não está empreendendo nenhum esforço, a probabilidade de que influencie seu marido é mínima. Como veremos logo a seguir, no final, Madame Pompadour tornou-se a conselheira mais influente do rei Luiz XV. Por quê? Por um motivo, ela continuou *persistente*.

A mulher mais deliciosa da França

Em 1748, a posição da marquesa parecia sólida. Seu empenho de distrair o rei com jantares íntimos e peças, criou uma ligação cada vez mais forte que parecia permanente. O velho inimigo de Madame Pompadour, o Marquês de Argenson, rabujentamente se referia a ela como "o oráculo da corte".[59] Após a apresentação de uma peça em fevereiro, o rei mostrou sua afeição publicamente, beijando abertamente a marquesa e se referindo a ela como "a mulher mais deliciosa da França".[60]

O título de "a mulher mais deliciosa da França" foi merecido. Madame Pompadour gastava tempo e esforços consideráveis nas fantasias elaboradas que usava nas peças. Algrant escreve: "A Marquesa se sobressaia no palco, deslumbrando a audiência com sua atuação, seu canto e dança, sem mencionar suas fantasias espetacularmente deslumbrantes. Para seu papel de bailarina em *Almasis*, ela usou um corpete decotado de rosa tafetá decorado com uma estampa prateada e bordado de flores em tons pastel".[61]

A lição aqui deve estar bem clara, Jeanne-Antoinette nunca deixou de tentar cativar Luiz XV. Ela sabia que o rei tomaria outras amantes, pois Luiz XV não era mais fiel à sua amante do que à sua rainha, mas ela nunca deixou de se apresentar o melhor possível.

Jeanne-Antoinette nunca deixou de tentar cativar Luiz XV.

A aparência é um fator importante para o homem. Já percebi que essa afirmação leva as mulheres a fazer careta e deixe-me assegurá-la de que, como homem, posso ser empático com a situação da mulher contemporânea. Antigamente, as mulheres competiam com talvez dúzias de mulheres em sua aldeia ou vila.[62] Hoje, com a televisão e as revistas você tem a probabilidade de ser comparada a centenas de milhares de mulheres! As agências de modelos varrem o planeta para encontrar a próxima

59 Ibid.,80

60 Algrant, *Madame de Pompadour*, 76.

61 Ibid.

62 Carolyn Mahaney discute esse desafio em "True Beauty", In: *Biblical Womanhood in the Home*, ed. Nancy Leigh DeMoss (Wheaton, ILL.: Crossway, 2002),35.

estonteante supermodelo que se aposentará aos vinte e cinco anos de idade quando for substituída pela nova safra. Naqueles curtos anos, porém ela terá à disposição roupas feitas especialmente para ela, artistas da maquiagem que levarão horas para prepará-la e fotógrafos que tirarão centenas de fotos e publicarão aquelas que melhor exibirão sua beleza (depois de corrigi-las digitalmente).

Você não pode competir com isso, e mesmo que pudesse, sua vitória duraria pouco. Você pode se surpreender ao saber que em uma pesquisa recente entre dezenas de homens pedindo que eles fizessem uma lista de como gostariam de ser amados, *nem um sequer* mencionou o desejo de que sua esposa perdesse peso. Metade deles, no entanto, expressou o desejo de que suas esposas cultivassem uma atitude diferente a respeito da intimidade sexual: um sentimento confortável com relação ao sexo e a seus corpos, a disposição de se engajarem emocionalmente, tomarem a iniciativa e demonstrarem entusiasmo. Em certo sentido, são boas notícias: você não pode perder cinco quilos em uma tarde, mas pode mudar sua atitude a qualquer momento.

Você não pode perder cinco quilos em uma tarde, mas pode mudar sua atitude a qualquer momento.

A esse respeito, acho que os homens são mal-compreendidos. Seus desejos sexuais são rejeitados como animalescos: "Eles só querem um corpo perfeito", costumam dizer, "e atividade sexual frequente". Nenhum dos homens que responderam à pesquisa, porém (e ninguém com quem eu tenha conversado) é assim. Nenhum cristão maduro espera que sua esposa pareça uma supermodelo de vinte anos.

De fato, se você se sente incomodada com sua aparência e, por essa razão, age de forma mais reservada na cama, saiba que é a sua atitude, e não o seu corpo, que tira a alegria de seu marido na cama. Falei com um homem cuja mulher está nos seus quarenta anos. Por causa do compromisso de sua esposa, eles têm feito sexo mais frequentemente do que quando tinham vinte anos. E sabe o que ele me disse? "Hoje estou mais atraído por ela do que nunca!"

Acho que posso pressupor que ela pese mais hoje do que há vinte anos. Tenho certeza de que há algumas rugas a mais, algumas estrias que não existiam quando estavam em lua de mel e algumas partes do corpo que não estão tão firmes como foram um dia. Seu marido, porém, ama seu corpo mais do que nunca. Por quê? É a *atitude* dela. Ela dá generosamente o que tem e o marido dela está totalmente ligado a esse corpo glorioso que lhe é tão familiar.

Garanto que se você perguntasse a cem homens o que fariam se tivessem que escolher entre uma mulher com a aparência de uma supermodelo fria emocionalmente e que nunca toma a iniciativa da intimidade sexual ou uma mulher que está com uns quilinhos a mais, mas é desejosa, entusiasmada e, às vezes, toma a iniciativa, noventa e nove em cem escolheriam a segunda opção.

Mas aí está a questão. Embora seu marido não espere que você pareça uma supermodelo, ele quer que você pareça *feminina*. Uma vez, Lisa e eu estávamos conversando sobre o fato de as adolescentes solteiras estarem se tornando as maiores consumidoras da Victoria's Secrets. Um pai me disse que quando ele e sua esposa dobravam a roupa lavada não podia deixar de notar que sua filha solteira usava roupa de baixo mais atraente do que sua esposa.

Tudo isso parece *mesmo* estar às avessas.

> *Os homens gostam de ser cativados por suas esposas.*

Os homens gostam de ser cativados por suas esposas. Eles entendem que os anos, a gravidez e a amamentação deixam suas marcas no corpo e na aparência de uma mulher, mas ainda assim eles querem que suas esposas pareçam mulheres. A feminilidade nos atrai. É tão diferente, tão bonito para nós e é a vontade de Deus que seja assim.

Salomão diz aos maridos a respeito de suas esposas: *que os seios de sua esposa sempre o fartem de prazer, e sempre o embriaguem os carinhos dela* (Pv 5.19). Keil e Delitzsch descrevem aqui um marido em um "êxtase amoroso moralmente permissível" ao olhar para o corpo nu de sua esposa.[63] De acordo com as Escrituras isso é uma *bênção*, é o belo dom de Deus para seu

63 C.F.Keil e F.Delitzsch, *Commentary on the Old Testament, Proverbs, Ecclesiastes, Song of Songs* (Grand Rapids: Eerdmans, 1973), 131.

marido. Deixe-me reescrever essa oração bíblica em um contexto atual: "Que você receba o belo dom de Deus de ser cativado e atraído pela beleza do corpo de sua esposa".

Quando os homens conversam livremente sem medo de serem politicamente incorretos, muitas vezes lamentam que suas esposas tenham deixado de parecer femininas. Isso não significa que você não possa se vestir de forma simples (às vezes um rabo de cavalo saindo do boné pode ser uma coisa linda!), mas os homens querem que as mulheres se vistam como mulheres. Se você conseguir fazer isso bem, sua influência sobre seu marido será muito mais forte.

Você pode interpretar erroneamente o que eu vou dizer, mas, por favor, confie em mim. Dentro da santa segurança do casamento cristão, você não poderia manter a motivação de uma amante? Será que você não poderia ser tão zelosa e ansiosa para manter seu homem atraído a você por amor a Cristo, assim como algumas outras mulheres chamam a atenção para si por motivos mais egoístas?

As cadeias do hábito

Quando a marquesa começou a se preocupar com a idade, recebeu o seguinte conselho: "Torne sua companhia cada vez mais valiosa para o rei através de sua doçura, não o leve a se lembrar de outros tempos e deixe as coisas tomarem o seu curso: as cadeias do hábito o ligarão a você para sempre".[64]

> *"Torne sua companhia cada vez mais valiosa para o rei através de sua doçura. as cadeias do hábito o ligarão a você para sempre".*

Anos mais tarde, ela recebeu um conselho semelhante: "Os príncipes são, mais do que todas as pessoas, criaturas de hábitos. A amizade do rei por você inclui seu apartamento e sua vizinhança.

64 Lever, *Madame de Pompadour*, 131.

Você está acostumada ao seu jeito e às suas histórias. Com você ele nunca se sente constrangido, nunca temerá entediá-la. Onde ele encontrará coragem de se libertar de tudo isso?"[65]

Talvez por não soar muito romântico, muitas mulheres podem nunca chegar a apreciar totalmente essas "cadeias de hábito", isto é, estar familiarizada e acomodar os gostos pessoais, padrões e ritmos da vida de seu marido. Mas elas podem ser poderosas. Talvez eu seja tentado a exagerar isso por que eu sou quase que neuroticamente uma pessoa de hábitos, mas como a maioria dos homens, essas "cadeias" podem ser uma força real.

É interessante e válido lembrar que quando Paulo disse às mulheres mais velhas que ensinassem as mais jovens a *amarem seus maridos* (Tito 2.4), a palavra que ele escolheu para "amar" é *PHILEO,* uma das várias palavras gregas para amor. *PHILEO* é um tipo prático de amor que em outros contextos significa "estar habituado a". John Stott descreve isso dessa forma: "Portanto, o amor [*PHILEO*] é a primeira e a mais fundamental base do casamento, nem tanto o amor de emoção e romance, e menos ainda o do erotismo, mas do sacrifício e do serviço. As mulheres jovens precisam ser treinadas nesse amor, implicando que ele pode ser controlado".[66]

O amor do tipo PHILEO cimenta o relacionamento.

Falei anteriormente sobre manter seu homem "atraído", mas realisticamente isso não se refere às vinte e quatro horas da vida de casados. O amor do tipo *PHILEO* cimenta o relacionamento. Ele diz respeito às "cadeias de hábitos" pelas quais uma mulher pode amarrar um homem a ela por toda a vida. Como você conhece seu homem melhor do que ninguém pode antecipar suas necessidades e criar um grande senso de lealdade ao acomodá-las e atendê-las. Pode ser tão simples quanto manter um estoque de sua bebida e de sua guloseima favoritas, gravar seu programa de TV preferido quando ele viaja, comprar um livro de seu autor favorito quando está fazendo compras ou estar sensível ao ritmo diário dele quando marca um compromisso ou recebe visitas.

65 Ibid.,262.

66 John Stott, *The Message of I Timothy and Titus* (Downers Grove, Ill.: InterVarsity, 1996), 188.

Tudo isso é uma questão de amabilidade e gentileza. Assim como Madame Pompadour estudou as preferências de Luiz XV e procurou guiar essas cadeias de hábitos para dentro de seu coração, você pode criar uma grande afeição em seu casamento fazendo o mesmo.

Gostaria de aconselhar as recém-casadas a *serem pacientes.* Muitas jovens esposas buscam um relacionamento intenso, irrealista no caso da maioria dos homens jovens uma vez que a intensidade romântica inicial se desvanece. Lealdade, unidade e intimidade profunda levam tempo para se desenvolver e amadurecer. Quando um homem se sente consistentemente agradado, quando ele se sente atraído com o passar do tempo, quando sua esposa aprende a usar as "cadeias do hábito" para amarrar o coração dele ao dela, *nesse ponto* o relacionamento alcança o nível de intimidade, confiança e unidade que a maioria das jovens esposas procura. Mas esse processo acontece gradualmente. Muitas jovens esposas querem colher imediatamente um investimento de longo prazo de um depósito inicial chamado "casamento".

Gostaria de aconselhar as recém-casadas a serem pacientes.

Embora isso não soe muito romântico, considere que amar seu marido seja o equivalente relacional de colocar seu dinheiro em um fundo de investimentos. Você não deposita um cheque em 2006 e espera que ele dobre em 2007, ou até em 2012. Você sabe que o valor acumula com o tempo. O amor maduro é assim. Um homem cristão deveria estar absolutamente comprometido com você assim que ele pronuncia os votos no dia do casamento. Ele deveria morrer por você sem medo ou arrependimento. No entanto, a alma dele não está imediatamente ligada à sua de forma relacional. Isso leva tempo. Não é automático e um homem não pode forçar isso, assim como não pode plantar a muda de uma árvore e esperar que ela produza frutos na manhã seguinte.

Infelizmente, muitas mulheres ficam impacientes com os homens. Se o homem não responde positivamente na primeira década do casamento como elas desejariam, trocam-no por outra pessoa. Elas não percebem que jogaram fora uma década de construção de um relacionamento que

Se quiserem transformar o romance em amor verdadeiro vão ter que ficar junto o suficiente para que o amor maduro cresça.

nunca vão recuperar e têm que começar tudo de novo do zero. Também vai levar tempo para que o segundo marido tenha uma ligação plena com ela assim que o romance inicial se desvanecer. Se elas quiserem transformar o romance em amor verdadeiro vão ter que ficar junto o suficiente para que o amor maduro cresça.

O relacionamento de Jeanne-Antoinette com o rei mudou com o passar do tempo e ela se tornou mais uma amiga do que amante. Por sinceridade ou intriga, Madame Pompadour passou por uma conversão espiritual nessa época. Agora que ela já não cometia adultério público, a igreja acolheu seu retorno e muitos esperavam que sua recém-descoberta devoção pudesse influenciar o rei, que continuava apaixonado por ela. Jeanne-Antoinette garantiu seu futuro tornando-se uma conselheira e confidente de valor imensurável.

Em 1751, ela deixou que todos soubessem que não estava mais "envolvida intimamente" com o rei, embora estivesse cada vez mais envolvida nos negócios de estado e na diplomacia. Onde um dia usara a sedução, agora ela construía um relacionamento baseado na confiança. Luiz XV não era um rei particularmente confiante e decidido. Ele não usava confortavelmente sua autoridade como os outros. Confiança nunca foi problema para Madame Pompadour, no entanto, ela reconheceu que um rei assim poderia usar seus serviços. Tempos depois, como Evelyne Lever explica, "nada podia ser feito sem ela. O rei era inacessível e deixava a maior parte dos compromissos militares, diplomáticos e administrativos aos cuidados de sua amante".[67]

Em resumo: Jeanne-Antoinette tornou-se indispensável na vida de Luiz XV. Ela estudara seus padrões, conhecia suas necessidades e persistentemente o buscou até que ele compreendesse que não poderia funcionar sem ela. Baseada nesse fundamento ela tinha enorme influência e foi capaz de motivar e mover o rei de muitas maneiras.

Deixe-me reforçar que essa confiança, essa dependência, essa cooperação veio através dos *anos* de serviço e relacionamento. Você precisa ganhar

67 Lever, *Madame de Pompadour*, 126.

seu homem com uma busca persistente e apaixonada antes que consiga influenciá-lo. E os homens não são ganhos facilmente. Ainda assim a lealdade deles pode ser forte quando encorajada cuidadosamente, obtida pacientemente e provada com o tempo.

Honras inimagináveis

A doença crônica de Madame Pompadour finalmente a levou em 1764. Conforme sua morte foi ficando iminente, o rei Luiz XV insistiu que lhe fosse permitido morrer no Palácio de Versailles, a despeito de uma regra muito estrita de que somente os de nobre nascimento receberiam tal honra. Assim como Madame Pompadour vencera muitas barreiras por toda a vida. Venceu mais uma em sua morte. Um desanimado Luiz XV disse a seu médico: "Só eu sei a extensão de minha perda".[68]

As mulheres de hoje podem reprovar a forma como Madame Pompadour lutou para agradar um homem, mas o rei recompensou seus esforços prodigamente – na morte como na vida. Embora Jeanne-Antoinette tenha começado a vida como plebeia, tornou-se membro da realeza, um salto raro na sociedade francesa. De um começo financeiro modesto, ela adquiriu uma enorme fortuna, possuindo várias mansões e jardins construídos somente para o seu prazer. Finalmente em sua morte, recebeu tratamento real.

Mesmo assim, a ascensão de uma amante jamais poderá ser comparada com a paixão do casamento sagrado e do compromisso absoluto. O autor de Eclesiastes escreve: *Percebi que a sabedoria é melhor que a insensatez, assim como a luz é melhor do que as trevas* (Ec 2.13). Imagine colocar o lado positivo das atitudes de Jeanne-Antoinette em uma situação saudável de um casamento segundo os mandamentos de Deus. Não tendo que agradar ao outro por medo, mas por amor, todavia empreendendo o mesmo esforço! Considere que relacionamento rico pode resultar dessa busca apaixonada e persistente.

Considere que relacionamento rico pode resultar dessa busca apaixonada e persistente.

68 Algrant, *Madame de Pompadour*, 288.

Não estou falando de afagar o ego de um homem narcisista, mas de cumprir os mandamentos bíblicos. Jesus nos diz para amarmos uns aos outros como ele nos amou (Jo 15.12). O amor de Jesus não fica menos persistente, menos apaixonado, menos generoso a cada dia que passa. Para amar biblicamente, não podemos deixar nosso amor esfriar. Paulo explica o amor persistente como uma dívida que temos uns com os outros (Rm 13.8) e, se isso é verdade para com as pessoas em geral, quanto mais em relação ao nosso cônjuge! No grande capítulo do amor, Paulo nos lembra de que o amor é perseverante: *Tudo sofre, tudo crê, tudo espera, tudo suporta* (1Co 13.7). Ele não desiste, na verdade *o amor nunca perece* (v. 8).

Para amar biblicamente, não podemos deixar nosso amor esfriar.

Você ama seu marido com esse tipo de amor? Está edificando persistente e apaixonadamente seu casamento com o poder desse tipo de busca? Quando você dá a seu casamento tempo adequado, quando trabalha diligentemente para manter seu marido atraído por você, quando procura servir e amar e se familiarizar com o ritmo de vida de seu marido, ele lhe honrará com tudo o que tem, como Luiz XV honrou Madame Pompadour.

Quando Lisa e eu nos casamos em 1984, meu patrimônio líquido não dava para comprar uma entrada no jogo de baseball. Por anos, quando eu estava no ministério, fomos isentos do imposto de renda. Tivemos nossa primeira briga como pais por causa de um brinquedo de oito dólares que eu comprei impulsivamente para Allison. Lisa achava que não podíamos desperdiçar aquele dinheiro.

Muita coisa mudou. Embora não vivamos de maneira extravagante, pela primeira vez na vida dinheiro não é uma grande preocupação. Quando um de nós precisa fazer uma coroa no dentista não temos que deixar de ir ao supermercado por uma semana ou fazer uma dívida, a gente só assina o cheque. Se um dos filhos quer fazer aulas de guitarra, de dança ou precisa de professor particular, pela graça de Deus podemos permitir sem ter que abrir mão de muita coisa. Tentamos ser bons mordomos do que temos e Deus proveu uma casa boa, férias ocasionais e uma vida confortável. E Lisa também não precisou trabalhar por mais de quinze anos.

Quero dizer às jovens esposas que isso não aconteceu da noite para o dia! Lisa me apoiou emocionalmente durante os tempos difíceis e áridos. Durante uma fase de minha vida, ser escritor *nos custou* dinheiro (correio, papel, computador e assim por diante) sem ganhar nada. Por anos, Lisa teve que aguentar um marido que ia para a cama ridiculamente cedo e se levantava bem cedo para investir em uma nova profissão. Ela me aguentou trabalhando nas manhãs dos finais de semana durante muitas férias. Fazia malabarismos com um orçamento que, muitas vezes, estava no vermelho. Me arrepia só de pensar na dívida que tínhamos que pagar.

Quero dizer às jovens esposas que isso não aconteceu da noite para o dia!

Mas juntos – e essa é a chave, *juntos* – caminhamos por campos férteis. Se perdêssemos tudo amanhã, ainda teríamos um ao outro e a lealdade de uma parceria fiel de duas décadas. Lisa tornou-se insubstituível em minha vida. Ela aceitou a proposta de casamento de um homem sem emprego, que tinha um Ford Maverick de dez anos e uma oferta de morar de graça em um estacionamento de *mobile homes*[69]. Incrivelmente, ela aceitou. Ela decorou a *mobile home* o melhor que pode. Meses mais tarde mudamos para um apartamento em um porão que inundava cada vez que chovia por dois dias seguidos (e nós vivemos no Noroeste do país onde dois dias de chuva é a regra por nove meses ao ano). Ela enfrentou os anos de noites de solidão enquanto eu completava meus estudos no seminário. Então me viu entrar em um ministério em que estaria fora vários finais de semana.

Mas juntos – e essa é a chave, juntos – caminhamos por campos férteis.

Ela provou seu amor por mim com o passar do tempo, não apenas por meses, não apenas por anos, mas por *décadas*. Agora, tudo o que eu tenho é dela. Eu gastaria meu último centavo para cuidar dela e daria minha vida para protegê-la.

69 Casa móvel com estrutura pré-fabricada, construída em um chassi, que pode ser transportada e que fica, em geral, estacionada em áreas específicas para casas móveis e trailers. Moradia da população de renda muito baixa nos EUA. (N. de Tradução)

Embora eu creia em autoridade espiritual, sou muito maleável nas mãos de Lisa. Desde as pequenas coisas como não beber Pepsi todo dia, até as coisas grandes como escolhas profissionais, ela tem me influenciado, me movido e me moldado. Não é uma amante, ela é muito, muito mais. É minha *esposa*, minha irmã em Cristo e a pessoa mais influente em minha vida.

O clima para a mudança

Você não pode forçar uma pessoa a mudar, mas pode criar um clima que conduz à mudança.

A essa altura, tenho certeza de que você já percebeu que motivar um homem não está nem perto de ser um processo linear como programar um computador ou consertar um carro. As pessoas são moldadas gradualmente. Você não pode forçar uma pessoa a mudar, mas pode criar um clima que conduz à mudança.

Não entendo quase nada de jardinagem, mas sei que nem toda a atenção do mundo ajuda uma planta se ela estiver em um solo envenenado. Pense na seção que está sendo concluída aqui como uma mistura adequada de solo no qual o seu homem pode crescer. Eu não apresentei uma fórmula simplista de passos 1-2-3 que resultarão em uma mudança instantânea, em vez disso, sugeri ingredientes básicos que, com o tempo, produzirão o crescimento máximo. Você quer influenciar seu marido? Então, coloque essas sugestões em prática para criar um clima em seu casamento no qual uma mudança positiva pode ocorrer.

Na Parte 3 vamos abordar alguns dos problemas mais comuns que as mulheres enfrentam hoje: homens de temperamento agressivo, homens tão envolvidos com seu trabalho ou hobby que não são presentes no lar, homens envolvidos com pornografia ou casos na internet e homens que não são cristãos.

Suspeito que a próxima seção seja o que mais motivou muitas de vocês a lerem este livro, mas acredito que seria um erro tentar abordar problemas específicos fora do contexto do relacionamento como um todo, e oferecer esse contexto é justamente o que eu tentei fazer nas duas seções anteriores.

Perguntas para discussão e reflexão

1. Passe algum tempo estudando seu marido. O que tornaria sua vida mais confortável, agradável, realizada e produtiva?
2. Você se esforça mais para agradar seu marido agora do que no tempo do namoro? Cite algumas expectativas realistas a esse respeito para uma mulher casada que trabalha fora ou fica com os filhos em casa.
3. Você já começou a se esquivar – desvalorizar a intimidade física, não se esforçando para ser uma amante criativa e generosa? Cite uma ou duas coisas que você pode fazer para reverter isso?
4. Pense em seu casamento como um jardim. Ele parece abandonado e cheio de mato ou bem cuidado e saudável? O que você pode fazer dentro de seis meses para começar a criar um casamento mais saudável?
5. Qual seria a forma mais efetiva de cativar seu marido? Qual foi a última vez que você colocou isso em prática?
6. Cite três maneiras pelas quais o amor *phileo* (amor amizade) pode ligar o coração de um homem a sua mulher de modo que amor *eros* não consegue.
7. Seu amor por seu marido é marcado mais por uma busca persistente ou por um esforço esporádico?
8. Como o amor persistente por seu marido e o esforço para edificá-lo pode beneficiar sua própria vida a longo prazo?

Perguntas para discussão e reflexão

Parte 3

CONFRONTANDO OS PROBLEMAS MAIS COMUNS

10

Ray e Jo: domando o temperamento
Parte I

O respeito próprio como a primeira defesa contra a agressividade de seu marido

Você se casou com um homem agressivo?

Talvez você tenha se casado com um homem até violento.

Talvez você tivesse visto sinais de agressividade ou violência antes de se casar, mas, na ansiedade de se vestir de noiva, escolheu fechar os olhos ou desculpar como um incidente isolado. Talvez você tenha achado que poderia controlá-lo. Talvez você pensasse que as coisas melhorariam com o casamento. Agora, porém, está presa a uma situação assustadora. Você quer fazer a coisa certa, por você e por seus filhos, mas o medo, a culpa e a confusão a dominam de tal forma que você nem sabe o que é o certo.

Essa pode não ser a sua situação, mas lhe asseguro que é a situação de alguém que frequenta a sua igreja, mora na sua vizinhança ou trabalha no seu escritório. Portanto, mesmo que esse capítulo não descreva seu marido, você pode lê-lo para ser uma mulher que Deus usa para ajudar outras mulheres.

Agressividade crescente

Como muitas mulheres que fizeram o caminho do altar, Jo Franz sabia que seu futuro marido tinha fases de "intensidade e agressividade", mas ela racionalizava dizendo a si mesma que Ray amava a Deus e os dois, como casal, poderiam vencer isso. Só depois que Jo se casou é que ela compreendeu *como* Ray poderia ser intenso.

"A voz dele subia de tom tão dramaticamente que eu sentia que ele poderia me agredir fisicamente, mesmo não acreditando que ele chegasse a fazer isso", lembra-se Jo. Ray algumas vezes dava vazão a sua agressividade por coisas aparentemente pequenas, como quando Jo se esquecia de comprar alguma coisa.

"Você nem consegue administrar uma casa bem o suficiente para não ficarmos sem sabão", Ray gritou uma vez.

Jo estava chocada. "Eu não fazia ideia de que ele seria tão crítico e tão agressivo".

Se o homem com quem você namora já é muito agressivo para o seu gosto, saiba que ele ficará muito mais depois da lua de mel.

No caso de estar falando com uma mulher solteira, deixe-me fazer uma pausa para dizer que eu nunca ouvi um único caso que o casamento tornasse um homem menos agressivo. Você deve pressupor que está vendo, no máximo, 75% do temperamento de seu futuro marido no namoro. É praticamente garantido que mais de seu temperamento surgirá depois da festa de casamento. Se o homem com quem você namora já é muito agressivo para o seu gosto, saiba que ele ficará *muito mais* depois da lua de mel.

Infelizmente as mulheres solteiras geralmente desculpam seus namorados agressivos. Se essas mulheres sofreram algum tipo de abuso físico ou verbal de seus pais, podem culpar a si mesmas por causar a raiva. Enquanto uma mulher se culpar por causa dos acessos de raiva de seu marido, ela vai ignorar o problema real: ela é o *alvo* e não a causa. Enquanto uma mulher pensar que ela causa a raiva, aceita a culpa pelo problema de seu marido. Isso permite que ele continue a agredi-la e a situação nunca vai mudar. É claro, você pode piorar ainda mais uma situação ruim e mais tarde vou falar sobre como evitar isso, mas, por enquanto, você precisa saber que é impossível viver com um homem agressivo sem deixá-lo com raiva. Certifique-se de que você entende isso: é impossível viver com um homem *agressivo sem deixá-lo com raiva.*

Mas você pode deixar de ser o alvo.

"Eu tenho valor"

Ray cresceu com um pai alcoólatra muito crítico que o ensinou que os relacionamentos são estabelecidos com expectativas extremamente altas. Ray admite: "Algumas vezes eu perdi a paciência e, sim, eu posso ser intolerante com atitudes dos outros como o simples ato de esquecer de comprar sabão".

A princípio, Jo reagiu à agressividade de Ray defensivamente e com culpa, pensando ser mais provável que ela estivesse errada. Mais tarde, porém, depois de analisar vários confrontos, percebeu que ele nem sempre estava certo, o que a levou a reagir com raiva e a piorar as coisas. Ray gritava com ela e Jo gritava com ele: "Não *ouse* falar assim comigo!", e a raiva logo crescia fora de controle.

O texto de Provérbios 15.1 é chave nesse caso: *Aquele que cobre uma ofensa promove amor, mas quem a lança em rosto separa bons amigos.* Como disse antes, você é mais vulnerável ao pecado quando as pessoas pecam contra você. A expressão inadequada de raiva de seu marido não desculpa sua expressão inadequada de ira. *Quem ama a discussão ama o pecado* (Pv 17.19). Fortaleça-se espiritualmente para reagir por reverência a Cristo em vez de revidar "na mesma moeda". Se você devolver na mesma moeda, receberá a mesma moeda.

Essa, pelo menos, foi a experiência de Jo. Um dia ela disse finalmente: "Chega. Não consigo mais viver assim".

E Jo levou seu dilema ao Senhor.

"Enquanto orava eu pensava: 'Eu mereço isso?', e cheguei à conclusão que 'Não, não mereço isso". Como cristã eu tenho valor diante de Deus e meu marido deveria me valorizar também, mas não posso obrigá-lo a me valorizar. Como posso fazer com que ele me respeite e verbalize isso?"

Pelas próximas semanas, Jo se convenceu de que Deus queria que ela aprendesse como se comunicar com Ray de tal forma que ele pudesse ouvir suas preocupações. À medida que refletia sobre suas atitudes do passado, ou seja, reagindo ao temperamento explosivo de Ray explodindo também, ela teve que admitir que estava piorando as coisas. Então Deus a conduziu à sabedoria de Eclesiastes: *As palavras dos sábios devem ser ouvidas com mais atenção do que os gritos de quem domina sobre tolos* (9.17).

Jo procurou usar "as palavras dos sábios". Ela explica: "Senti que Deus estava me dizendo para usar a comunicação direta sem atacar e demonstrar respeito próprio: 'É isso que eu preciso de você' ou 'Você poderia, por favor, se comunicar de uma maneira menos assustadora?' " Essencialmente, Jo ouviu Deus dizer a ela para responder com espírito dócil e tranquilo (veja 1Pe 3.4).

Seria muito simplismo sugerir que o desentendimento mudou imediatamente, no entanto, com o tempo essa abordagem dócil e tranquila começou a funcionar. Perceba a fundamentação espiritual por trás dessa mudança: Jo permitiu que Deus *a* transformasse, o que resultou no crescimento espiritual de seu marido.

Jo permitiu que Deus a transformasse, o que resultou no crescimento espiritual de seu marido.

Ray explica: "Antes, se fosse autoritário, a humilhasse ou fosse crítico, ela reagia na hora e com muita raiva: 'Não fale comigo assim! Não use esse tom de voz quando fala comigo!', seu rosto se crispava e ficava tenso e eu pensava: 'Puxa, ela está realmente magoada. Toquei em um nervo exposto', mas não entendia porque ela estava fazendo tanto alvoroço".

Em meio às explosões seguintes, Jo se concentrou em ser firme, mas gentil: "Eu preciso que você diga isso de maneira diferente para que eu não fique tanto na defensiva". Reconhecendo que Ray foi criado em uma família cujo pai era alcoólatra, Jo decidiu que ele precisava de um professor que o ensinasse como falar com uma mulher.

Ray reflete: "É muito importante para uma mulher compartilhar que foi magoada, mas primeiro é preciso suprimir a intensidade da reação. De outra forma, nós homens achamos que ela está exagerando. Jo colocou dessa maneira: 'Eu gosto muito de você e preciso que saiba que o que me disse me magoou profundamente'. Ela deixou de lado o 'Não fale comigo assim!' "

De acordo com Ray, o método de comunicação anterior de Jo "só fazia com que me sentisse culpado. Eu já sabia que tinha pisado na bola e lá estava ela me jogando na cara tudo de novo, fazendo uma tempestade em copo d'água. Quando você já se sente por baixo e ainda é atacado a tendência de bater de volta e gritar ainda mais alto".

"Quando você já se sente por baixo e ainda é atacado a tendência de bater de volta e gritar ainda mais alto."

Ray diz que o que lhe deixava com mais raiva era ser mal interpretado. Ele achava que Jo algumas vezes só via seu comportamento e não lhe dava um voto de confiança. Isso o deixava revoltado e frustrado, o que levava à agressividade. De fato, Ray acredita que, em muitas ocasiões, tinha boas intenções, mas quando Jo pensava no pior, ele se frustrava. Isso o fazia ficar com raiva e então escolhia revidar a agressão.

Olhando para trás, Ray vê como Deus usou essa situação para desafiar os dois: "Deus pode ter nos frustrado algumas vezes, mas precisamos confiar nele porque sabemos que suas motivações e suas intenções são boas".

Isso pode parecer uma coisa pequena, mas creio que é muito profunda: aprender a amar e a se comunicar com um homem muito imperfeito pode ensinar lições valiosas sobre como amar e se comunicar com um Deus absolutamente perfeito. Algumas vezes *temos a tendência* de esperar o pior, não somente de nosso cônjuge, mas também de Deus: "Ele não se importa, não vê, está brincando conosco". Pelo menos, o fato de saber que isso nunca será verdade a respeito de Deus talvez nos ensine a demonstrar menos arrogância em nossas pressuposições e muito mais humildade e graça em nossas atitudes com relação a outras pessoas.

Pessoalmente, creio que esse seja um dos maiores desafios que as mulheres casadas com homens agressivos enfrentarão: será muito difícil para você, se for casada com um homem assim, não olhar para cada nova reação dele como simplesmente "tudo de novo". É por isso que o perdão é tão crucial, precisamos deixar o passado para trás para não continuarmos a colorir o presente com ele. De outra forma, o futuro será muito sombrio. A despeito das mágoas do passado, você pode escolher suspender seu juízo imediato e tentar dar a seu marido um voto de confiança?

Preparação espiritual

Há outro princípio que podemos aprender da experiência de Jo: para confrontar a agressividade de seu marido você vai precisar colocar sua casa espiritual em ordem, ou provavelmente lhe faltará a força, a coragem e a perspectiva necessárias para ajudá-lo.

Jo compreende que seu casamento envolve mais do que ela e Ray, o casamento tem muito a ver com ela e Deus. Quando você vive com um homem agressivo não somente anseia, mas *precisa* da afirmação de Deus. Os homens podem ser muito cruéis em seus comentários. Se você não está recebendo afirmação e afeição de seu Pai celestial vai se sentir emocionalmente vazia e talvez sem valor. Esse sentimento será alimentado pela reação de seu marido e tentará você a se tornar o capacho dele. Jo foi à presença de Deus, entendeu seu valor como sua filha e confrontou Ray da posição de uma pessoa espiritualmente amada em vez de uma pessoa desesperadamente vazia. Se ela estivesse espiritualmente enfraquecida, talvez não tivesse a motivação, a coragem ou a vontade de se arriscar e confrontar Ray.

Se você está vivendo com um homem agressivo, por favor, aceite meu incentivo de passar mais tempo em adoração e oração com a comunidade cristã para que você possa ser imersa no amor, afirmação e afeição de que precisa para ter uma vida espiritual saudável. A partir desse núcleo espiritual você poderá enfrentar a mágoa e a frustração de seu casamento como Jo fez.

Fortalecida por sua posição diante de Deus, ela deixou claro para Ray que, embora desejasse compreender sua frustração, não toleraria o assédio verbal. Como Ray desejava ter um relacionamento melhor com sua esposa, a tática funcionou. Ele começou a enxergar que deixar seu temperamento roubar o que ele tinha de bom estava prejudicando seu relacionamento com Jo e sendo um obstáculo para comunicar suas frustrações.

"Eu realmente gostaria de, acima de qualquer coisa, ser um bom marido", disse ele. "Eu quero reconhecer suas necessidades. Quando Jo me enfrentou, isso mostrou que se valorizava. Então eu comecei a valorizá--la. Isso me fez compreender que Jo é uma pessoa com muita personalidade. Ela se importa consigo mesma e eu acho que todo o homem quer isso. Não acho que os homens querem uma mulher que eles podem passar por cima. Queremos valorizar a personalidade de nossa esposa. A forma como Jo se posicionou revelou muita personalidade."

O respeito é vital para o casamento.

Isso nos leva de volta ao primeiro capítulo: o respeito é vital para o casamento, e não somente da mulher em relação ao seu marido, mas também do marido por sua mulher. Se o seu marido não lhe respeita, você terá muita dificuldade de influenciá-lo positivamente e se você não se respeita, será muito mais difícil seu marido respeitá-la.

Levou tempo para que a abordagem gentil e imbuída de respeito próprio desse fruto, mas Jo ficou firme. "Quanto mais eu persistia em pedir a ele que moderasse sua atitude, mais ele começou a reconhecer o que estava fazendo."

Lembre-se do conceito da "imobilidade funcional" da Dr. Melody Rhode? Os homens não mudam a menos que suas esposas lhes deem uma boa razão. Isso exige comunicação específica, direta e cheia de respeito próprio.

"Meu marido está muito grato por eu ter me posicionado", Jo diz hoje. "Ele disse exatamente isso em uma conversa que tivemos! Quando aprendeu a controlar sua intensidade, começou a gostar mais de si mesmo e percebeu que estava me amando mais. Ele estava *grato* por eu tê-lo confrontado porque o fez sentir mais como o homem que Deus queria que ele fosse."

Os homens agressivos algumas vezes me dizem algo que não dizem às suas esposas: eles sentem vergonha da forma como reagiram, odeiam a pessoa que se tornaram. Na maioria dos casos, quando você ajuda um homem a domar seu temperamento, colabora para que ele seja o homem que quer ser.

Ajudando-o a amar você

Em seu ministério de palestrante, Jo tem conhecido muitas mulheres intimidadas por seus maridos a assumirem uma nociva "posição de capacho". Infelizmente, algumas vezes, essa postura encontra apoio na linguagem religiosa e representa uma deturpação total da submissão bíblica. Jo observa: "As mulheres não contam aos homens suas necessidades porque foram ensinadas que o simples ato de pensar em si mesmas é egoísmo. O fato, porém é que algumas de nós não estamos suficientemente sintonizadas com nossos sentimentos para saber do que necessitamos. Não aprendemos isso na escola. Devemos ser fortes sem depender de um homem e muitas famílias não são suficientemente saudáveis para modelar esse comportamento. Essas mulheres entram no casamento mal equipadas para se comunicar com um homem que é igualmente mal equipado para amá-las."

Devemos ser fortes sem depender de um homem.

Esse "casamento martírio", embora comum entre as mulheres cristãs cheias de boas intenções, defrauda tanto o marido quanto a mulher. Seu marido prosperará espiritual e pessoalmente quando amar você com todas as forças. Deus criou o casamento, em parte, para ajudar tanto o marido quanto a esposa a crescerem em caráter. Se você fizer todos os sacrifícios e o seu marido pisar em você, ele não vai crescer, vai encolher espiritualmente falando. Ele vai rebaixar de caráter. Você pode se tornar uma santa depois de viver com um homem assim por vinte anos, mas ele será cada vez mais miserável, porque toda pessoa que trata mal a outra começa a desprezar a si mesma. Pode soar estranho, mas é preciso amar seu marido ensinando-o a amar você, porque é espiritualmente saudável para ele amar você cada vez mais.

Em um primeiro momento, a ideia de dizer a seu marido o que ela necessitava soou como egoísmo para Jo e ela teria rejeitado esse pensamento. Agora ela aprendeu que o *respeito é uma coisa importante* e que um marido não amará realmente uma mulher que ele não respeita. Jo compreendeu que, se ela não se respeitasse, seu marido adotaria a mesma atitude de desrespeito.

Depois, ela entendeu que um casamento que nunca aborda a questão das necessidades individuais não cria muita intimidade. Os maridos não conseguem ler pensamentos. Ela entendeu que se não ajudasse Ray a comunicar suas frustrações de forma que ela pudesse ouvir, o casamento não conseguiria satisfazer a nenhum dos dois. Da mesma forma, era preciso que Ray entendesse que ela também tinha certas necessidades. Ray poderia se concentrar em mudar certas coisas ainda que tivesse que pedir que Jo mudasse outras. Fazendo isso impediria que o casamento se tornasse parcial e humilhante. Um marido agressivo geralmente age como se apenas a esposa precisasse mudar. Essa é uma visão equivocada baseada na falta de respeito.

Um marido agressivo geralmente age como se apenas a esposa precisasse mudar.

Compartilhando necessidades

Ficar obcecado por nossas necessidades pode ser egoísmo, é claro, mas existe uma forma de compartilhar necessidades que aprofunda a intimidade e o respeito. Pode até mesmo se tornar um ato de humildade: "Preciso de sua ajuda. Você vai me ajudar?" Envolto em humildade bíblica, o reconhecimento de necessidades pode se tornar um ato incrivelmente vulnerável, e ao mesmo tempo corajoso que gera uma crescente intimidade. Coberto de exigências, o compartilhar de necessidades pode se tornar uma acusação egoísta que constrói barreiras: "Por que você nunca conversa comigo quando chega em casa? Por que você sempre me ignora? Isso é jeito de um cristão tratar sua esposa?"

A forma adequada de compartilhar nossas necessidades envolve a *motivação* correta e a *apresentação* correta.

Motivação

Seu primeiro objetivo como esposa cristã é ajudar seu marido a expressar plenamente a imagem de Jesus. É claro que Deus faz esse chamado a todos nós, só que nesse caso, essa mudança tornará sua vida mais agradável. Se você escolher como alvo principal tornar a sua vida mais agradável, seu marido provavelmente vai perceber e resistir à sua exigência egoísta. "Ela também não é perfeita", ele vai pensar, "por que ela não sai do meu pé?"

Aqui está a mais pura motivação para a mudança: Deus tem um chamado para nós: *purifiquemo-nos de tudo o que contamina o corpo e o espírito, aperfeiçoando a santidade no temor de Deus* (2Co 7.1). Você desafia seu marido a mudar no contexto do temor a Deus, não em comparação a uma esposa imperfeita.

Seja meticulosamente honesta consigo mesma em oração antes de confrontar seu marido. Cave fundo até encontrar as verdadeiras motivações. Você está orando assim porque seu marido tem tornado sua vida miserável, ou porque está preocupada que ele esteja ofendendo a Deus e se destruindo espiritualmente? Você está motivada pela ambição egoísta ou pelo amor altruísta? Eu sei que é bem difícil ser altruísta em face de uma mágoa compreensível e legítima, mas é para isso que serve o consolo, a orientação e o poder do Espírito Santo.

Se o egoísmo é sua motivação, é muito provável que você desista se não obtiver imediatamente o resultado que está esperando: "Não vale o trabalho, acho que tenho que aprender a aguentar isso". No entanto, se você realmente se dedicar pelo bem-estar espiritual de seu marido, vai ficar firme e perseverar.

Apresentação

Ray aconselha às mulheres casadas com homens agressivos a "usar um tom de voz amoroso e fazer com que eles saibam que vocês realmente os amam e estão comprometidas com eles. Se você diz algo de forma errada, pode matar o conteúdo. Não é 'o que' você diz, é 'como' você diz. Diga a seu marido que você se importa com o caráter dele porque vê nele um homem bom. Diga que está do lado dele. Quando ele souber disso, você pode pintar um quadro em palavras para mostrar-lhe como a reação agressiva dele faz você se sentir".

> Não é "o que" você diz, é "como" você diz.

Lembra-se de nossa discussão sobre afirmação? Nós, homens, ficamos desesperados para preservar a boa imagem que vocês têm de nós. Quando você diz coisas como: "Você é um homem bom demais para fazer isso", queremos atingir esse padrão. Se vocês nos depreciam, não ouvimos suas palavras, só sentimos o gosto do desrespeito e queremos cuspi-lo fora. Quanto a isso, penso em Efésios 4.15: *seguindo a verdade* ***em amor,*** *cresçamos em tudo naquele que é a cabeça, Cristo* (ênfase acrescentada).

Expressando as necessidades

Jo aprendeu que sua relutância em falar sobre suas necessidades de forma direta e honesta causou confusão em seu casamento. "Compreendi que quando eu não me comunicava claramente, parecia uma mulher controladora e manipuladora. Eu era indireta e dizia: 'Por que você não faz isso e isso', em vez de dizer: 'Por favor, faça isso para mim' e explicar por que era tão importante. A abordagem direta é muito melhor, concede mais honra a ele e não soa como controle ou manipulação. É um simples pedido."

Expressar necessidades é certamente mais saudável do ponto de vista relacional, espiritual e psicológico do que ferver de ressentimento e amargura porque seu marido (por deliberada falta de respeito ou ignorância) parece não entender.

Ray admite que muitos homens têm esse problema: "Eu não entendia as necessidades de Jo até que ela as compartilhou comigo. Eu costumava dizer: 'O que você quer dizer?' ou 'Me dê a versão resumida'. Mas Jo queria processar tudo comigo e eu não entendia".

Um exemplo aconteceu quando Jo convidou Ray para fazer compras. Ray tinha um alvo em mente. "Eu pretendia entrar no departamento de camisas, encontrar um modelo de que eu gostasse, conferir o tamanho, comprar e sair". Jo, porém finalmente aprendeu a se expressar: quando ela sugeria que fizessem compras juntos, ela só queria passar tempo a seu lado. Ir ao shopping não significava fazer compras, significava ter um encontro.

Ray aconselha as mulheres: "Seria muito mais fácil se as esposas dissessem: 'Eu gostaria que fôssemos fazer compras, mas só quero usar isso para passarmos tempo juntos e conversarmos. Não me importo se vamos ou não comprar alguma coisa. A gente poderia andar e conversar sobre a reforma do pátio de casa ou sobre como as crianças estão. Então, relaxe e não fuja da loja, está bem?"

Jo admite que o desejo de Ray de mudar teve um papel muito importante no sucesso deles, mas ela acredita que há um princípio por trás de sua abordagem que continua verdadeiro para muitos casamentos. "Quanto mais nós compartilhamos com o marido o que necessitamos, mais eles podem atender a essas necessidades. As mulheres muitas vezes não conseguem perceber que muitas vezes os maridos não sabem o que necessitamos: a menos que digamos como queremos que eles se comuniquem conosco, eles manterão o padrão que aprenderam com o pai deles. E se eles não tiveram um pai saudável, cuidado!"

Lições espirituais

Além de mudar a apresentação verbal com Ray, Jo passou por um processo espiritual de três passos a fim de se relacionar com Ray de forma bem diferente em seu coração.

Em primeiro lugar, ela procurou nas Escrituras quem ela era em Cristo. A forma bíblica como Deus honra as mulheres e a maneira assertiva como Jesus tratou as mulheres, contrastou veementemente com a descrição subserviente que ela ouviu tantas vezes nas igrejas ser aplicada às mulheres. "Quando olhei nas Escrituras e entendi quem eu era em Cristo, comecei a valorizar isso. Deus pensa em mim como uma pessoa de valor e eu preciso concordar com ele!" Ela aprendeu a verdade que enfatizamos anteriormente: É Deus, *e não seu estado civil, que define sua vida.*

Em seguida, Jo aplicou a mesma abordagem de "pessoa de valor" a Ray: "Deus não somente me valoriza como mulher e esposa, mas também valoriza Ray como homem e marido. Quando Ray falava comigo com agressividade, eu não o valorizava como Deus o valoriza. Eu ficava ressentida com ele, tinha medo dele, mas não dava valor a ele. Só depois que eu me posicionei diante dele é que comecei a valorizá-lo".

Novamente, vamos fazer uma pausa aqui, porque Jo tocou em um ponto muito importante. É muito mais fácil *desprezar* um homem agressivo do que *dar valor* a ele. A agressividade não é atraente para ninguém, um homem tendo um ataque de raiva pode parecer ridículo para quem o observa. Quando uma mulher valoriza de verdade um homem, ela toma posição e diz: "Você é melhor do que isso. Não faça isso com você mesmo, nem conosco". Uma fiel irmã em Cristo desafia seu marido a crescer na graça, misericórdia e humildade.

Finalmente, Jo compreendeu o que significa ser uma irmã em Cristo. Ela não era apenas a esposa de Ray, era sua colaboradora em Cristo, o que significa que ela era responsável por buscar o melhor de Deus na vida dele. *Não* foi o melhor de Deus para Ray deixar o temperamento dele dirigir seus relacionamentos. "Muitos cônjuges cristãos não se responsabilizam uns pelos outros", Jo adverte. "Nós deixamos a coisa acontecer". Um casamento bíblico apresenta um retrato reduzido da igreja. Devemos usar nossa posição e dons que Deus tem nos dado *com o fim de preparar os santos para a obra do ministério, para que o corpo de Cristo seja edificado, até que todos alcancemos a unidade da fé e do conhecimento do Filho de Deus, e cheguemos à maturidade, atingindo a medida da plenitude de Cristo* (Ef 4.12s).

> *Ela não era apenas a esposa de Ray, era sua colaboradora em Cristo.*

Responsabilizando-nos como irmãos e irmãs em Cristo, não somente abordamos problemas que podem destruir nossas famílias, mas também ajudamos um ao outro a aprender a se relacionar melhor com as outras pessoas em geral. Os cristãos genuínos abraçam com alegria esse processo de santificação.

Hoje, Jo se rejubila com o relacionamento transformado que ela tem com Ray. "Ray tem reconhecido muitas coisas sobre ele mesmo desde que eu, pacientemente, perseverei nesse processo. Minha insistência mostrou a ele que eu desejo o melhor relacionamento com ele, que valorizo a pessoa que ele se tornou. Ele quer continuar a ser essa pessoa. Eu sei que ele quer ser o melhor marido que puder. Eu sei que ele quer me amar como Cristo amou a igreja. Quando eu me responsabilizo por ele, dou mais chances de ele se tornar essa pessoa."

O resto da história

Propositadamente, deixei para o final um elemento crucial da história de Jo e Ray. O marido de Jo casou-se com ela *depois* que ela foi diagnosticada com esclerose múltipla. Uma mulher que enfrenta uma doença debilitante que tem o potencial de deixá-la em uma cadeira de rodas certamente tem tentações que outras mulheres jamais conhecerão.

Imagino que seria fácil para uma mulher na situação de Jo ter medo de perder o marido. Ela poderia ficar com tanto medo de perder seu apoio ao enfrentar um futuro incerto que simplesmente calaria a boca e aguentaria as explosões de raiva. Afinal, o que ela faria se o seu marido a deixasse?

Se Jo, com todos os seus problemas e seu futuro incerto pode fazer isso, você também pode.

Jo é uma mulher de uma coragem tremenda. Embora seu corpo esteja pouco a pouco perdendo suas funções, ela ainda sabe que em Cristo possui um valor imenso. Com essa coragem, fez com que seu marido a valorizasse e a respeitasse.

Portanto, se Jo, com todos os seus problemas e seu futuro incerto pode fazer isso, você também pode. Talvez você seja tímida. Talvez tenha um marido como Ray e embora tenha ouvido com satisfação o exemplo de uma esposa que confrontou seu marido, você pense: "Tudo bem, mas eu nunca conseguiria fazer isso".

Consegue sim! Volte e leia a fórmula de Jo: ela clamou ao Pai celestial e estudou as Escrituras para ver o valor que ela tem para Deus. Depois, convidou seu marido a fazer o mesmo. Esses princípios são verdadeiros seja você obesa, desfigurada ou deficiente, ou o que for. Você é uma pessoa de *grande* valor para Deus. A palavra de encorajamento de Paulo para você é: *Finalmente, fortaleçam-se no Senhor e no seu forte poder* (Ef 6.10).

Perguntas para discussão e reflexão

1. Você notou um aumento do nível de agressividade de seu marido depois que vocês se casaram? Isso a surpreendeu? Olhando para trás, você pode enxergar alguma semente de agressividade?
2. Por que as mulheres às vezes se culpam pela agressividade de seus maridos?
3. Jo descobriu que pelo fato de Ray ter sido criado em uma família com pai alcoólatra, "precisava de alguém que lhe ensinasse como falar com uma mulher". Discuta sobre maneiras efetivas que você encontrou para ensinar seu marido a expressar sua raiva de formas apropriadas.
4. Gary escreve que "Jo foi à presença de Deus, entendeu seu valor como filha e abordou Ray de uma posição de quem é espiritualmente amada em vez de desesperadamente vazia." Você já confrontou seu marido em razão da sua carência em vez de sua posição de uma pessoa amada por Deus? Fale sobre como é diferente quando as esposas primeiro cultivam um relacionamento com Deus antes de procurar influenciar seus maridos.
5. Gary compartilha que "homens violentos me disseram uma coisa que raramente falam para suas esposas: eles têm vergonha da forma como agem... Na maioria dos casos, quando você ajuda seu marido a dominar seu temperamento, você o está ajudando a ser o homem bondoso que ele sempre quis ser". Como esse pensamento pode ajudar a motivar você a finalmente tomar uma atitude contra a agressividade de seu marido ou perseverar, caso sua posição não seja recebida imediatamente com gratidão.
6. Você, a exemplo de Jo, já deixou de expressar suas necessidades com medo de parecer egoísta? O que acha do comentário de Gary que diz que ensinar pacientemente seu marido a amá-la presta a ele um serviço espiritual inestimável?
7. Como o fato de ser motivada pelo bem-estar espiritual de seu marido (em vez de seu próprio conforto) transforma a questão dos assuntos que você aborda e a maneira como aborda os problemas de seu marido?

8. Por que você acha que tantas mulheres dão dicas e indiretas sobre as suas necessidades, mas raramente as expressam de forma concreta? Por que você acha que foi tão difícil para Jo dizer a Ray que fazer compras não era apenas adquirir alguma coisa, mas, acima de tudo, era para estarem juntos?

11

Domando o temperamento
Parte 2

Aprendendo a navegar através da agressividade de seu marido

A violência masculina causa destruição em lares do mundo todo. É quase impossível abrir um jornal sem ler pelo menos um relato da destruição causada pela agressividade e violência masculina em praticamente todos os aspectos da sociedade. Como os homens tendem a ser fisicamente mais fortes do que as mulheres, o temperamento masculino pode ser um problema aterrador em muitos casamentos. Portanto, gostaria de gastar um pouco mais de tempo nisso como tópico geral, além daquilo que aprendemos com Ray e Jo.

Ira adequada

É preciso esclarecer uma coisa antes de continuarmos a abordar esse assunto: a ira é perfeitamente natural e, algumas vezes, é até uma emoção espiritualmente saudável. A Bíblia diz que o próprio Deus fica irado (vemos isso em Naum 1.5s e em muitas outras passagens). A ira em si não é pecado[70]; reagir raivosamente, no entanto, ou deixar a raiva vociferar uma ameaça dolorosa ou uma explosão agressiva, é pecado. Você não pode culpar seu marido (ou a si mesma) por ficar com raiva, o problema é o que ele *faz* com a ira.

Às vezes, você deve permitir que seu marido se sinta legitimamente irado com você. Você não é perfeita: *Todavia, não há um só justo na terra, ninguém que pratique o bem e nunca peque* (Ec 7.20) e algumas vezes seu marido teria que estar totalmente iludido ou não ser humano para *nunca* ficar zangado com você. Se agir como se a ira fosse sempre ilegítima você apenas o deixará confuso porque pedir que ele não fique com raiva é como pedir a você que não fique magoada. Temos que administrar nossa raiva de maneira adequada, e isso começa obtendo um entendimento melhor da dinâmica da ira masculina.

Pedir que ele não fique com raiva é como pedir a você que não fique magoada.

A ira masculina

Nesse assunto, assim como em muitos outros, é útil nos lembrarmos das diferenças entre o cérebro feminino e o masculino. Uma abordagem "feminina" à ira masculina geralmente piora a situação. Muitas vezes as mulheres pressupõem erroneamente que conversar sempre melhora, mas muitos homens simplesmente precisam de tempo para processar sua raiva. É um fato biologicamente comprovado que a conversação emocional pode ser muito estressante para o homem e que, na verdade, faz com sua ira *aumente*, particularmente se essa conversa pressioná-lo.

Se você se casou com um homem cuja raiva e agressividade parecem se acumular à medida que vocês conversam, *pare de falar*! Deixe o cérebro

70 Minha amiga Leslie Vernick é pertinente quando diz que, ainda que a ira em si não seja pecado, ela *pode ser* pecado: "Por exemplo, quando a ira é resultado de não obtermos o que desejamos (Tg 4.1), ou fruto de desejos egoístas ('Eu quero as coisas do meu jeito e estou com raiva porque você está me contrariando'), então é pecado. Em situações assim, precisamos examinar não somente a forma como lidamos com a ira, mas com a própria razão que fez com que nos sentíssemos irados. Temos a mentalidade de que merecemos sempre ter as coisas do nosso jeito? Ou que as pessoas que me amam sempre têm que me dar o que eu quero, quando eu quero?"

de seu marido trabalhar o estresse enquanto você espera que ele volte a falar com você. Só porque a conversa acalma *você*, não significa que terá o mesmo efeito em seu marido. Talvez ele precise sair para correr, jogar bola, mexer na garagem ou no quintal para processar a raiva. Sua necessidade de desempenhar essas atividades não significa que esteja se fechando. Pode ser uma forma diferente da sua, mas muito legítima de lidar com a ira.

Muito frequentemente as mulheres esperam discutir com um homem da mesma forma que discutiriam com as mulheres. Além disso, pressupõem que a forma como *elas* lidam com o conflito é a melhor ou mesmo a única maneira adequada. Em seu livro *For Women Only* (Só para mulheres), Shaunti Feldhahn faz uma pergunta provocativa: "Se você está em meio a um conflito com o homem, você acha legítimo cair no choro? A maioria de nós provavelmente responderia que sim. Deixe-me fazer outra pergunta: No mesmo conflito, você acha legítimo que seu marido tenha uma explosão de raiva? Muitas de nós temos um problema com isso, achamos que ele não está se controlando ou que está se comportando de maneira imprópria".[71]

É preciso fazer uma pergunta: por que as mulheres têm a tendência a reagir com mágoa e os homens, com raiva? Tudo tem a ver com a necessidade que o homem tem de ser respeitado. Shaunti continua citando o Dr. Emerson Eggerichs, que explica: "Em um conflito de relacionamento, o choro geralmente é a reação da mulher por não se sentir amada e a raiva é a reação do homem por se sentir desrespeitado".[72]

Por que as mulheres têm a tendência a reagir com mágoa e os homens, com raiva?

Shaunti fez uma pesquisa que confirma essa realidade. Esse é o resultado:

> Até nos melhores relacionamentos há conflito sobre questões do dia a dia. Em meio a um conflito com minha esposa/pessoa importante para mim, tenho a tendência de sentir:
>
> - Que minha esposa/pessoa importante não me respeita agora: 81%
> - Que minha esposa/pessoa importante não me ama agora: 19%[73]

71 Feldhahn, *For Women Only*, 24.

72 Ibid.

73 Ibid, 25.

Os homens ficam mais frustrados e irritados quando se sentem desrespeitados. Se a conversa assume um tom de exigência ou menosprezo, você tem tanta chance de resolver alguma coisa quanto fazer um bolo com ingredientes que você achou na lata de lixo. Você *não pode* controlar a raiva de seu marido, mas *pode* provocá-la sendo desrespeitosa. Isso não desculpa nenhuma ação inapropriada de sua parte, mas se você deseja ser parte da solução, aprenda a discordar de seu marido sem mostrar falta de respeito. Isso inclui rotinas não verbais como cruzar os braços, virar as costas, rolar os olhos ou fazer gestos de deboche.[74]

Aprenda a discordar de seu marido sem mostrar falta de respeito.

Considere também cuidadosamente suas palavras. Elas parecem inadequadas? Quando você continuamente questiona as compras que seu marido faz, sua habilidade de administrar a casa, consertar as coisas, sua escolha de roupas, como lida com as crianças e coisas assim, você cria uma "bomba de frustração". Essas coisas se acumulam com o tempo e eventualmente um gesto aberto de desrespeito acenderá o pavio que resultará em uma explosão.

Cada homem é diferente, você precisa descobrir quando é hora de "deixar para lá" com seu marido. Você pode não concordar com o jeito dele de fazer a manutenção da casa ou acha que já está mais do que na hora de chamar um especialista para fazer o serviço, mas na maioria das vezes, deixe que ele faça o telefonema. As mulheres em geral simplesmente não entendem como é ofensivo e irritante para um homem ser constantemente desafiado e corrigido, especialmente de maneira desrespeitosa.

Por anos, os homens têm ouvido que precisam ser mais sensíveis com as mulheres, talvez esteja na hora de ajudar as mulheres a entenderem como ser sensíveis com os homens. Por exemplo, quando você abertamente questiona ou ridiculariza a forma como ele está fazendo alguma coisa, a mente masculina se sente da mesma maneira que a sua quando ouve: "Querida, seu rosto está enorme, você não acha que está na hora de perder uns quilinhos?" Somente um marido extraordinariamente insensível diria

74 Agradeço a Leslie Vernick por oferecer sugestões úteis para esse parágrafo.

uma coisa dessas e só uma mulher extraordinariamente insensível questionaria aberta e duramente as habilidades de seu marido.

O relacionamento de minha esposa com meu filho adolescente me ajuda a ver objetivamente como isso funciona. Agora que nosso menino está se transformando em um homem, tento ajudar minha esposa a ver que sua preocupação e correção maternal nunca devem desrespeitá-lo ou ela vai bloquear Graham completamente. Nada deixa um homem ou menino mais bravo do que mostrar desrespeito aberto ou cultivar uma atitude de desrespeito. Ela ainda precisa corrigi-lo, mas se essa correção se tornar depreciativa, cada fibra masculina em seu corpo entretecido pela testosterona se levantará em desafio. Então chegamos ao dilema: "matamos os mosquitos ou drenamos o brejo"?

Sugiro que faça as duas coisas.

Pare com os pequenos atos de desrespeito: o tom que o ridiculariza, as farpas de provocações que parecem espirros para você e tsunamis para ele, a constante reclamação aos amigos, os frequentes questionamentos: "Você *tem certeza* que sabe o que está fazendo?", e coisas assim. Em vez disso, concentre-se em coisas positivas. Esteja certa de que ele sabe que você acredita que ele é adequado, competente e capaz. Fale claramente sobre seus pontos fortes. Elogie-o em público. Mostre seu apoio incondicional.

Se fizer tudo isso, o "raivômetro" dele alcançará níveis baixos recordes em um espaço de tempo surpreendentemente pequeno. Dessa base, você pode então começar a aplicar os princípios que aprendeu com Jo.

A rainha das virtudes

Tiago 4.1s explica o gênesis de todas as brigas conjugais: *De onde vêm as guerras e contendas que há entre vocês? Não vêm das paixões que guerreiam dentro de vocês? Vocês cobiçam coisas, e não as têm; matam e invejam, mas não conseguem obter o que desejam. Vocês vivem a lutar e a fazer guerras. Não têm, porque não pedem.*

De acordo com Tiago, lutamos porque somos egoístas, porque estamos decepcionados, não conseguimos o que queremos e dependemos de outra pessoa além de Deus para atender às nossas necessidades. Há uma palavra que descreve essa posição terrível: *orgulho*.

Os antigos chamavam a humildade de "a rainha das virtudes" porque compreenderam corretamente que as Escrituras ensinam que o orgulho é o maior de todos os pecados. A humildade nos ajuda em nosso lar também e pode desempenhar um papel importante na redução das explosões de raiva.

Ray me disse que uma das coisas mais úteis que o seu terapeuta sugeriu foi aprender a pedir a sabedoria de Deus para se controlar, para que pudesse se concentrar nas necessidades de Jo, fazendo dela o centro de sua atenção. Por natureza, os homens podem ser muito egoístas e Ray precisou aprender que Jo *era importante*.

Isso atinge a raiz do problema porque um homem agressivo geralmente age como se ele fosse a única pessoa importante. Um homem agressivo tenta garantir o controle, tomando a situação pela força e tentando usar sua raiva para intimidar ou assustar a outra pessoa para que ela faça o que ele quer. A humildade, ou seja, o foco em outra pessoa que não seja ele, oferece o melhor remédio espiritual para isso.

Só porque estou confrontando uma pessoa que está errada, não faz com que eu esteja certa!

Mas aqui tem uma pegadinha para *você*. Você tem que lutar para permanecer humilde ao mesmo tempo em que luta contra o orgulho. Talvez o seu lado da discussão seja que você não quer aguentar um homem agressivo! Talvez o que você queira, mas não consegue (como diz Tiago) seja um relacionamento pacífico e então você se sente tentada a revidar com a mesma atitude de orgulho e expressão de ira.

Há um princípio espiritual muito importante por trás disso: só porque estou confrontando uma pessoa que está errada, não faz com que eu esteja certa! Há cem maneiras de errar o alvo, mas só uma de acertá-lo.[75] É bem possível que qualquer dia, em meio a uma discussão, você e seu marido sucumbam ao orgulho, que os tornará cegos para a sabedoria da humildade de Deus. Seu marido pode estar errado e pode estar se expressando de maneira inapropriada, mas isso por si só não torna você certa.

75 Estou em débito com Elton Trueblood por esse pensamento.

Ore por humildade. Leia livros que falem desse assunto de maneira mais direta.[76] Ore com algumas amigas sempre tendo Tiago 4.1s em mente. O orgulho é um inimigo sempre presente, então faça da humildade uma amiga sempre presente.

Confrontando a agressividade e o abuso físico

Quero mudar de assunto por um momento aqui e abordar a questão do temperamento que sai do controle. Há um momento em que a raiva se torna em fúria e a fúria se torna física. Essa situação exige uma resposta mais drástica.

Em meu livro, *Casamento Sagrado,* falei extensivamente sobre como Deus usa um casamento difícil para nos moldar. Ele usa os problemas para nos transformar e nos ensina a responder ao mal com bênção. Deus tem usado muitos casamentos difíceis para ajudar a preparar as pessoas para o ministério. Embora eu sustente essa posição, creio ser uma aplicação errada dos princípios das Escrituras acreditar que você precisa permanecer em uma situação em que é agredida fisicamente.

Algumas mulheres "espiritualizam" a violência doméstica. Elas pressupõem que é "obrigação" delas suportar a agressão e certamente não contar a ninguém ou colocarão seus maridos em dificuldades.

Quero ser aqui o mais claro e honesto possível: se seu marido bate em você, vocês dois precisam de ajuda. Você não resolverá esse problema sozinha. *Tem* que falar com alguém: um pastor de confiança, um bom conselheiro, talvez uma amiga querida, mas você não pode enfrentar esse problema sozinha.

> *Se seu marido bate em você, vocês dois precisam de ajuda.*

Você não está sendo desleal para com seu marido ao procurar ajuda. Pelo contrário, você estará agindo com amor por ajudá-lo a confrontar um

76 Gosto muito do livro de Andrew Murray intitulado *Humility.* Escrevi um capítulo sobre a rainha das virtudes em vários de meus livros incluindo *Seeking the Face of God, The Glorious Pursuit e Authentic Faith.* Há também um capítulo sobre humildade no casamento em meu livro *Casamento Sagrado*. Se deseja ouvir um excelente sermão sobre orgulho, busque o que C. J. Mahaney pregou em março de 2002 na "*PDI Conference" (main session#1).* Acesse os sermões de C. J. Mahaney visitando o site https://cutt.ly/uruL-LMfu (Site em inglês. Acesso em 13/03/2025).

comportamento que ofende a Deus e pode ser fatal. Paulo escreve: *Não participem das obras infrutíferas das trevas; antes, exponham-nas à luz*" (Ef 5.11).

A submissão bíblica *jamais* significa que você deve ser um saco de pancadas. Somos chamados a nos submeter por temor a Cristo (Ef 5.21), o que qualifica nossa reação. Se minha esposa me pede para participar de alguma coisa que ofende a Cristo, não sou obrigado a acompanhá-la. Pelo contrário, tenho a obrigação de resistir a ela. A mesma coisa é verdade para você, esposa.

Dependendo da situação, a separação temporária pode ser necessária para acabar com a violência doméstica.[77] Talvez você não acredite que o divórcio seja uma opção válida, mas saiba que nem todas as separações terminam em divórcio, algumas vezes levam à cura. Ela permite que ambos os cônjuges se refaçam, ponham a cabeça em ordem, recebam aconselhamento e quebrem os padrões destrutivos antes de voltarem a viver juntos.

Você *precisa* pedir ajuda nessa situação porque não sabe onde essa violência pode chegar. Você precisa de proteção e sabedoria e seu marido precisa prestar contas a alguém. Uma vez que esse problema não seja mais um segredo entre vocês dois, haverá menos propensão de que o mal se agrave. Ele sabe que finalmente está "fichado" e pode enfrentar uma porção de problemas se continuar a agir dessa forma. Se você tentar resolver isso "só entre os dois" vai se colocar em risco crescente: seu marido pode ficar com medo de ser descoberto e fazer algo desesperado para silenciá-la.

Portanto, por favor, por favor, por favor – peça ajuda!

Enquanto algumas mulheres espiritualizam a violência doméstica, outras vivem na ilusão, achando que a atitude foi só uma brincadeira que fugiu ao controle. Ximena Arriaga, professora de Ciências Psicológicas que estuda compromisso de relacionamento e violência doméstica, explica:

77 Por favor, procure o conselho de profissionais treinados antes de colocar em prática essa abordagem. Algumas vezes quando uma mulher se separa de um homem violento coloca-se em perigo maior ainda. Você precisa trabalhar com alguém que tenha experiência suficiente para ajudá-la a escolher o melhor plano de ação.

> Ouvimos as pessoas dizerem: "Meu parceiro estava brincando quando me bateu, me chutou ou me queimou". Elas também desculpam comentários degradantes como simples piadas. Quando um parceiro é violento, a vítima deve imaginar: "Por que essa pessoa que deveria me amar está me machucando"? Uma forma de entender esse mistério é ver a violência como benigna. Se a pessoa pode explicar como outra coisa, algo menos negativo como uma piada e atribuir ao parceiro senso de humor, então elas podem negar que são abusadas e não têm que suportar a possível vergonha de estar em um relacionamento violento.[78]

É tão doloroso para uma mulher reconhecer que seu parceiro a está machucando que ela pode tentar deixar passar como um "humor bruto" ou "um acidente". Uma "brincadeira ocasional" é mais fácil de suportar do que o fato de você estar casada com um homem que bate na mulher. No entanto, a violência física nunca é engraçada. O abuso não tem graça.

Se você está nessa situação, não fique com vergonha. Você não está sozinha. Infelizmente, as pesquisas mostram que um em cada oito casais sofre com a violência de um parceiro.[79] Veja dessa forma: em uma igreja com duzentos casais, vinte e cinco podem estar lutando com esse problema em vários graus diferentes. Por essa razão, as igrejas poderiam colocar no banheiro das mulheres cartazes sobre programas de ajuda. Quando você corajosamente dá um passo e fala com o pastor ou conselheiro, pode se tornar a pessoa que ajudará sua igreja a confrontar uma situação que muitas vezes é mantida nas sombras. Se ninguém fala com o pastor, ele não saberá que isso é um problema e nunca o abordará do púlpito.

> *Confrontar a agressividade e violência não significa necessariamente que o casamento acabou.*

Confrontar a agressividade e violência não significa necessariamente que o casamento acabou. Não deixe que o medo de enfrentar as dificuldades financeiras e as responsabilidades maternas sejam obstáculos para a confrontação desse problema. Outros casais já passaram por isso. Ignorar ou deixar passar apenas tornarão as coisas piores. O hábito se tornará mais arraigado

78 Citado em "Get Serious: Domestic Violence is Not a Joke", Amy Paterson-Neubert, In: *Purdue News* (16 de outubro de 2003). O artigo de Arriaga, "Joking Violence Among Highly Commited Individuals", foi originalmente publicado no *Journal of Interpersonal Violence* (Junho 2002).

79 Ibid.

e você e seu marido podem chegar ao ponto em que não haverá mais solução. Além disso, é devastador para uma criança permanecer em um lar violento. Permitir ser agredida "pelo bem deles" é uma contradição.

Muitos grupos e organizações nos Estados Unidos ajudam as mulheres a enfrentarem as implicações financeiras imediatas. Sugiro que busque ajuda em sua igreja em primeiro lugar, mas, se isso não for uma opção, considere buscar o apoio das autoridades locais.

Delatar seu marido vai, com certeza, deixá-lo furioso. Se, como resultado dessa confrontação ele decidir se arrepender e procurar melhorar, no final vai lhe agradecer. Depois que ele confrontar seu comportamento e começar as mudanças, descobrirá que realizar, cuidar, incentivar e apoiar uma mulher traz muito mais satisfação do que agredi-la. Se ele não se arrepender, você com certeza terá dias difíceis pela frente, mas, no final, será melhor do que permanecer em um lar onde sua vida corre risco. Além disso, você ensinará seus filhos que o comportamento do pai é inaceitável. Suas filhas aprenderão a não aceitar esse tipo de comportamento e sua atitude corajosa pode ajudar a cessar esse padrão destrutivo transmitido de geração em geração.

De força em força

Já faz dois anos que participo de um grupo preparatório para maratona. Tenho visto mulheres que nunca correram trabalharem lentamente com seus corpos até entrarem em forma para que, em cinco ou seis meses, possam correr a maratona. Não estou falando de mulheres em excelente forma física! Você olha para elas e pensa: "A última coisa que elas vão fazer na vida é correr 32 quilômetros por dia". Mas através de meses de pequenas decisões e preparação paciente, elas conseguem.

Se você vive com um homem agressivo, essa é a sua "maratona espiritual". Você será desafiada de maneiras que podem aterrorizá-la. As mulheres que se casam com homens agressivos geralmente tiveram pais agressivos e desenvolveram por toda a vida uma imagem pessoal de vítimas. Posicionar-se e dizer que não vai tolerar mais isso irá contra toda a resposta natural de sua alma ferida. No entanto, é fazendo isso que se abrirá o caminho para a cura, a esperança e um casamento mais saudável.

Você pode estar aterrorizada, mas pense comigo em um futuro no qual você não é ameaçada, é apoiada, no qual se sente adorada em vez de atacada e apreciada em vez de insultada. Vale a pena correr o risco por você, por seus filhos e lutar para ter um casamento assim.

Além disso, Deus quer usar essa situação para ajudá-la a ficar muito mais forte. Infelizmente só quando sentimos que estamos no fundo do poço é que nos lançamos completamente à misericórdia de Deus e aprendemos a andar por seu poder e sua graça. Talvez pela primeira vez em sua vida, decida deixar a fé e a convicção espiritual vencerem seu medo. Lembre-se que a coragem não é ausência de medo, mas exige que coloquemos a fé em Deus e avancemos quando nos sentimos apavorados e convencidos de que tudo vai dar errado.

Lembre-se de que você nunca está sozinha. O seu Deus está com você.

Sua situação pode lembrar a de Jo: raiva, mas não violência. É preciso coragem para aceitar a visão que Deus tem de você como uma pessoa de valor e sabedoria para ensinar seu marido a agir com você de forma apropriada. Se o seu relacionamento está começando a se tornar violento, é preciso agir agora, procure ajuda e seja parte da criação de uma crise que levará à mudança.

Acima de tudo, lembre-se de que, embora possa se sentir assustada, insegura, culpada ou confusa, você *nunca* está sozinha. O seu Deus está com você e o seu povo estará à sua volta. Passe algum tempo pedindo a Deus que traga pessoas que possam ajudá-la para sua vida antes de agir, esse pode ser o passo mais sensato que você pode tomar. Então, vá em frente. Se continuar a caminhar pela fé, descobrirá quão forte é em Cristo – e essa é uma lição de valor inestimável. Se perseverar, nem vai se reconhecer daqui a alguns anos. Aquela personalidade tímida, temerosa, vitimada desaparecerá e no lugar surgirá uma mulher de fé audaz, sábia, perseverante e corajosa.

Como o apóstolo Paulo escreveu: *Para isso eu me esforço, lutando conforme a sua força, que atua poderosamente em mim* (Cl 1.29). Esse é o nosso refúgio e a nossa esperança.

Perguntas para discussão e reflexão

1. Você acha difícil aceitar a conclusão de Gary de que "às vezes você deve permitir que seu marido esteja legitimamente irado com você"? Você crê que essa ira pode ser uma reação legítima por causa de um pecado que você cometeu?
2. Você ficou surpresa em descobrir que falar sobre o problema pode acalmar você, mas pode aumentar o estresse de seu marido? Cite algumas maneiras pelas quais você pode dar espaço para que ele processe sua ira.
3. Como você pode demonstrar respeito, tanto de forma verbal quanto não verbal, como uma estratégia para desviar a ira de seu marido? Discuta como algumas mulheres agem ou falam de forma desrespeitosa de maneira a criar uma "bomba de frustração".
4. Gary escreve: "Por anos, disseram aos homens que eles deveriam ser mais sensíveis com as mulheres, talvez seja a hora de ajudar as mulheres a entenderem como ser mais sensíveis para com os homens." Fale como você pode ser mais sensível em relação a seu marido, particularmente na área do respeito.
5. À luz do comentário de Elton Trueblood que diz que "há uma centena de maneiras de errar um alvo, mas apenas uma de acertá-lo", como você pode manter uma atitude de humildade e, ao mesmo tempo, discordar de seu marido? Como o fato de lembrar que só porque ele está errado não garante que você esteja certa, afeta a forma de falar sobre o assunto?
6. Como a igreja pode fazer um trabalho melhor ajudando as mulheres que estão em relacionamentos abusivos?

12

Rich e Pat: a pergunta mágica

Ajudando seu marido a se envolver mais em casa

Embora Rich e Pat tivessem gerado três filhos, por algum tempo eles tiveram vidas separadas. De acordo com Pat, "Fazíamos poucas coisas juntos, a não ser discutir por causa das crianças".

Rich concorda: "A vida no lar era bastante combativa".

Pat reclamou que Rich estava extremamente envolvido no trabalho durante a semana e era um ávido pescador ou caçador durante os finais de semana. O pouco tempo que restava, passado diante da televisão e do computador, fazia dele um marido e pai que não se envolvia. Quando Pat se queixava das constantes ausências nos finais de semana, Rich dizia: "Não se preocupe, querida, a temporada de caça está quase no fim". Ele esquecia de mencionar que a temporada de pesca estava chegando!

Da perspectiva de Rich, *a vida fora de casa* parecia muito mais fácil, o que é um pensamento compartilhado por muitos homens. "Eu provavelmente estava envolvido demais no trabalho e quando não estava trabalhando, queria pescar e caçar. Fora de casa, há todo o tipo de sucesso: aves para matar ou problemas para resolver no trabalho. Há uma grande satisfação em atingir meus limites de trutas ou patos ou em resolver problemas no trabalho. Outro aspecto importante é que esses eram problemas *solucionáveis*. Eu poderia obter certo grau de sucesso, mas as situações em casa não me pareciam de resolução tão fácil.

Nós, homens, temos a tendência de evitar as batalhas que sabemos não poder vencer ou que nos façam parecer incompetentes. Infelizmente, isso significa que quando começamos a nos sentir mergulhados até o pescoço em nossa vida familiar, nossa casa parece o último lugar para onde desejamos ir. O triste é que lentamente começamos a expandir nossas horas de trabalho e ampliamos nosso envolvimento com hobbies, sem talvez nos darmos conta de que estamos nos escondendo de nossas famílias.

Pat compreendeu o que estava enfrentando quando pediu ao marido que tomasse conta de seu filho recém-nascido para que ela pudesse terminar um trabalho ou descansar um pouco sem ser interrompida. Rich recusou com as seguintes palavras: "Eu não tenho tanto interesse assim em bebês". Na opinião de Rich, como ele trabalhava o dia inteiro, as noites lhe pertenciam e ele não deveria ser incomodado por uma criança. Da mesma forma, como ele trabalhava a semana inteira, os finais de semana serviam para relaxar e recarregar as baterias. Tem mais: já que ele trabalhava o ano inteiro, as férias eram para pescar, caçar e acampar. Na visão de Rich, cuidar das crianças e da casa era responsabilidade exclusiva de Pat.

Enquanto isso, Pat via seu trabalho como uma tarefa de vinte e quatro horas por dia, sete dias por semana, sem férias e com pouca ou nenhuma ajuda.

Ela se culpava por ter deixado a coisa acontecer por tanto tempo. "Eu nunca tive capacidade de negociar ou impor limites", ela recorda. "Continuava pensando que se eu trabalhasse mais, tudo iria melhorar de alguma forma, mas como isso não acontecia, eu explodia e só tornava as coisas piores. Eu não sabia como confrontar uma pessoa de forma positiva ou buscar alternativas. Por exemplo, eu poderia ter contratado uma babá para levar as crianças ao parque enquanto eu ficava em casa. Eu deveria ter estabelecido limites para meus filhos, como marcar no relógio e ter uma hora na cama à tarde todos os dias, ou ter uma lista de tarefas a cumprir e então ir ao parque. Ainda bem que comecei a ver que meu tempo era flexível e o tempo de Rich inflexível, então decidi programar um momento de lazer durante o dia para que quando ele chegasse em casa eu estivesse mais descansada."

Logo que seu filho mais velho fez quinze anos "as coisas começaram a desmoronar. O normal de nossa casa era discussão, gritaria e negócios. Nossos filhos caíram no padrão clássico de crianças rebeldes, mimadas e isoladas. Rich geralmente estava fora, não queria voltar para casa e eu lhe dou toda a razão do mundo! Eu o saudava com uma lista de reclamações quando ele chegava em casa, estava com um mau humor crônico: ou deprimida ou com raiva".

Pat tentou convencer Rich a se interessar pelas atividades familiares (além de pescarias e caçadas), mas Rich respondeu: "Olhe aqui, eu trabalho duro, não bebo, não jogo e não ando atrás de outras mulheres. Em todos os aspectos, eu diria que sou muito bom marido".

"Ele não deixava faltar nada para nós", admite Pat. "Aos olhos dele, isso fazia dele um bom marido e um bom pai. Ele assistia a muitos jogos das crianças na escola. Só não conseguia enxergar que era frio e distante e que se esquivava dos problemas".

> *"Aos olhos dele, isso fazia dele um bom marido e um bom pai."*

Abrindo um novo caminho

Com o tempo Pat compreendeu que mesmo depois de anos de confrontação e discussão, Rich continuava envolvido demais no trabalho e relativamente ausente de casa. Ao chegar aos quarenta, Pat decidiu que não queria passar o resto de sua vida com um homem cuja mente estivesse em outro lugar.

"Para ser honesta", Pat admite, "eu queria o divórcio, mas sabia que só poderia justificar biblicamente a separação se ele morresse, cometesse adultério ou me abandonasse. Então, orei para que ele morresse ou encontrasse outra pessoa".

Em vez disso, *Pat* encontrou outra pessoa: o Senhor, a quem ela diz ter salvo sua vida. "Sem Deus, eu acabaria na prisão ou em um asilo de loucos. Pat sempre pensou que era cristã porque frequentava a igreja, mas uma decepção com seu pastor a levou a visitar a *Bethel Church,* em Richland, Washington, onde ela encontrou uma fé rica, profunda e autêntica.

Em sua antiga igreja, o cristianismo parecia mais uma atividade cultural: a maioria da congregação considerava as pessoas que liam a Bíblia estranhas ou fanáticas. Elas não usavam frase como "Deus falou comigo" ou "a Bíblia diz". Pat começou a ouvir rádios cristãs, a ler a Bíblia, aplicar os ensinos de seu novo pastor, ler os livros do Dr. James Dobson e crescer espiritualmente a cada hora.

Quando começou a ler sobre "submissão bíblica", Pat ficou desconfiada: "Essa é uma ideia radicalmente nova para mim", Pat diz. "Eu não fui criada dessa forma e estava mais inclinada para a filosofia feminista de igualdade. Além disso, me sentia incomodada em me submeter a uma pessoa que não lia a Bíblia. Fazer isso quebra você, ou desenvolve sua fé no amor e no poder de Deus".

A igreja de Pat também a apresentou às virtudes cristãs básicas como dar graças em todas as circunstâncias e buscar amor, alegria, paz, bondade, paciência e mansidão. "Eu pensava ter razões para ser rabugenta e que qualquer pessoa que tivesse que aguentar o que eu passava faria a mesma coisa. É duro admitir que, apesar das circunstâncias, as pessoas podem escolher sua atitude."

A pergunta mágica

Pat começou sua jornada de submissão bíblica fazendo a Rich a "pergunta mágica": "Rich", disse ela, "que coisas você gostaria que eu fizesse que eu não esteja fazendo?"

A resposta de Rich pegou Pat de surpresa.

"Eu esperava que ele dissesse que gostaria que a casa fosse mais limpa, eu poderia lidar com isso, mas ele me pediu para começar a preparar refeições que agradassem às crianças. Fiquei chocada. Cresci com o conceito de que só existe uma coisa pior do que ser um assassino: ser exigente para comer: 'Você tem duas opções: ou come ou vai embora' ".

Quando as crianças não gostavam de algo que Pat tinha feito ela insistia que eles comessem de qualquer forma criando um conflito constante e brigas ao redor da mesa. Rich só queria paz. Quando ele era garoto se algum dos filhos dissesse: "Não gosto disso", eles nunca mais viam aquilo outra vez. Se Pat desse uma resposta assim na casa dela, teria o prato em porção dobrada para o café da manhã do dia seguinte!

"Ficava horrorizada quando Rich deixava as crianças comerem a sobremesa se não gostassem do prato principal. Mas com o tempo, ele me ajudou a ver que há alguma sabedoria no fato de as pessoas se sentirem amadas quando você lhes dá algo que elas querem. Ele também concordou com meu ponto de vista de que comida saudável e boas maneiras à mesa são importantes."

Antes, Pat preparava o lanche das crianças e pronto. Agora, atendendo ao pedido de Rich, começou a ser mais sensível aos gostos de cada um e a fazer lanches personalizados. "Antes, eu simplesmente ignorava o que as crianças gostavam. Minha atitude era: 'Eu fiz, vocês comem'. Uma das filhas de Pat gostava do sanduíche cortado em formatos especiais, os outros não se importavam com essas delicadezas. Pela primeira vez, Pat atendeu às preferências da filha e anos mais tarde, ficou feliz por ter feito isso. Em um retiro do Ensino Médio alguém pediu a sua filha que dissesse uma coisa que alguém fizera por ela que causou impacto em sua vida: "Minha mãe cortava meus sanduíches do jeito que eu gostava, isso fez me sentir especial e amada".

"Naquele momento eu achei que era loucura", lembra Pat, "mas ouvir Rich me ajudou a demonstrar amor à minha filha de forma que ela pudesse receber. Também me lembrei de que quando era criança eu queria meus sanduíches cortados de certa forma. Parecia uma coisa pequena a pedir porque não exigia dinheiro e quase nada de tempo, mas minha mãe não fazia. Eu me sentia estúpida e insignificante. A menos que eu me submetesse a meu marido, teria feito o que minha mãe fez e nunca aprenderia a equilibrar praticidade e graça."

A pergunta de Pat pode transformar um casamento. Talvez você esteja lendo esse livro porque quer ver algo mudar em seu marido. É sempre um bom exercício de humildade, no entanto, se colocar ocasionalmente na berlinda. Você tem a coragem espiritual para colocar de lado sua própria frustração e decepção o suficiente para perguntar a seu marido: "O que você gostaria que eu fizesse que eu não esteja fazendo?"

Veja que Pat não fez essa pergunta a um marido perfeito, ela fez essa pergunta a um marido de quem tinha raiva, um homem que parecia ignorar a ela e aos filhos. *Mas ela também acreditava que, se a mudança fosse transformar seu lar, precisava começar com ela.*

"O que você gostaria que eu fizesse que eu não esteja fazendo?"

Deixe-me desafiá-la a tomar algum tempo nos próximos dias para fazer essa pergunta simples, porém potencialmente transformadora de casamentos: "O que você gostaria que eu fizesse que eu não esteja fazendo?"

"A última coisa que eu queria que ele pedisse"

Depois de se acostumar com as mudanças nas refeições e ver resultados positivos, Pat decidiu repetir a pergunta. Mais uma vez, a resposta de Rich a surpreendeu. Ele disse: "Não me importa se a casa está limpa ou não, só quero que você esteja de bom humor quando chego em casa".

"Essa era a última coisa que eu queria que ele pedisse de mim", Pat admite. "Eu via que era uma coisa teoricamente possível porque tudo o que eu tinha que fazer o dia inteiro era ficar de bom humor quando ele entrasse pela porta. Eu pensei que ia conseguir fazer isso. No entanto, a reclamação, a crítica e a discussão eram velhas e fiéis amigas. De bom humor? Essa não sou eu!"

Rich também pediu que Pat se divertisse com as crianças em vez de corrigi-las o tempo todo. As constantes repreensões de Pat aumentavam a tensão na casa e Rich tinha sede de paz.

Além dessas coisas, ele se sentia relutante em falar sobre o que Pat poderia fazer por ele, então ela tomou algumas iniciativas. Em vez de reclamar das constantes viagens de pescaria de Rich, Pat passou a ir com ele. E não somente à pescaria, mas à loja de artigos esportivos e às reuniões do clube de caça e pesca ("onde eles comem cervo, alce ou urso e algum palestrante compartilha fotos de sua última caçada").

"Isso foi bem difícil para mim porque eu achava que meu marido devia parar de caçar e pescar", Pat reconhece. "A princípio foi como se eu quisesse que um alcoólatra desistisse de ir ao bar e então lá estava eu bebendo com ele. Isso era um verdadeiro ídolo na vida dele, eu não queria incentivá-lo. Eu *ainda* achava que a caça e a pesca tinham um lugar maior em sua vida do que deveriam, mas finalmente tive que admitir que *existe* uma diferença entre pesca e alcoolismo. Não era pecado ir pescar com meu marido. Tive que aprender a deixar Deus ser Deus e deixar que ele trabalhasse na vida de Rich".

Depois de adotar essa transformação tão difícil, Pat dá risada quando passa de carro por algum lugar e pensa: "Deve ser muito bom pescar aqui!", "Eu gosto *mesmo* de pescar", ela se espanta. "Nós fomos a Sun Valley para comemorar nosso vigésimo aniversário de casamento e tivemos um tempo maravilhoso de pesca com mosca artificial".

> *Tive que aprender a deixar Deus ser Deus e deixar que ele trabalhasse na vida de Rich.*

Para nós dois, tem sido uma lenta transformação. "Basicamente, quando perguntei o que Rich queria de mim em relação a nós dois, seu pedido me pareceu muito difícil. Ele só queria que eu estivesse de bom humor, que fosse mais divertida e não reclamasse das coisas que precisavam de conserto". Algumas dessas coisas, Pat hoje conserta sozinha. E quanto a seu humor, bem Rich diz que hoje ela é uma mulher muito mais agradável.

Benefícios abundantes

Para surpresa de Pat, quando ela começou a se concentrar em ajudar Rich em vez de brigar e se ressentir, ele passou a ser mais presente em casa. "Nossa casa se tornou um lugar muito mais agradável de estar e tenho a certeza de que as duas coisas estavam relacionadas".

Pat ouviu dois caras debochando no rádio de um livro de economia doméstica dos anos 1950 que incentivava as mulheres a servirem seus maridos: no entanto aquela conversa humorística causou um efeito diferente em Pat: "A maioria dos homens, se forem honestos, gostariam que suas esposas fizessem isso", diz ela. E ela está tentando servir Rich.

O que iniciou a grande mudança no casamento de Pat? Pat decidiu se concentrar em ajudar Rich. Ela começou a ter o jantar pronto quando ele chegasse em casa. Foi pescar com ele em vez de reclamar de suas saídas. Limpou sua agenda, cortando muitas de suas atividades fora de casa, para que "em vez de tentar me realizar com outras coisas, eu pudesse focar minhas energias em minha casa e em minha família".

Pat não ameniza as dificuldades de nada disso: "é tremendamente difícil colocar tanta energia em uma casa e em um casamento quando você não gosta de sua casa nem de sua família. A princípio você, literalmente, sente que vai morrer. Você deseja reconhecimento, poder, honra. Se sacrificar e servir parece se afastar desses desejos".

Mas Pat lutou contra o ressentimento. "Senti que, de certo modo, o que eu estava fazendo era contrário a tudo o que eu sou. Senti que estava morrendo, mas o paradoxo é que hoje eu sou mais eu do nunca. Sou mais bondosa, mais gentil e mais submissa, mas também tenho mais força de vontade e tenho opiniões mais firmes do que jamais tive. Costumava pensar que essas coisas se contradiziam, mas agora vejo que elas trabalham juntas. Embora naquele tempo eu pensava estar desistindo de coisas, hoje posso ver que estava ganhando. Não voltaria à maneira que eu era por nada. Tenho mais alegria, perdão e graça e mais amigos – *muito* mais amigos! Minha família mudou dramaticamente e, pela primeira, vez tenho um relacionamento chegado com meus irmãos, meus pais e meus sogros."

> *"Mudei meu marido mudando a mim mesma."*

Pat continua: "Mudei meu marido mudando a mim mesma. Eu honestamente creio que quando você faz o que seu cônjuge quer que você faça, você é curado no processo. Deus lhe dá um cônjuge que conserta coisas em você que você realmente não quer consertar".

Rich concorda: "Pat ficou muito mais dócil e isso fez uma tremenda diferença para mim. É muito mais fácil sentir empatia por alguém manso do que por uma pessoa rude".

"Você não pode fazer isso sem fé no Senhor", Pat emenda. "E embora você, como eu, sinta que está morrendo, tudo o que posso lhe dizer é que vale *muito* a pena. Submetendo-me a meu marido e fazendo o que ele me pediu, embora houvesse muitas coisas que eu queria que *ele* fizesse de forma diferente, me tornei a pessoa que eu queria ser: uma esposa mais amorosa, uma amiga melhor, uma mãe melhor. E então descobri que essas coisas me traziam muita alegria. Os benefícios *para mim* têm sido imensos. Mesmo que meu marido haja como um perfeito cretino de agora até a hora de sua morte, submeter-me a ele tem me causado uma incrível mudança e eu não voltaria a ser o que eu era por nada."

A grande aventura

Para as esposas cujos maridos jogam dardos no final de semana, jogam bola ou passam tempo com amigos no bar local, Pat aconselha: "Considere como você tem empurrado seu marido para fora de casa, para a garagem ou para o computador".

Pense bem honestamente sobre a semana passada, coloque-se no lugar de seu marido. Como ele se sentiu quando foi cumprimentado por você? Que tipo de clima você estabelece em casa? Você é agradável? Confrontadora? Apática? Você gostaria de ser recebida em sua casa do jeito que você recebeu seu marido?

Talvez você chegue em casa do trabalho depois de seu marido. Então pode se fazer outras perguntas. Você geralmente reclama do seu dia em vez de ouvir o que ele tem a dizer? Derrama seu ressentimento de que as outras mulheres têm uma vida mais fácil do que a sua? Faz com que ele se sinta abaixo do padrão? Está preocupada com o trabalho que tem para fazer em cima de sua mesa no escritório? O que você está fazendo para tornar seu marido seu melhor amigo? Dá prazer estar com você?

Desde que Pat fez essas mudanças ela diz que "agora Rich *quer* ficar em casa. Ele *quer* estar comigo, quer me apoiar se estiver passando por alguma dificuldade. Quando ele sai em viagem, se organiza para passar o máximo de tempo possível com a família antes e depois dela".

Ela acrescenta: "Se você quer viver uma grande aventura, submeta-se a seu marido. Essa será a maior aventura de sua vida, mais emocionante do que ir de foguete até a Lua. Vai abrir os seus olhos para ver as coisas de maneira completamente nova, uma maneira que você não pode ver agora. Poucos tópicos são mais polêmicos do que a submissão ao marido, mas é uma verdade absoluta e funcionou muito bem na minha vida".

A perspectiva de Rich

Rich aponta três fatores que influenciaram sua evolução de ser um pai e marido ausente para um marido que anseia por ficar em casa à noite:

- O compromisso renovado de Pat
- A expressão das mágoas de Pat
- A renovação da fé de Rich

"Para mim, a grande mudança ocorreu quando senti que Pat estava realmente *comprometida* com o casamento. Antes, tive dúvidas quanto a seu compromisso. Houve tempos em que ela dizia que não me amava e até que me odiava, e sugeria que eu a deixasse, algo que eu não queria fazer. Acho que o importante foi ela compreender que temos um compromisso. O casamento não é só *sentimentos* de amor, há momentos em que só o compromisso ajuda você a continuar firme. Quando um casamento é baseado na fé cristã é muito mais sólido. Você pode se apoiar nela. Para mim, o fundamento foi o mais importante. Depois que ambos compreendemos que estávamos comprometidos com esse casamento eu quis mudar e passei, a partir daquele momento, a ter esperança.

Quando um casamento é baseado na fé cristã é muito mais sólido.

Rich faz uma observação interessante: por que um marido mudaria por uma esposa que não demonstra comprometimento com ele, que pode deixá--lo ou encorajá-lo a ir embora? Da perspectiva de um homem, é como encher o tanque de gasolina assim que você fechou a venda do carro. Se o seu marido não tem confiança de que o casamento vai continuar, porque se dar ao trabalho de transformar o caráter?[80] A maioria dos homens precisa saber que suas esposas estarão ali antes que se sintam motivados a fazer uma mudança.

80 Creio que os maridos devem ser motivados "por temor a Deus" (2Co 7.1), não pela reação das esposas. Estou descrevendo aqui o que geralmente acontece e não o que deveria acontecer.

Em segundo, Rich estava genuinamente surpreso quando Pat finalmente se abriu com ele sobre o quanto ele a tinha magoado. Ele obviamente gosta de estar com sua esposa e realmente não queria perdê-la. "Pat é uma mulher extraordinária", ele diz. "Uma vez ela me perguntou por que eu não fui embora e eu disse 'Por que eu gosto de você'. Há alguma coisa diferente nela que eu gosto de verdade. Isso pode não ser assim em todos os casamentos, mas pessoalmente *jamais* poderia me ver casado e nem mesmo namorando outra mulher. Eu não tinha interesse nenhum em outras mulheres."

Quando um homem tem sentimentos tão profundos por uma mulher e percebe como suas atitudes a magoam tão profundamente, se sentirá motivado a mudar. Antes disso, mesmo que isso frustrasse Pat, Rich diz que ele não entendia realmente quanta dor estava causando.

O terceiro estágio importante da evolução de Rich veio quando viu a fé renovada de Pat. Seu novo relacionamento com Deus se tornou contagioso. Como Pat, ele trocou um "cristianismo cultural" por uma fé real. Se perguntarmos por que está mais envolvido em casa hoje, ele dirá: "Não há tesouros em outras atividades, nem herança, tudo se consome! Eu ainda me animo com um bom dia de trabalho e ainda gosto de pescar e caçar, mas percebo que, do ponto de vista da eternidade, todas essas coisas vão passar".

Que interessante! O homem que antes se afundava no trabalho e nos esportes por causa de sua natureza solucionadora e das recompensas tangíveis, hoje considera essas recompensas pálidas em comparação com as prometidas por Deus na eternidade.

Em minha opinião, é por isso que a missão de Pat "funcionou". Em vez de tentar mudar Rich para seu próprio benefício, ela chegou mais perto do Senhor, cativou Rich com o seu exemplo e, de maneira santa, encorajou-o a reavaliar suas prioridades de acordo com os padrões de Deus. Rich precisava de outra régua. Casamento, fé e vida familiar exigem mais esforço do que pescar a caçar, mas oferecem recompensas maiores: *Todos os que competem nos jogos se submetem a um treinamento rigoroso, para obter uma coroa que logo perece; mas nós o fazemos para ganhar uma coroa que dura para sempre* (1Co 9.25).

Rich tem alguns conselhos simples para mulheres casadas com maridos muito envolvidos fora de casa: "Em primeiro lugar, elas realmente precisam dizer a seus maridos como se sentem quando ficam sozinhas. Em segundo, eu diria que seus maridos precisam participar de um grupo em que haja prestação de contas. Isso me ajudou a ver outros exemplos de maridos na igreja que eu gostaria de imitar. Nosso grupo pequeno se transformou em um grupo de prestação de contas e aqueles caras começaram a me confrontar a respeito de quanto tempo eu passava com minha esposa comparado ao tempo trabalhando ou caçando. Mais ainda, foi muito útil para mim observar outros casais vitoriosos".

A história de Rich e Pat enfatiza a importância de uma comunidade cristã saudável. É muito mais fácil para você se outro homem desafiar seu marido. Alguns homens se ressentem de suas esposas quererem mudá-los para o benefício delas mesmas. Uma coisa completamente diferente é quando amigos de verdade dizem: "Ei, amigo, você tem que fazer isso porque *Deus* deseja que você faça".

Rich também incentiva as esposas a seguirem o exemplo de Pat de entrar no mundo de seus maridos. Ela diz às esposas: "Encontre um meio de ser sua melhor companhia e fazer as coisas que ele quer fazer", e Rich afirma de todo o coração: "Isso realmente ajudou a encontrar coisas em comum fazendo o que gostamos de fazer. Eu gostei de verdade quando Pat decidiu ir à pescaria comigo. Depois que ela fez isso, achei que tinha a obrigação de ir com ela ao shopping ou fazer as coisas que ela gostava".

Rich incentiva as esposas a entrarem no mundo de seus maridos.

Creio que o casamento envolve compromisso (como eu disse no livro *Casamento sagrado*) de "cair para frente". Assim como comecei a assistir a shows de patinação no gelo (uma coisa na qual eu tenho interesse natural zero) quando a patinação se tornou algo importante para minha filha; e assim como comecei a assistir ao programa sobre decoração e jardinagem com minha esposa, embora encontrar o papel de parede "certo" esteja em milionésimo lugar das coisas que me interessam – da mesma forma, pense em fazer algo ou se informar sobre um tópico simplesmente porque seu marido gosta. Fazer isso cria uma oportunidade para seu marido cair em direção a você.

Rich confessa abertamente que conversar não está entre as coisas que mais gosta de fazer: "A coisa mais difícil para mim e sentar e falar. Como é difícil!" Agora, porém, ele pelo menos tenta.

Rich enfatiza: "As esposas precisam entender a questão do compromisso. Casamento é amor *e* compromisso; um marido não vai permanecer e nem vai querer permanecer em um casamento se a esposa não estiver comprometida com ele". Compromisso é mais do que tolerância, exige que se mova em direção a alguém. Se você quer que seu marido se mova na sua direção, pergunte-se como você está se movendo em direção a ele. Isso vai muito além de estar legalmente casada, inclui o compromisso espiritual de continuar a amar, buscar e servir.

Seu primeiro movimento em direção a seu marido dever ser um movimento em direção a Deus.

Seu primeiro movimento em direção a seu marido dever ser, como aconteceu com Pat, um movimento em direção a Deus. Paulo elogia os macedônios por isso: *E não somente fizeram o que esperávamos, mas entregaram-se primeiramente a si mesmos ao Senhor e, depois, a nós, pela vontade de Deus* (2Co 8.5). Quando você se entrega primeiramente a Deus, abre-se para a sua correção, afirmação e redenção.

Como Deus pode estar usando as situações em sua vida para ajudá-la a reavaliar a si mesma, suas prioridades e suas ações? Para Pat, a resposta veio alta e clara: ela precisava aprender o significado da submissão bíblica. Duvido que conseguisse se entregar a Rich se não tivesse, primeiramente, se entregado (juntamente com seus desejos emocionais, sua frustração relacional e seu desespero pessoal) a Deus.

Depois disso, faça uma segunda pergunta: "O que você gostaria que eu fizesse que eu não esteja fazendo?" Se você acatar as palavras de seu marido em vez de se ofender, poderá lentamente transformar seu lar em um lugar mais agradável de se viver e, como resultado, fazer com que ele *queira* vir para casa.

Perguntas para discussão e reflexão

1. Gary notou que os homens têm a tendência de evitar as batalhas que não podem vencer ou que os façam parecer incompetentes. Como as esposas podem apoiar seus maridos para que eles se sintam tão competentes em casa quanto no trabalho?
2. Pat confessa que quando Rich chegava em casa "Eu o saudava com uma lista de reclamações, estava cronicamente de mau humor e estava normalmente deprimida ou irada". Identifique e fale sobre algumas expectativas realistas para as esposas para que elas consigam envolver de uma forma melhor seus maridos no lar.
3. Discuta a "pergunta mágica": Que coisas você gostaria que eu fizesse que eu não esteja fazendo? Você se sente à vontade para fazer essa pergunta a seu marido? Por quê?
4. Pat entrou no mundo da pescaria com Rich, embora inicialmente não tivesse nenhum interesse natural. Quais são as atividades ou passatempos favoritos de seu marido e como você poderia criar mais intimidade participando deles?
5. Pat diz: "Deus lhe deu seu cônjuge para consertar as coisas em sua vida que você realmente não quer consertar". Talvez essa seja uma lição difícil de aceitar, mas diga uma ou duas coisas nas quais Deus está usando seu marido para consertar em sua vida.
6. Como os grupos pequenos em particular e as igrejas em geral ajudam os marido que se envolvem pouco em casa?

13

A biologia de um homem ocupado

Como ajudar seu marido a colocar a família em primeiro lugar

Rothschild era no mundo financeiro da Inglaterra Vitoriana o que um "Kennedy" ou um "Bush" é para o poder político dos Estados Unidos. Por causa de sua fortuna, os Rotschild geralmente casavam seus filhos ingleses com seus primos alemães. No entanto, o fato de Lionel e Charlotte terem um casamento arranjado não arrefeceu de forma alguma a alegria e o entusiasmo do casal pelas bodas que se aproximavam. Até os casamentos arranjados podem ser recusados, mas Lionel e Charlotte prontamente aceitaram o trato. Lionel escreveu a sua mãe: "Tenho que agradecer à senhora por minha noiva".

No início, a jovem Charlotte, na época com dezessete anos teve dificuldade de se adaptar à vida de esposa. Os negócios de Lionel o mantinham fora de casa a maior parte do dia e Charlotte caiu na autocomiseração, vendo-se como a noiva desprezada. Não é difícil de compreender. Lionel tinha sido muito romântico antes do casamento. Ele escreveu a Charlotte que "sem ela sua vida de negócios intermináveis e imprevisíveis pareceria cada vez mais tediosa". Ele confessou em outra carta que "não possuía nenhuma ocupação ou diversão, mas apenas preparar-se pensando nos tempos felizes quando a chamarei de minha caríssima Charlotte, minha para sempre".[81]

81 Stanley Wientraub, *Charlotte and Lionel: a Rothschild Love Story* (Nova Iorque: Free Press, 2003), 17.

Mas agora que se tornara inteiramente apropriado chamá-la de "sua Charlotte", Lionel passava fora de casa a maior parte do dia, solidificando seu empreendimento. Como acontece muitas vezes, o marido romântico deu lugar ao pragmático preocupado. Ele tinha um negócio para cuidar e obrigações profissionais a cumprir. Charlotte sentia pena de si mesma, tornou-se crítica e começou a se arrepender da decisão de se casar.

Embora possamos compreender suas emoções conflitantes, anos mais tarde Charlotte culpou *a si mesma*, e não a Lionel, por esse tempo "desperdiçado": "Lionel nunca estava comigo entre a hora do chá pela manhã e as seis da tarde. Por que desperdicei aquelas horas em amargo ressentimento, em lágrimas?" Por que então não me apliquei ardente e assiduamente aos estudos? Possivelmente isso teria secado minhas lágrimas e feito de meus pensamentos canais agradáveis e úteis. Poderia ter realizado muitas coisas naqueles dias".[82]

Muitas esposas modernas não culpariam seus maridos por trabalharem nove horas por dia, especialmente porque muitas delas têm empregos que consomem o mesmo tempo ou mais. No entanto, muitas podem se identificar com a surpresa de Charlotte em como a vida emocional de um casal muda depois da festa de casamento. Charlotte sofria da síndrome de ser romântica e ter sido adorada até a celebração do casamento e assistir, chocada, seu marido imediatamente voltar sua atenção para os negócios assim que fizeram os votos. O romance, para o homem, é como tirar férias, uma vez que as férias se acabam, ele está pronto para continuar com sua vida. A esposa, por outro lado, frequentemente pressupõe que o romance continuará um estilo de vida.

O romance, para o homem, é como tirar férias, uma vez que as férias se acabam, ele está pronto para continuar com sua vida.

O amor permanece

O pai de Charlotte então entrou em cena e a incentivou a parar de sentir pena de si mesma e encontrar formas de oferecer ajuda prática a Lionel,

82 Ibid., 53.

parando de fazer cena cada vez que ele chegava em casa. "Diga a seu marido que ele deve visitar assiduamente diplomatas para saber as notícias... Você deve tentar descobrir o que está acontecendo em Londres".[83]

Charlotte aceitou de coração o conselho. Em vez de desperdiçar sua energia reclamando, começou a empregá-la trabalhando em prol de Lionel. "Logo era Charlotte... quem eficientemente recebia diplomatas, ministros, príncipes e amigos. Seus convidados evidenciavam seu pragmatismo: Charlotte sabia que nem tinha que gostar deles."[84]

Embora estivesse na moda que proeminentes homens públicos tivessem várias amantes, nem uma sombra sequer de suspeita manchou a vida de Lionel, em parte talvez pela forma com que Charlotte logo se tornara indispensável para ele. Os dois amantes formaram uma equipe indissolúvel, uma força unida para deixar sua marca nesse mundo. Eles se tornaram o casal mais bem-sucedido comercialmente de seus dias. Lionel chegou a fazer história na política tornando-se a primeira pessoa de descendência judia a obter um assento na Câmara dos Comuns do parlamento inglês. Na época em que ele atingiu essa elevada posição, Lionel era praticamente um inválido. Ele só o conseguiu com a ajuda inestimável de Charlotte. Ela passava muitas horas ouvindo aos discursos na galeria para que pudesse discutir os projetos de lei com Lionel quando chegassem em casa. Seu biógrafo, Stanley Weintraub, escreve: "Charlotte raramente era afligida pelo tédio. Suas responsabilidades eram numerosas e sua família parecia sempre estar em ação".[85]

O biógrafo resume bem:

> Seu marido tinha deixado uma lenda e um empreendimento formidável para confrontar as gerações depois dele. Além de suas obras de caridade e seu papel de guardiã de Lionel, a recompensa de Charlotte foi singular. Não somente como a mulher mais memorável em três romances de Disraeli, mas em suas brilhantes cartas e no legado de sua família, Charlotte ainda vive. Com Lionel, ela viveu uma das histórias de amor mais notáveis e duradouras da Inglaterra Vitoriana. Um casamento arranjado pela ambição entre dois primos que quase não se conheciam e vieram de países diferentes que suportou e mesmo foi enriquecido pelas adversidades e desafios. Como disse Charlotte: "a riqueza não é suficiente, o amor permanece".

83 Ibid., 64.

84 Ibid.

85 Ibid., 189.

O amor permanece

Que descrição poderosa de um casamento! Se apenas a jovem Charlotte pudesse ver cinco décadas adiante e se retirasse de seu estupor com o pensamento de que, se tornando uma ajudadora, iria tecer um romance que os anos iriam apenas intensificar! Que em vez de lutar contra a busca de seu marido pelo sucesso, ela poderia se integrar nela, ganhando assim sua afeição e criando um casamento que um dos maiores romancistas de seu tempo celebraria em vários livros.

Espero que a experiência de Charlotte encoraje as recém-casadas. É bem normal que um homem seja muito romântico com sua noiva e se volte para os negócios depois da lua de mel. Entendo que isso fere e pode até parecer fingimento e engano, mas também creio que os maridos não devem receber passe livre: "Os homens são assim, o que se pode fazer?"

Gostaria que você olhasse para isso sob uma perspectiva um pouco diferente. Uma das razões porque os homens se concentram em sua profissão é que Deus nos fez assim. Sim, podemos levar isso a extremos pecaminosos, mas o desejo de fazer sucesso é inato à masculinidade por obra do Criador.

O ímpeto masculino de obter sucesso

O cenário é comum: os filhos cresceram, o marido atingiu relativo sucesso na vida e a esposa, finalmente, se sente pronta para comprar aquela casa de veraneio na praia ou tirar mais dias de folga para visitar os netos. Então, para sua surpresa, seu marido anuncia seus planos de começar um negócio novo ou assumir um desafio (golfe, triátlon, reformar casas para vender).

Para muitas mulheres, essas atitudes podem parecer uma tentativa de não reconhecer a idade, mas é um imperativo biológico que os move. O cérebro é impulsionado por algum tipo de chamado. De acordo com Michael Gurian, "No âmago biológico da masculinidade está a força e o desejo de se autoafirmar, não somente como pessoa, mas como homem... Há uma tendência biológica no homem de buscar o amor próprio através de desempenho pessoal e independente. Na mulher há uma tendência maior de experimentar o valor pessoal através dos relacionamentos e da intimidade. Essa diferença, compartilhada por todas as culturas, encontra suas origens na biologia humana... Nos homens, a fundação biológica é lançada por um imperativo pelo desempenho".[86]

Se você estudar os cérebros de um homem e de uma mulher, quando olham nos olhos dos filhos ou netos, verá que a mulher típica aproveita mais desse encontro, fisicamente, do que o homem. Os relacionamentos simplesmente recompensam *você* mais do que tendem a recompensar seu marido.

> Os relacionamentos simplesmente recompensam você mais do que tendem a recompensar seu marido.

Gurian afirma: "O herói é biologicamente impresso nas mentes masculinas. A testosterona, a vasopressina, mais fluído espinal no cérebro, menos serotonina, menos oxitocina e a forma como o cérebro masculino projeta a vida ou um universo abstrato e espacial leva os homens a verem o mundo em termos de ação, heróis, guerreiros e até amantes que devem negociar[87] cenários desafiadores".[88]

O que significa isso em termos práticos? Para alguns homens, parar de realizar é parar de viver. "Se acomodar" é quase morrer. Por que você acha que treinadores e atletas muitas vezes continuam em uma carreira decadente bem depois de seus dias de glória, sempre prometendo que no ano seguinte as coisas vão mudar de verdade?

Nem todos os homens alcançam esse extremo, mas se você é casada com um homem como esse, não vai ajudar levar a coisa para o campo pessoal. Ele não consegue fazer parar o impulso químico em seu cérebro que o empurra para a realização e o sucesso assim como você não consegue parar de se preocupar com seus filhos e netos.

"Mas as pessoas são muito mais importantes do que começar outro negócio!", você protesta. Você percebe que essa afirmação simplifica injustamente a situação? É claro que precisamos de pessoas e devemos

86 Ibid., 293.

87 Michael Gurian, *What Could He Be Thinking? How a Man's Mind Really Works* (Nova Iorque: St. Martin, 2003), 36,39.

88 Ibid., 63.

colocá-las em primeiro lugar e, em um sentido muito verdadeiro, Deus chama *todos* nós a adotarmos essa filosofia. No entanto, nós precisamos de pessoas que se ocupam de cuidar do quadro maior: construindo casas melhores, lutando nas guerras que afastam os inimigos, passando horas no laboratório tentando encontrar a cura de doenças, criando negócios que sustentam várias famílias. Esses ideais heroicos também, ainda que indiretamente, colocam as pessoas em primeiro lugar. Se não fosse pelos homens e mulheres que passam longas e solitárias horas em um laboratório, muitas crianças viveriam sem um pai ou uma mãe que sobreviveram a um câncer por causa de um tratamento moderno.

Através dos diferentes cérebros de homens e mulheres, Deus se assegurou de que as necessidades a serem atendidas, *sejam* atendidas. Esse mundo seria muito diferente (e muito mais pobre) se todos passassem apenas três horas por dia no trabalho para que pudessem desfrutar de piqueniques e longas caminhadas na praia. Piqueniques e churrascos em família têm o seu lugar na vida, mas também há lugar para fazer o serviço que precisa ser feito.

Através dos diferentes cérebros de homens e mulheres, Deus se assegurou de que as necessidades a serem atendidas, sejam atendidas.

Portanto, embora seja saudável motivar seu marido a passar mais tempo com a família, você nunca deveria tirar dele a essência do que é ser homem. Gurian observa "[Os homens] continuam lutando para se desenvolver e mostrar capacidade, obter e utilizar poder social e hierárquico, mesmo que isso os mate oito anos antes das mulheres e, muitas vezes, os afastem dos valores humanos".[89]

Essa tendência masculina pode ser usada para o mal (pense nos ataques a Nova Iorque em 11 de setembro de 2001) ou para o bem, mas canalizá-la é diferente de tentar cancelá-la. Quanto mais cedo você perceber isso, mais realistas suas exigências e desejos sobre seu marido serão. Um velho provérbio alemão entendeu isso bem antes que se pudesse analisar o cérebro humano: "Se você tirar o ideal de um homem, não haverá razão para ele ser homem".[90]

89 Ibid., 47.

90 Ibid., 48.

Celebre essa tendência

Tudo isso é para dizer que você pode ajudar seu marido a se envolver mais em casa, mas não pode impedi-lo de querer ter sucesso em seu desempenho. Você pode encontrar uma forma de *respeitar* e *apreciar* sua tendência biológica, você queria um homem e conseguiu! Não o culpe por encontrar algo importante para ele fora de casa. Celebre isso tentando motivá-lo a passar mais tempo com a família. Muitas vezes você descobrirá que o método de Pat, fundamentado na "pergunta mágica", funciona muito bem: esforce-se para fazer de sua casa um lugar para o qual ele não pode esperar para voltar. Martinho Lutero deu esse conselho há cinco séculos: "Que a esposa faça o marido ficar feliz por voltar para casa e triste em ir embora".

"Que a esposa faça o marido ficar feliz por voltar para casa e triste em ir embora".
Martinho Lutero

Como cristão, quero submeter minhas tendências masculinas ao senhorio do Senhor Jesus Cristo, mas em nenhum lugar a Bíblia diz que eu devo me comportar como uma mulher quando Deus me criou para ser homem. Jesus fala da disposição de deixar casa e família em favor do serviço do Reino de Deus: "*Quem ama seu pai ou sua mãe mais do que a mim não é digno de mim; quem ama seu filho ou sua filha mais do que a mim não é digno de mim; e quem não toma a sua cruz e não me segue, não é digno de mim*" (Mt 10.37s). Do ponto de vista biológico, essa é uma afirmação bem masculina que deve ser abominável para muitas mulheres até que elas percebem que o próprio Jesus as pronunciou. Em todos os outros lugares a Bíblia diz que ignorar nossa família é negar a fé (veja 1Tm 5.8). Obviamente, temos que encontrar um meio-termo.

Esse é um chamado à humildade da parte das mulheres que repreendem a ambição dada por Deus a seus maridos, pressupondo que um homem totalmente centrado em sua família é mais santo do que aquele que tem uma missão. Essa é uma visão feminina do mundo, embora não necessariamente bíblica. Esse também é um chamado à humildade por parte dos homens que *estão* ignorando suas responsabilidades.

Você realmente quer estar casada com um homem que só quer ficar em casa brincando com as crianças?

As mulheres precisam compreender que, biblicamente falando, um homem pode errar em *ambos* os extremos. Você realmente quer estar casada com um homem que só quer ficar em casa brincando com as crianças, sem nenhuma vontade ou preocupação de providenciar uma vida decente para vocês e seus filhos, sem nenhuma motivação de trazer glória a Deus fazendo grandes coisas em favor de seu Reino? Algumas vão dizer que sim, mas vocês são minoria.

> Estudos em todo o mundo indicam que as mulheres entre a puberdade e a meia--idade elegem para relacionamentos românticos e casamento os homens que estão em busca de realização e status. As mulheres querem um homem que aspire ser rei (ainda que a nível local), guerreiro (protetores que as façam sentir-se seguras), mágico (homens que têm, nem que seja em um amor por invenções, algum poder mágico que o leva ao sucesso), amante (homens que façam suas mulheres participarem de sua busca).[91]

O problema é que, uma vez que as mulheres *conseguem* conquistar esse homem com uma missão, algumas vezes desejam que eles se tornem carneirinhos prontos para conversar sobre seus problemas.

Meu amigo, Dr. Steve Wilke, me diz que o mesmo fator que reuniu os casais, os leva ao aconselhamento matrimonial, e esse princípio se aplica aqui. Quando solteiras as mulheres tendem a ser atraídas por homens com grandes realizações pessoais, mas como esposas se ressentem da agenda desses homens de sucesso.

Seja honesta sobre o que a atraiu em seu marido e como você se ressente de algumas dessas coisas. Considere cuidadosamente o que impulsiona seu marido. Ele deseja o sucesso. Se você impedir sua oportunidade de ter sucesso no trabalho, ele pode se lançar ao jogo, arriscando sua segurança financeira; às relações ilícitas com mulheres, arriscando o seu casamento; à participação excessiva em esportes ou qualquer atividade que possa, no final, prejudicar sua família. Em último caso você pode ser grata por seu marido canalizar seu foco de uma maneira que complementa sua vida, em vez de uma maneira destrutiva.

91 Ibid., 62.

Tente também demonstrar um pouco de empatia. Se o seu marido se arrasta em um trabalho tedioso ou sem oportunidades de crescimento, mas continua ali porque é responsável, ele precisa de uma válvula de escape onde possa ter sucesso. Muitas mulheres (nem todas!) podem trabalhar oito horas por dia em um emprego sem realização pessoal e chegar em casa, passar um tempo relacional e considerar aquele um bom dia. Mas a maioria dos homens não é assim. O custo psicológico de um emprego frustrante os debilita, e os homens têm a tendência de receber menos recompensa de uma conversa ou relacionamento emocional do que uma mulher.

Obtenho muita satisfação com meu trabalho nos últimos dez anos. Tenho mais retorno positivo do que mereço e mais autoafirmação do que preciso, mas me lembro daqueles dias em que sentia que meu emprego era só um jeito de ganhar um mísero cheque de pagamento: um trabalho mundano que não desafiava minha mente e me dava pouco sentimento de realização. Cheguei a ser repreendido por estabelecer alvos e fazer a minha tarefa rápido demais porque isso fazia com que os empregados "normais" se sentissem mal. "Vá devagar", me disseram "e use mais tempo para o almoço, aproveite".

Esse tipo de ambiente pode destruir certos homens e, se você está casada com alguém que se sente acorrentado ao seu emprego, tenha um pouco de empatia. Recompense essa disciplina e sacrifício dando-lhe espaço para buscar algo que lhe dê prazer. Muitas esposas que veem seus maridos sofrerem com uma situação semelhante querem "conversar" para tentar fazer com que ele "compartilhe seus sentimentos". Para a maioria dos homens isso só piora as coisas. A última coisa que ele quer fazer é reviver aquele dia! Eles querem esquecer o que aconteceu.

> *Para a maioria dos homens, conversar só piora as coisas. Eles querem esquecer o que aconteceu.*

Então, tendo aceitado a determinação de vencer como um dom de Deus a seu marido, o que você pode fazer para que ele viva essa determinação sem ignorar suas responsabilidades familiares? A primeira coisa é seguir a dica de Lutero: "Que a esposa faça o marido feliz em voltar para casa".

Tornando-se mais agradável

Anos trás, durante um jogo de basquete profissional, Rudy Tomjanovich correu em direção a uma briga que tinha se iniciado na quadra. Kermit Washington, um dos homens mais fortes da liga nacional de basquete na ocasião, "deu as boas-vindas" a Rudy com um soco que o atingiu abaixo do nariz esmagando seu rosto. A força do soco jogou a cabeça de Rudy para trás. Seu corpo caiu no chão com tanta força que pareceu um martelo batendo no caule de uma árvore.

Rudy desmaiou.[92]

Até o médico que viu o exame de Raio-X ficou com náuseas. Toda a parte posterior do rosto de Rudy saiu de alinhamento. Seus olhos estavam fechados pelo inchaço e seu cérebro começou a vazar líquido espinal. Três dias depois o rosto de Rudy continuava o dobro do tamanho normal. Quando ele finalmente abriu os olhos o suficiente para dar uma espiada no espelho, achou que parecia com o homem elefante.

Naquele dia, Sophie, sua esposa, pegou um avião para estar com ele. Rudy estava nervoso pensando no que Sophie ia dizer e buscou na expressão dela pistas de como ele estava feio.

Depois de abraçá-lo, Sophie deu um passo para trás, deu uma boa olhada e disse: "Sabe de uma coisa? Melhorou muito!"

Aqui está uma verdade concreta sobre os homens: nós gostamos de rir.

Aqui está uma verdade concreta sobre os homens: nós gostamos de rir e amamos as mulheres que têm um grande e espontâneo senso de humor. Mais do que isso, nós amamos ver nossas esposas felizes. Isso pode surpreender você porque escrevi um livro cujo subtítulo é *E se o objetivo de Deus para o casamento, mais do que nos fazer felizes, for nos tornar santos?* No entanto, valorizar a santidade mais do que felicidade não significa viver sem felicidade. Um sorriso bem colocado e uma atitude positiva podem fazer maravilhas. Nós homens amamos estar ao lado de uma mulher de bom humor.

92 As citações e informações sobre essa história vieram de John Feinstein, "The Punch", In: *Sports Illustrated* (21 de outubro de 2002), 68 ss. O artigo foi adaptado de um livro do mesmo nome.

Um dos menos citados atributos da mulher virtuosa de Provérbios 31 é o seu senso de humor: *sorri diante do futuro* (Pv 31.25). Quando a Bíblia diz que *O Senhor foi bondoso com Sara, como lhe dissera, e fez por ela o que prometera* (Gn 21.1), dando um filho na idade avançada, Sara respondeu com uma frase maravilhosa: *Deus me encheu de riso, e todos os que souberem disso rirão comigo* (Gn 21.6).

Se você está ansiosa para que seu marido se envolva mais em casa, pondere essas questões: Você já pensou o que poderia fazer para tornar a vida de seu marido mais agradável? Já pensou que tipo de clima você cria com sua personalidade?

> *Você já pensou o que poderia fazer para tornar a vida de seu marido mais agradável?*

Em seu excelente livro *The Walk Out Woman* (A mulher que vai embora), o Dr. Steve Stephens e Alice Gray apresentam duas perguntas úteis para as mulheres que se sentem frustradas com seu casamento. Em uma situação desse tipo, os olhos da mulher normalmente focam nos defeitos do marido. Esses autores viram a mesa e pedem às mulheres que ponderem nestas questões:

- Como é estar casado comigo?
- Como é ouvir as palavras que eu digo?[93]

Sugiro uma terceira pergunta: "Como é viver com a minha atitude?"

Uma atitude séria demais pode sugar a alegria da vida. Um dos melhores presentes, e um dos melhores motivadores, que você pode dar a seu marido é sua risada. Seu marido *encontra* isso em casa?

Temo que muitas mulheres possam estar procurando um diagnóstico psicológico grave para o fato do marido estar evitando o lar. Outras procuram uma razão espiritual, um versículo bíblico que revele o mistério de seu marido. Algumas podem ficar obcecadas com o passado do marido, tentando descobrir algum trauma pessoal que elas creem que ele precisa identificar, se arrepender e ser curado para que as coisas mudem. Talvez o problema seja que o lar deixou de ser divertido e o marido está relutante em voltar para um lugar de estresse, tensão e conflito!

93 Dr. Steve Stephen e Alice Gray, *The Walk Out Women* (Sisters, Ore.: Multonomah), 147.

Pode haver outro motivo; talvez seu marido fique longe de casa porque, muitas vezes, foi humilhado ali.

Dê cobertura a ele

Em um grande banquete em Londres, a rainha Vitória chocou seus súditos levantando uma tigela de lavanda e bebendo. Muitos se admiraram de que Sua Majestade cometesse tamanha gafe. Mais tarde, seus convidados souberam que o convidado de honra da rainha, o Xá da Pérsia, tinha feito aquilo primeiro e a rainha não queria que ele se sentisse embaraçado.

A esposa do presidente Grover Cleveland era do mesmo feitio. Um visitante da Casa Branca sentiu-se visivelmente nervoso com a magnificência do lugar. A senhora Cleveland fez o que pode para deixá-lo à vontade e puxou conversa comentando sobre uma antiga xícara de chá feita de porcelana muito fina.

"Nós gostamos muito dessa louça", a esposa do presidente disse. "Elas são muito raras e nós as estamos usando hoje pela primeira vez".

O visitante pegou a xícara e disse: "Verdade?", e sem querer a esmagou em sua mão.

Obviamente mortificado por ser tão desajeitado, o convidado não sabia o que fazer. A senhora Cleveland veio em seu resgate. "Nem se preocupe", disse ela, "elas são terrivelmente frágeis. Veja!" E então quebrou a xícara dela.[94]

Às vezes, seu marido vai ficar com vergonha (e deixar você com vergonha). Esses momentos criam uma oportunidade maravilhosa de desenvolver muito "capital". Se você apoia seu marido e toma a iniciativa de cobri-lo, ele se sentirá protegido e cuidado e atravessará o deserto para lhe trazer um refresco. Mas se você o ridiculariza para cobrir seu próprio constrangimento, se apontar suas falhas e rir com todo mundo, isso o esmagará.

Todo marido tem suas falhas. Talvez ele tenha dificuldade de pronunciar bem as palavras. Talvez ele tenha um conhecimento limitado de geografia geral e diga algo realmente estúpido, como perguntar a

94 Citado em Judith Martin, *Miss Manner's Guide to Excruciatingly Correct Behavior* (Nova Iorque: Athenaeum, 1982), 7.

um conhecido se ele visitou a Torre Eiffel em Nova Iorque. Talvez ele seja desajeitado ou socialmente inseguro. Pode ser muitas coisas. Esses momentos de embaraço são a sua oportunidade de brilhar. Salomão nos diz que a glória de uma pessoa é ignorar as ofensas (Pv 19.11).

Ridicularizar, divertir-se à custa dele, olhar com desprezo, tudo isso cria distância emocional no homem. Alguns homens desistem e se escondem.

Se o seu marido se sente incompetente e é ridicularizado ou humilhado por você e sua família, com o tempo encontrará maneiras de evitar estar com você. Talvez você não perceba, mas há um nível impressionante de insegurança sob o aparente ar de autoconfiança de seu marido.

Se o seu marido se sente incompetente e é ridicularizado ou humilhado por você e sua família, com o tempo encontrará maneiras de evitar estar com você.

A insegurança secreta

Pelo fato de o sucesso e as realizações desempenharem um papel tão vital em nosso senso de bem-estar, nós, homens, tendemos a ter um medo maior do fracasso e até sentimos uma insegurança que a maioria das mulheres nunca poderia imaginar. Podemos encobrir nossos sentimentos com uma atitude de certeza e até de vanglória, mas muitos de nós vivemos com a sensação de que estamos a ponto de sermos "descobertos", que nossa limitações serão expostas e isso pode criar uma insegurança secreta.

Se o seu marido trabalha oitenta horas por semana, pode estar apavorado com a ideia de perder o emprego; se ele perder esse, está apavorado achando que não conseguirá encontrar outro emprego digno; e se não conseguir encontrar outro emprego respeitável, está com medo de que você não o ame tanto. Você pode olhar para a agenda dele e acusá-lo de negligenciar a família enquanto o tempo todo ele está lutando pela sobrevivência psicológica, temendo que você o deixe.

Pense dessa perspectiva: seu marido pode estar fazendo o máximo para fazer seu trabalho, mesmo sentindo que está sobrecarregado. Ele provavelmente não reparte esse sentimento porque não quer que você pense que ele é incompetente. Ao mesmo tempo você, indiretamente, está lhe dizendo que ele não é bom o suficiente por não estar em casa, o que, no final, só reforça sua determinação de obter sucesso no trabalho (pois você fica lhe dizendo que ele é um fracasso em casa).

A resposta? Tornar-se mais sensível à insegurança de seu marido. Se o emprego dele parece estar por um fio, a melhor coisa a fazer é dizer: "Entendo que você tenha que dedicar mais tempo ao trabalho, vou procurar assumir mais tarefas em casa e vou explicar para as crianças. Eu sei que você está fazendo isso porque nos ama".

Essa linha de abordagem não funcionará quando o envolvimento em demasia se transformar em um estilo de vida em vez de uma fase, mas se for uma fase, você pode fazer tremendos depósitos no "banco da gratidão" de seu marido proporcionando apoio verbal e emocional, em vez de atacá-lo. Como Salomão escreve: *A palavra proferida no tempo certo é como frutas de ouro incrustadas numa escultura de prata* (Pv 25.11). Pense dessa forma: se ele realmente está com medo de perder o emprego, vem para casa e ouve que também está falhando em casa, você só está enterrando esse homem em desapontamento. Causar-lhe mais insegurança nunca vai curar o problema, só destruirá seu casamento e, ao mesmo tempo, vai prejudicá-lo no trabalho.

Causar-lhe mais insegurança nunca vai curar o problema, só destruirá seu casamento.

Somando-se à sua insegurança, seu marido tem uma compulsão em ser o provedor. Você pode inadvertidamente contribuir para o envolvimento exagerado de seu marido no trabalho. Você está tornando as coisas mais difíceis para ele sustentar a casa fazendo compras desnecessárias e, ao mesmo tempo, reclamando que ele trabalha demais? Ele pode pensar que *precisa* trabalhar mais para pagar por seus gastos! Ou está indiretamente lhe dizendo que ele não está ganhando o suficiente comparando o salário dele com o seu, falando invejosamente das férias que seus amigos passaram, da casa nova, do carro ou dos restaurantes que eles frequentam? Quando seu marido ouve esses comentários ele pode pensar: "Preciso trabalhar mais para que minha mulher possa ter essas coisas também".

Tudo isso nos leva de volta à *afirmação*. Quando você persistente, consistente e criativamente afirma seu marido, remove uma das razões mais fortes para seu envolvimento exagerado no trabalho ou em um hobby escapista que rouba sua paixão pelo lar.

Se o seu marido para no bar no caminho do trabalho para casa, tente olhar o problema sob essa perspectiva: como posso tornar a minha casa mais convidativa do que o bar? Tenha em mente que as pessoas do bar agirão como se estivessem felizes em revê-lo. Eles servirão sua bebida favorita, com um sorriso. Eles não mencionarão as calorias ou sua barriga. Pelo contrário, quando ele terminar, oferecerão outra bebida. Eles não falarão com ele sobre as coisas que precisam ser limpas ou consertadas. Vão deixá-lo ter todo o tempo que quiser para desanuviar a cabeça.

Se o seu alvo é fazer com que seu marido se envolva mais em casa, faça dela um lugar para o qual ele não possa esperar para voltar.

Sim, há um momento e um lugar para confrontar seu comportamento e suas atitudes que precisam de mudança, mas se o seu alvo é fazer com que seu marido se envolva mais em casa, faça dela um lugar para o qual ele não possa esperar para voltar.

Perguntas para discussão e reflexão

1. Houve um "ajuste de romance" depois de sua lua de mel, na qual seu marido começou a focar mais em sua profissão e menos em você? Como você lidou com isso?
2. Como as mulheres podem resistir a ficarem desapontadas com seus maridos e, em vez disso, começarem a se tornar parte de uma "equipe indissolúvel", como Lionel e Charlotte?
3. Michael Gurian afirma: "Há uma tendência biológica nos homens de buscar afirmação através do desempenho pessoal independente", enquanto as mulheres tendem a desenvolver um senso maior de valor através do relacionamento. Como a compreensão maior dessas tendências biológicas encoraja um casal a trabalhar juntos e complementar-se um ao outro?
4. Gary adverte sobre a tendência das mulheres de buscarem um homem que tenha um ideal e, depois do casamento, tentarem transformá-lo em "vaquinha de presépio". Que conselho você daria a uma noiva que enfrenta essa tentação?
5. Você concorda que o custo psicológico de um emprego frustrante debilita e desanima um homem? Como as mulheres podem apoiar maridos que enfrentam essa situação?
6. Gary fala do "dom do riso". Será que uma mulher que não seja naturalmente extrovertida pode demonstrá-lo? Como?
7. Discuta com o grupo (ou com Deus ou uma amiga) como você acha que é estar casado com você?

14

PURA PAIXÃO

CONSOLIDANDO AS AFEIÇÕES DE SEU MARIDO E PROTEGENDO SUA INTEGRIDADE ESPIRITUAL

O fato de você ter chegado até aqui me diz uma coisa: você gosta *de verdade* de seu marido. É extraordinário que você tome tempo e esforço para estudar formas pelas quais possa ajudá-lo a se tornar o homem que Deus quer que ele seja. Mesmo correndo o risco de ser presunçoso creio que Deus está orgulhoso de você por levar seu casamento tão a sério e por ser tão dedicada em amar o filho dele.

Neste capítulo, discutirei como você pode usar a relação sexual dentro do casamento para cimentar as afeições de seu marido e ajudá-lo a proteger sua integridade espiritual, que acredito ser vital para um casamento saudável. A posição de seu marido diante de Deus terá importante influência no cuidado dele por você, na participação da vida em família e no desenvolvimento de seu caráter.

Não sou qualificado, nem tenho espaço para empreender uma discussão completa sobre a intimidade sexual dentro do casamento. Como os autores cristãos parecem estar lançando novos livros sobre o assunto a cada semana, não há necessidade de cobrir esse tópico. Em vez disso, gostaria de ajudá-la a entender o papel que a satisfação sexual desempenha na saúde emocional e relacional de seu marido. O sexo representa uma das maneiras mais efetivas pelas quais você pode cuidar e motivar seu marido.

O portal para intimidade

A boa notícia é que a maioria dos cristãos casados se sente "satisfeito" ou "muito satisfeito" com seu relacionamento sexual.[95] De acordo com uma pesquisa encomendada pela revista americana *Christianity Today* (Cristianismo hoje), 53% dos entrevistados se encaixam nessas duas categorias, apenas 20% se sente "insatisfeito" e 9%, "muito insatisfeito". Esses números não são ruins, especialmente se considerarmos que devemos esperar que muitas das causas de insatisfação mencionadas no curso de uma vida conjugal são normais: agendas cheias, crianças em casa, disfunção sexual ocasional ou enfermidade.

A intimidade sexual é chave na disposição emocional de seu marido.

Essas notícias são duplamente animadoras porque a intimidade sexual é chave na disposição emocional de seu marido. A Drª. Melody Rhode tem acompanhado muitos casais no decorrer de duas décadas de aconselhamento familiar e, em seu ponto de vista, "A maioria das mulheres quer mais envolvimento emocional de seu marido, mas os maridos não conseguem se conectar emocionalmente com uma mulher se suas necessidades sexuais não estão sendo atendidas. Portanto, se uma mulher deseja uma conexão emocional, *precisa* oferecer a conexão sexual."

Para muitas mulheres, participar em um relacionamento sexual é uma alegria, e não um fardo. Sempre haverá ocasiões em que o cansaço de cuidar de uma família pode desanimar o entusiasmo de qualquer um para episódios sexuais em particular, mas a maioria das mulheres valoriza a conexão íntima construída através de anos de generosa afeição física. Pode surpreender você o quanto a disponibilidade emocional de seu marido está conectada com as expressões de intimidade física.

95 "Christians and Sex: Sexual Issues in the Church", Church Report, In: *Christianity Today International* (2004), 3.

Nós já falamos sobre a oxitocina, a "cola relacional" química mais predominante nas mulheres do que nos homens. Embora as mulheres tenham níveis de oxitocina dez vezes maiores do que os homens, os níveis do homem são os mesmos de sua esposa em um momento em particular: logo após o encontro sexual. Neurologicamente, relata Michael Gurian, "uma das principais razões pelas quais o homem deseja o sexo mais do que a mulher (em média) é porque atingir um alto nível de oxitocina faz com que ele se sinta bem. É ótimo sentir-se tão ligado a alguém... Na bioquímica masculina, o sexo é uma forma rápida de um homem se ligar a uma mulher".[96]

Depois da lua de mel e no primeiro ou nos dois primeiros anos do casamento esse é um problema do qual os casais passam longe. Algumas vezes eles o enfrentam por causa da chegada de um bebê e ambos estão cansados demais para pensar em outra atividade física. Às vezes, os casais têm dificuldades nessa área porque um ou os dois parceiros perderam o desejo inicial. De qualquer forma, seja qual for o motivo, evitar o relacionamento sexual coloca o casamento em perigo. Estudos revelam que isso geralmente conduz ao afastamento.

Enfatizo isso porque se o seu marido se sente frustrado nesse aspecto, se ele sente que o relacionamento sexual com você tem esfriado a ponto de ser mais provável que seus avanços sexuais sejam recebidos com um "Você deve estar brincando!" do que com um "Uuuuh, vamos!", então ele vai ter dificuldades em manter a ligação emocional tão crucial para um casamento realizado.

Para ilustrar como isso funciona, vamos trocar de lugar. Vamos dizer que um homem esteja fazendo greve de silêncio com sua mulher há uma semana e espera que ela faça sexo com ele. Naturalmente acharíamos que esse homem não sabe nada sobre as mulheres nem sobre relacionamentos. Diríamos que, de fato, sua exigência é cruel, egoísta e absurda. Quando, porém, uma mulher consistentemente rejeita os avanços físicos de um homem e então espera que seu marido se abra para ela emocionalmente e tenha longas conversas, essencialmente, a mesma dinâmica acontece: "Não fazemos sexo há uma semana e você quer *conversar*? Por que você acha que eu iria *querer* conversar com você?"

96 Gurian, *What Could He Be Thinking?*, 109-10.

É por isso que os homens solteiros geralmente são caricaturados vendo o sexo somente como um ato físico divorciado de qualquer envolvimento emocional e as mulheres solteiras geralmente se magoam porque têm a tendência de ver o sexo como compromisso em vez de uma simples atividade (embora isso esteja mudando). No casamento, por alguma razão isso funciona ao contrário. Creio que os maridos são mais emocionais quando a questão é sexo. Para o marido a experiência é muito mais pessoal do que para a esposa. Gurian acredita que, neurologicamente falando, a "autoafirmação do homem está ligada, em grande parte à frequência com que ele pratica o sexo".[97]

Um marido disse a Shaunti Feldhahn: "Quando minha mulher diz 'Não', me sinto rejeitado. O 'não' não é para o sexo, como ela pode pensar, mas para mim".[98] A esposa pensa que está rejeitando uma atividade, mas seu marido sente que ela *o* está rejeitando. Isso não somente corta a oportunidade de produzir oxitocina para criar uma nova experiência de união, mas o tentará a se fechar emocionalmente.

Sem querer, você está dizendo que o seu travesseiro é mais irresistível do que ele, e isso causa um tremendo impacto emocional.

Outro homem disse a Feldhahn: "[Minha esposa] não entende como até sua recusa ocasional faz eu me sentir menos desejável. Não consigo resistir a ela. Eu gostaria de também ser irresistível. Ela diz que sou, mas a facilidade com que ela me diz 'não' faz com que seja difícil de acreditar".[99]

Eu sei que você provavelmente não sente que está rejeitando seu marido quando diz "não" para o sexo ou raramente toma a iniciativa da intimidade, mas é exatamente assim que ele se sente. Sem querer, você está dizendo que o seu travesseiro é mais irresistível do que ele, e isso causa um tremendo impacto emocional, quer você queria ou não. Feldhahn faz uma boa colocação:

97 Ibid., 113.

98 Feldhahn, *For Women Only*, 100.

99 Ibid.

> Creio que a maioria de nós não é manipuladora a ponto de reter alguma coisa que sabemos ser crítica para o senso de bem-estar dos nossos maridos. É muito mais provável que depois de um longo dia no escritório ou com as crianças, não sintamos uma vontade avassaladora de arrancar as roupas do marido e avançar. Suspeito que simplesmente não compreendemos as consequências emocionais da nossa reação (ou ausência dela) e encaramos seu desejo por sexo mais como desejo físico ou uma exigência insensível. Uma vez que entendamos a verdade por trás dos avanços de nosso marido, temos mais probabilidade de *querer* responder a eles.[100]

Um homem que se sente sexualmente satisfeito está muito mais motivado a se tornar emocional e espiritualmente íntimo de sua esposa e querer agradá-la. Ele estará muito mais propenso a se envolver e investir mais profundamente em casa se sua esposa procurá-lo sexualmente. Sendo atenciosa, sensível, criativa, generosa e entusiamada nessa área, você pode criar um fundamento mais estável para transformar seu casamento e ainda abrir a porta da intimidade emocional que tanto deseja.

O bem espiritual de um ato físico

Para o seu bem, para o bem de seus filhos e para o bem de seu marido, a melhor forma de influenciá-lo é encorajá-lo a crescer em *intimidade com Deus*. Um homem apaixonado por Deus, que regularmente ouve sua voz e busca seu Reino acima de todas as coisas, se sentirá mais motivado a amar você, manter o foco no lar e se purificar por temor a ele. Provavelmente 90% das mudanças que eu fiz em meu casamento originaram-se da oração e do estudo da Bíblia, e não de conversas com minha esposa.

> *Provavelmente 90% das mudanças que eu fiz em meu casamento originaram-se da oração e do estudo da Bíblia, e não de conversas com minha esposa.*

Uma experiência de comprometimento da pureza sexual é uma das maiores ameaças à intimidade espiritual de seu marido com Deus e, portanto, ao bem-estar de seu casamento. Quanto mais velho eu fico, sinto uma compaixão pastoral por muitos maridos que lutam nessa área.

100 Ibid, 95.

De fato, as respostas às pesquisas dos *Promises Keepers* (ou Cumpridores de Promessas, movimento de homens cristãos) revelam que essa é a tentação mais comum enfrentada pelos homens e, portanto, a ameaça mais comum à manutenção do relacionamento com Deus e com sua família.

Embora aflija tanto a homens quanto mulheres, a dinâmica da sua tentação difere significativamente da dinâmica da tentação de seu marido. Nossos cérebros são ligados de forma diferente, o que torna difícil, se não impossível para você realmente entender as tentações sexuais internas pelas quais seu marido passa. Isso inclui a luta violenta no coração dele quando passa por um outdoor pornográfico ou vê uma mulher "vestida para matar". Muitas esposas não compreendem quanto esforço alguns homens fazem para permanecerem fiéis a uma mulher.

Deixe-me ser bem claro: não há desculpa, nem razão para um homem que usa a pornografia. Não me importa se sua esposa dobrou de peso ou se ela se recusa a fazer sexo há seis meses. Não estou culpando nenhuma mulher para a falha de um homem nesse aspecto. Tendo dito isso, porém, é também verdade que a aparente indiferença de uma mulher às necessidades sexuais de seu marido *torna* essa luta mais intensa. Onde essas mulheres veem as relações sexuais como um fardo ou uma tarefa, vejo filhos de Deus querendo ser fiéis, tentando ser puros, lutando mais do que você imagina para manter o desejo sob controle.

Satanás tentará usar a tentação sexual de seu marido para abrir um precipício entre você e ele *e* entre seu marido e Deus. Uma vez que se opta pela atividade sexual ilícita, ela tende a escalar em todas as direções erradas. O marido logo se verá passando muito menos tempo pensando em como poderá agradar sua esposa e muito mais tempo tentando imaginar como esconder e desfrutar de sua vida de fantasia. Além disso, um homem cuja mente transborda de fantasias sexuais inapropriadas terá dificuldade de orar, estudar a Bíblia e meditar na verdade de Deus. A tentação o bombardeará a todo momento em que ele fechar os olhos ou tentar aquietar sua mente. Então, o pecado sexual dele sangrará em outras áreas de seu casamento. Quando parar de passar um tempo de intimidade com Deus, provavelmente se tornará mais impaciente, mais crítico e mais egoísta.

Eu sei que você não quer isso para seu marido! Nem Deus. Ele se concentra no bem-estar dele com uma preocupação apaixonada. Ele o chamou para ter um estilo de vida santo e zelosamente deseja o desenvolvimento de sua integridade. É por isso que ele se antecipou à tendência sexual dele. Ele criou o casamento, afinal de contas e, embora o casamento seja muito mais do que um escape sexual santo, essa expressão é parte dele e oferece uma razão para optarmos pelo casamento, como o apóstolo Paulo observa: *Mas, se não conseguem controlar-se, devem casar-se, pois é melhor casar-se do que ficar ardendo de desejo* (1Co 7.9).

Deus sabe exatamente o que seu marido sente, porque a cada dia ele vê cada pensamento, cada tentação. Em meio às suas muitas responsabilidades você facilmente pode esquecer-se das lutas dele, mas Deus vê cada uma delas. Mais do que isso, Deus tomou forma humana e viveu no corpo de um homem. Embora Jesus nunca tenha pecado e jamais tenha tido um pensamento inadequado, ele certamente entende o que é viver em um corpo de homem e enfrentar as tentações dos homens.

Sabendo o que é ser homem, Deus criou o casamento como um escape santo e saudável para seus desejos sexuais.

Sabendo o que é ser homem, Deus criou o casamento como um escape santo e saudável para seus desejos sexuais. No mundo ideal, um homem casa-se com uma mulher que entende a situação de seu marido, se preocupa com sua integridade espiritual e, por isso, o cobre de afeição (enquanto o marido permanece sensível, altruísta, cuidadoso e romântico). Ela compreende que seu marido, às vezes, se verá em desesperados conflitos espirituais na tentativa de continuar fiel ao seu Deus, à sua família, seu casamento e à sua própria integridade. Também entende que ela, pelo plano de Deus, é a única saída apropriada para os desejos de seu marido. Qualquer coisa que ela negue a ele será, por definição, uma negação *absoluta*, porque ele não tem outro lugar onde possa ir para encontrar satisfação de forma santa e saudável.

Essa mulher cristã pode, às vezes, se ressentir do fato de que Deus tenha dado a seu marido um desejo tão frequente. Em vários estágios de sua vida, ela pode até se ressentir do fato de ser a única que possa atender a esse desejo. Às vezes, ela poderá invejar os benefícios do conceito do Antigo Testamento da existência de uma concubina! Mas se ela é uma cristã madura, entenderá que Deus a chamou para o casamento a fim de ajudar seu marido e, nessa área, ele pode precisar de ajuda especial. Talvez ela desejasse que não fosse assim, mas lembra-se de que o plano de Deus, a vontade de Deus e as instruções explícitas na Bíblia são fundamentais.

Antes que eu perca sua atenção deixe-me afirmar que eu sei que algumas mulheres podem estar em uma situação inteiramente oposta. Talvez você tenha se colocado mais do que à disposição e até esteja tomando regularmente a iniciativa das relações sexuais, mas a falta de sensibilidade de seu marido e a ausência de percepção de suas necessidades não permite que sua vida sexual esteja nem remotamente perto da satisfação. O problema de seu casamento pode não ser a falta de interesse da esposa, mas a preguiça ou o egoísmo do marido quanto a querer agradar a esposa. Como meu amigo Leslie Vernick observa, algumas mulheres têm se mostrado mais que disponíveis sexualmente aos seus maridos e ficam arrasadas quando descobrem que a falta de interesse por elas não apagou seu interesse pela pornografia. Em muitos casos, esse abuso da pornografia é um vício que ele sofreu a vida toda, iniciado bem antes desse homem conhecer sua esposa. Qualquer homem que tente culpar sua esposa por seu pecado está vivendo uma ilusão.

Não importa a situação de seu casamento: seja a necessidade de você ser mais generosa com sua afeição ou de atrair seu marido desinteressado para um relacionamento mais significativo, deixe-me enfatizar os benefícios para a saúde espiritual de você lutar para manter essa porta aberta para a intimidade conjugal e o presente que oferece a seu marido quando trabalha juntamente com ele para ver essa área do casamento atingir a excelência.

Pare um momento para pensar no amor apaixonado de Deus pelo homem com quem você se casou. Se pudesse ver como Deus e os anjos celebraram quando seu marido se tornou cristão, um servo redimido do Reino de Deus! Se pudesse ter visto apenas três minutos do júbilo que irrompeu no céu por causa desse homem aparentemente normal que nem uma em cem pessoas o descreveriam como nada mais do que comum! Você começará a compreender como sua atitude a respeito das necessidades sexuais dele é, na verdade, um assunto de importância cósmica.

No dia em que seu marido se tornou cristão, ele aceitou o plano de Deus, não somente para a sua eternidade, mas também para a sua sexualidade. O mundo debocha desse plano: uma mulher para a vida toda. Nada de despir mentalmente uma celebridade ou uma colega de trabalho. Nem mesmo uma ocasional olhada sutil para uma mulher com pouca roupa. Sem pornografia. Deus o chama a uma exclusiva integridade que grande parte de sua sociedade chama de puritana, fanática e completamente fora da realidade.

Esse homem terá que viver o chamado de Deus à pureza sem nenhuma ajuda de sua esposa?

Deus está observando. Esse homem terá que viver o chamado de Deus à pureza sem nenhuma ajuda de sua esposa? Ela vai participar relutantemente, com murmuração, motivada somente pela culpa, ou com generosidade, entusiasmo e criatividade? No mundo de hoje, um relacionamento sexual menos que satisfatório coloca tanto o marido quanto a esposa em risco. Toda a sua família pode estar em perigo.

Como Deus acha que você está ajudando seu filho a andar em santidade sexual? A vida sexual que você tem, cria e mantém em seu casamento não afeta apenas você e seu marido, ela se refere ao relacionamento de seu marido com Deus e sua habilidade de oferecer um exemplo santo para seus filhos.

Por favor, não me entenda mal, *não* é sua culpa se o seu marido peca sexualmente. Se minha esposa sofre um terrível acidente e fica deficiente pelo resto da vida e nunca mais possa ter uma relação sexual, Deus ainda me chama à pureza absoluta e à fidelidade sexual. Seu marido é responsável diante de Deus sobre onde ele coloca os olhos e em que nível ele deixa sua mente meditar. No entanto, tendo dito isso, deixe-me dizer também que você pode tornar sua tarefa mais fácil ou mais difícil pelo espírito, energia e afeição que expressa por ele.

Permita-me ser pessoal. Para mim, a tentação sexual assume uma forma muito diferente no período imediatamente após Lisa e eu experimentarmos intimidade física. Durante os dias seguintes, me sinto muito menos vulnerável às tentações sexuais de todos os tipos e, para ser bem honesto, estou em maior sintonia com Deus em atitude de oração.

Mas tem uma pegadinha: muitos de nós, maridos, somos orgulhosos demais, constrangidos demais ou envergonhados demais para admitir quando estamos fracos nessa área. Não queremos que vocês pensem que não as achamos atraentes ou que somos espiritualmente fracos. É raro o marido que regular e intimamente seja honesto com suas lutas contra a cobiça sexual. De fato, por desespero, seu marido pode tentar uma abordagem desajeitada ou levantar o assunto do sexo de uma forma ou em uma hora completamente inconveniente. Por quê? É possível que ele esteja se sentindo tentado e precise experimentar intimidade autêntica, legítima e santa. Ser rejeitado em um momento como esse ou se sentir culpado, indesejado ou uma amolação pode colocá-lo em risco espiritual.

É por isso que ser proativa, isto é, trabalhar com seu marido para construir um relacionamento fisicamente satisfatório é tão saudável para a estabilidade espiritual de seu marido. Às vezes, isso será uma alegria para você, outras vezes pode parecer trabalho ou até uma tarefa temida, mas em qualquer situação, espero que você a veja como uma expressão de preocupação pelo bem-estar espiritual de seu marido.

Se você buscar fielmente esse aspecto de seu casamento, colherá recompensas tangíveis, práticas e duradouras. Seu marido se sentirá emocionalmente mais próximo de você do que nunca e encontrará reforço espiritual para viver em um mundo de constante tentação sexual e ser um vencedor.

Os limites do desejo

Minha esposa tem um problema muito doloroso em um nervo que requer terapia amadora. Preciso ajudá-la a fazer certos movimentos de alongamento e pressionar certos pontos para aliviar sua dor frequente. Eu certamente não gosto desses exercícios, nem fico ansioso para usar meu cotovelo em pontos de pressão até ela gritar de dor. Para complicar as coisas ainda mais, Lisa quer que eu faça isso no início do dia, quando quero estar em meu escritório, ou pouco antes da hora de dormir, quando, muitas vezes, me sinto cansado e só quero me deitar e ler um livro. O que eu gosto ou quero, no entanto, não interessa. Lisa precisa desses exercícios, eu sou o marido dela e fico feliz em executá-los.

O que você diria se me ouvisse responder a essa necessidade física legítima dessa forma: "Amor, nem me olhe assim, estou *cansado*, eu não estou com vontade de fazer os exercícios hoje".

"Gary, está doendo de verdade. Por favor! Vai me ajudar a dormir melhor!"

"Mas já fizemos os exercícios dois dias trás! O que há com você? Que corpo é esse que Deus lhe deu? Você é maluca?"

"Tudo bem podemos fazer outro dia."

"Não", eu diria, como um mártir, dando um profundo suspiro para que não haja sombra de dúvida de meu altruísmo, "Eu faço. Me dê uma meia hora para me preparar".

Eu só fiz minha mulher se sentir como lixo, tudo porque eu não "senti desejo" de fazer aqueles alongamentos.

E se você ouvisse esse diálogo, me acharia um marido amoroso?

O desejo certamente tem seu lugar, e um casal sensato fará todo o possível para construir uma vida amorosa mutuamente satisfatória e agradável. No entanto, em alguns estágios da vida e em certas ocasiões, é inteiramente apropriado ver o sexo como um ministério de amor e uma expressão tangível de amor. Li que 50% das mulheres não desejam o sexo a menos que sejam estimuladas fisicamente. Até que essas mulheres se permitam engajar-se na preparação, a ideia da intimidade física não parece convidativa. Não é culpa delas. É apenas a maneira como seu corpo é ligado. O apóstolo Paulo não diz que você precisa *desejar* seu marido, ele só diz que você não tem permissão de *privar* seu marido (veja 1Co 7.5). Fazemos muitas coisas no casamento que não *queremos* fazer.

O desejo certamente tem seu lugar, e um casal sensato fará todo o possível para construir uma vida amorosa mutuamente satisfatória e agradável.

Tenho certeza de que você não "sente desejo" de trocar a fralda de seu bebê de um ano e meio. Muitas vezes, eu não desejo ajudar minha filha com a lição de casa. No entanto, minha obrigação de pai me convoca a me envolver nas vidas de meus filhos. Quero diligentemente buscar as coisas que lhes interessam.

Então o desejo não tem importância alguma? Claro que sim, mas quando o sexo é *só* desejo, perdemos o fim maior. O sexo pode ser um ministério que alimenta o casamento, com o benefício adicional de que promove estabilidade para seus filhos. Creio que maioria dos homens na faixa dos trinta anos ou mais se sentiriam mais felizes se suas esposas participassem voluntariamente de duas relações sexuais de boa qualidade por semana. Estou falando de um total de duas ou três horas.

Então o desejo não tem importância alguma? Claro que sim.

Se Deus viesse para mim com uma proposta: "Gary, tenho uma tarefa para você que levará apenas duas horas por semana. Isso garantirá a afeição de sua esposa, oferecerá grande segurança para seus filhos, fará sua esposa se sentir amada e será um elemento crucial no estabelecimento de um lar estável". Não posso me imaginar rejeitando essa oferta. Eu realmente não me incomodaria com *que* tarefa seria essa, nem que fosse juntar esterco com uma pá. Eu diria: "Onde está a pá?" Eu a faria alegremente, sabendo que minha mulher e meus filhos seriam tremendamente beneficiados.

As mulheres que ignoram esse aspecto do casamento porque estão ocupadas demais com os filhos podem obter o resultado exatamente oposto. Elas se arriscam a expor seus filhos à devastadora ferida do divórcio não cuidando da estabilidade de seu casamento. Uma mulher sábia entende os desejos de seu marido e os usa para fortalecer o relacionamento. Ela antecipa suas necessidades e lhe dá um motivo para querer ansiosamente voltar para casa, reforçando a necessidade que tem dela, seu desejo por ela e seu foco nela.

O desejo sexual pode amarrar um homem a uma mulher ou Satanás pode usá-lo para construir uma dependência sempre crescente fora de casa. Satanás tem um objetivo com a tentação sexual: tirar o coração do homem de sua esposa e de sua família e levá-lo a desejar outra coisa, ou outra pessoa. O diabo não se importa com o que ou quem é, desde que esse desejo enfraqueça o fundamento da família cristã.

Deus a chama a atrair seu marido e fazer com que seus desejos, pensamentos e fantasias sejam centrados em você. Dessa forma, seus anseios físicos edificam a família (e o bem-estar de seus filhos) em vez de colocá-los em risco.

Ainda assim, algumas esposas leem isso e pensam: "Sabe, ele está certo, eu preciso melhorar". E por umas duas semanas ela tentam. Então, esquecem, se frustram com a falta de empolgação do marido e tudo retorna ao nível abaixo da crítica de costume.

Como marido, se eu soubesse que um terrível inimigo estivesse esperando atrás da porta até que eu dormisse para atacar minha família, eu passaria a noite acordado. Faria todo o possível para manter essa ameaça longe, particularmente se eu soubesse que esse inimigo tem um único objetivo: destruir minha família. Eu manteria o foco, faria tudo o que estivesse em meu poder para construir defesas, para vigiar.

Esposas, esse inimigo *realmente* está atrás da porta de sua casa. Ele se chama tentação sexual.

> *Esse inimigo realmente está atrás da porta de sua casa. Ele se chama tentação sexual.*

A mulher de Provérbios 31 *cuida dos negócios de sua casa* (vs. 27). Ela é diligente e alerta. Você pode ficar cansada de atender às necessidades de seu marido, mas saiba disso: nem sua tentação natural, nem o tentador espiritual de nossas almas descansam. Na verdade, o apóstolo Pedro descreve Satanás como *leão, rugindo e procurando a quem possa devorar* (1Pe 5.8). Hoje Satanás tem a internet do lado dele.

O problema da pornografia

A pornografia penetrou em muitos de nossos lares, mutilando incontáveis casamentos. Com o tempo, a pornografia substitui o desejo de um homem por sua esposa. O mesmo desejo criado por Deus que pode entrelaçar a alma de um homem a sua mulher pode ser deturpado e se voltar para mulheres em geral, criando distância e frustração em vez de intimidade pessoal e satisfação.

Podemos cultivar o apetite sexual tanto quanto cultivamos o gosto por certas comidas. A pornografia treina o homem a se afastar da experiência sexual real e faz com que ele deseje o que de forma abstrata deveria ser estranho (pense nisso: o que há de remotamente atraente em um homem fazendo sexo com uma tela de computador ou smartphone?).

Se o seu marido está profundamente envolvido com pornografia, nada do que eu diga pode resolver completamente o problema. Você precisa muito mais do que "três passos simples". Recomendo o livro de Harry Schaumburg: *Falsa intimidade: Vencendo a luta contra o vício sexual,* (São Paulo: Mundo Cristão, 1997). Ele contém um excelente capítulo escrito especialmente para as mulheres cujos maridos lutam com pornografia. Para seu marido, o livro *Isto não é amor* de Patrick Carnes (São Paulo: Nova Cultural, 1992) apresenta uma abordagem passo a passo para sair desse pecado. O Dr. Mitch Whitman, especialista em problemas sexuais masculinos indica o livro de Russell Willingham intitulado *Breaking Free: Understanding Sexual Addiction and the Healing Power of Jesus* (Libertando-se: entendendo a vício sexual e o poder restaurador de Jesus) (Downers Grove, Ill: InterVasity, 1999).

A próxima frase pode surpreender você: se o seu casamento sofre com esse problema, certifique-se de não exagerar na reação. Seu marido precisa ver quanta dor isso lhe causa, mas, por favor, não comece a tratá-lo como um bizarro pervertido sexual. Vou ser honesto com você, a maioria dos homens já olhou pornografia uma ou duas vezes. Agora, isso não é desculpa para o homem fazer disso um hábito. No entanto, você não vai ajudar fazendo seu marido se sentir um maluco, fraco e incrédulo por usar pornografia. É uma tentação comum e muitos homens já caíram nela. Como o Dr. Mitch Whitman aconselha tantas mulheres: "Fique feliz porque isso finalmente foi descoberto. O segredo alimenta o poder de cair em tentação".

Vou ser honesto com você, a maioria dos homens já olhou pornografia uma ou duas vezes.

Deixe-me colocar dessa forma: 51% dos pastores citam a pornografia na internet como uma tentação possível e 37% a confessam como uma luta atual. De fato, quatro em cada dez pastores visitaram um site pornográfico. *Sessenta e três por cento* dos homens que assistiam a um seminário na igreja admitiram lutar com pornografia no ano anterior, dois terços desses homens atuam na liderança de suas igrejas.[101] Pode ser chocante para você, mas de acordo com esse estudo, se você cumprimentou quatro homens no domingo de manhã, há chances de que pelo menos dois deles tenham usado pornografia nos últimos doze meses.

Os terapeutas afirmam que a internet mudou tudo. A vergonha associada à visita a uma livraria de material "só para adultos" na parte mal afamada da cidade desapareceu e muitos homens têm tido muita dificuldade de vencer a tentação quando o computador dele faz com que isso apareça em qualquer lugar. De acordo com o Dr. Whitman, a internet tornou o uso de pornografia anônimo ("em um *chat* você pode ser quem quiser"); acessível ("você pode encontrar em quase qualquer computador") e barata ("muita coisa é grátis, o que dificulta o rastreamento através do orçamento familiar"), removendo portanto os obstáculos que as gerações anteriores enfrentavam.

Agora, é claro que você vai querer tomar como ofensa pessoal o interesse de seu marido de ver outras mulheres nuas. Sim, sua raiva é adequada. Certamente sua dor é mais do que compreensível. Absolutamente, essa é uma ofensa contra você e uma quebra dos votos conjugais de fidelidade. Com o tempo e em certas situações, creio que o uso persistente e sem arrependimento de pornografia na internet pode até constituir uma traição. Creio, também, porém, que ver pornografia tem sua raiz em uma causa espiritual. Se a esposa levar somente para o lado pessoal pode impedir o processo de cura de um homem. Seu marido precisa de redenção, intimidade espiritual, ajuda prática e perdão com prestação de contas. Você pode ser a última esperança dele na batalha que Satanás está travando para afastá-lo de Deus. "Fazer uma cena" apenas alimenta a dinâmica espiritual que alimenta a sede por pornografia.

Creio que Deus criou a intimidade sexual, em parte, como um cola espiritual entre um homem e sua esposa. Se vivermos de acordo com o

101 Essas estatísticas foram citadas em "*Fighting the Battle against Pornography*", de Jerry Grimes, (janeiro de 2005) em https://cutt.ly/eruPu58f (acesso em 12/03/2025).

plano de Deus, uma esposa pode fazer seu marido sentir coisas que nenhuma mulher já fez com que sentisse. Ela tem o direito de tocá-lo em lugares e de formas que ninguém tem o direito de fazer. Juntos, um casal casado pode construir memórias prazerosas e anos de gratidão mútua baseados no dom de Deus da sexualidade conjugal.

No entanto, o que pode unir dois corações, pode também dividi-los quando a expressão sexual acontece fora do contexto matrimonial, o que a pornografia regularmente faz. Isso não é menos do que uma batalha espiritual.

Você não ganha nada encarando seu marido como inimigo nesse conflito, mas, e se tentasse vê-lo como uma vítima? *Não* estou dizendo que ele é apenas uma vítima, só estou dizendo que ele voluntariamente se entregou a uma séria fraqueza e que precisa de seu apoio, perdão e força para sair dessa. Você provavelmente vai precisar desabafar, portanto procure uma amiga discreta com quem possa conversar para ajudar você a agir de forma restauradora na presença de seu marido. Normalmente, eu jamais sugeriria a você que falasse de seu marido com outra pessoa, mas nesse caso estou tentando ser realista. Você estará magoada e vai precisar de alguém para ouvi-la desabafar enquanto apoia seu marido. Posso estar errado, mas não culparia minha esposa por falar com alguém se eu soubesse que a motivação dela é me amar e ficar a meu lado em meio a essa terrível luta.

Em segundo, descobri que, em geral, esse problema é mais bem resolvido em um grupo de prestação de contas entre homens, ou, no caso de um problema sério de vício, em um grupo de terapia. Para alguns homens, um grupo de apoio não funciona, eles precisam de um terapeuta profissional para lidar séria e honestamente com seus pecados. Você deseja que seu relacionamento com seu marido se concentre na realização sexual e no prazer, ficar sempre perguntando a ele se está se comportando tem um efeito debilitante depois de algum tempo. Se a pornografia na internet é o maior problema, deixe que um irmão em Cristo pergunte a seu marido se ele tem visto alguma coisa inapropriada na semana que passou. Incentive seu marido a visitar o site spinsafebrowser.com (ou site semelhante) e faça o download de algum software que registre o nome de todos os websites que ele visita. O programa envia essa informação todos os meses para os parceiros com quem ele presta contas.

Uma das razões pelas quais creio ser útil ter outro homem para o qual seu marido preste contas é o triste fato de que a recuperação e o arrependimento raramente são livres de erro. Fiquei chocado quando li o livro do Dr. Carness e descobri que ele considera a maioria dos programas de recuperação um ciclo de *cinco anos* (sendo o segundo semestre o mais propenso à recaída). Isso me motivou a ensinar meu filho sobre prevenção, incentivando-o a não abrir uma porta tão difícil de fechar depois. Algumas esposas esperam que seus maridos larguem um vício de toda uma vida sem recaídas e, na maioria dos casos, isso é provavelmente irrealista. É por isso que ter outro homem acompanhando seu marido nesse processo pode poupá-lo da feia realidade que envolve o processo de libertação de um pecado pernicioso.

Algumas esposas esperam que seus maridos larguem um vício de toda uma vida sem recaídas e, na maioria, dos casos isso é provavelmente irrealista.

O Dr. Whitman oferece às mulheres uma clara explicação do que realmente está acontecendo: "A questão é a *fantasia* do homem. Na fantasia exacerbada pela pornografia tudo é excitantemente perfeito e singularmente sob encomenda. Mesmo assim, por definição, a fantasia não é real. Você, esposa, é real na alegria e na tristeza. Você está competindo com uma fantasia com a qual não tem condições de se igualar. Felizmente, você não está *realmente* competindo pessoalmente. Em um sentido muito real, a questão não é você, é o seu marido."[102]

Há uma grande diferença, é claro, entre um marido arrependido e que está lutando para vencer e um que não quer admitir o problema. Se o seu marido se recusa a participar de um grupo de prestação de contas ou a tomar passos para mudar seu comportamento, creio que você tem todo o direito de estabelecer limites claros. Você não precisa aguentar um marido que é regularmente infiel, ainda que mentalmente. Chega o momento em que você precisa dizer: "Olhe, para que nosso casamento continue,

102 Esse e outros comentários de Mitch Whitman resultaram de nossa discussão de ideias para esse livro.

esse comportamento tem que parar e a hora é *agora*. Se você se recusar a começar a tratar o problema, não tenho outra escolha a não ser levar isso à igreja e procurar aconselhamento sobre o que eu tenho que fazer". Efésios 5.11 nos diz: *Não participem das obras infrutíferas das trevas; antes, exponham-nas à luz.*

Infelizmente, o Dr. Withman me lembra de que "muitos pastores e igrejas não sabem o que fazer com um problema sério de pornografia. Essa é uma área em que, muitas vezes, uma mulher deve insistir para que o marido procure a ajuda de um conselheiro profissional cristão".

"Muitos pastores e igrejas não sabem o que fazer com um problema sério de pornografia."

Desejos impuros

O abuso de pornografia pode conduzir a exigências incessantes e pedidos imorais no leito conjugal. A Bíblia antecipou esse problema. Em Hebreus 13.4 lemos: *O casamento deve ser honrado por todos; o leito conjugal, conservado puro*. Isso significa que você não tem obrigação de atender o desejo sexual de um homem quando esse desejo é conflitante com o plano de Deus para a sexualidade conjugal.

Vários e-mails me convenceram de que coisas terríveis têm acontecido em quartos de casais casados por todo o país. Algumas mulheres cristãs creem que precisam concordar com qualquer pedido de seu marido. Eu não acredito que a Bíblia ensine isso, nem acho que você estará ajudando seu marido se envolvendo em qualquer atividade ofensiva, humilhante, que machuque a alma ou físico.

Não estou sendo pudico. Às vezes, um casal casado pode passar dos limites e, certas vezes, olhar um para o outro com um sorriso maroto quando pensam no que fizeram, rindo sobre isso e até talvez ficando ruborizados – "se alguém soubesse disso!" Mas isso é muito diferente de olhar para trás em um ato que provoca sentimentos de vergonha, remorso e degradação. O sexo santo leva à intimidade e cria um sentimento de prazer mútuo e respeito. Qualquer ato que envolve coerção, trazendo remorso, vergonha e raiva só vai contra o que Deus planejou que o sexo fosse. Como qualquer outra coisa, você pode julgar um ato de sexo por seus frutos: como você se sente na manhã seguinte? É claro, nem todo o sexo sem culpa é santo (a consciência pode estar cauterizada), nem toda a culpa é legítima (a consciência pode ser exageradamente sensível). No entanto, se a Bíblia não proíbe, se os dois gostam e se isso aproxima mais vocês, passa no teste. A visão de diversão de um casal pode ser totalmente diferente da visão de outro casal.

É triste, mas é verdade: o caráter de um homem pode ser corrupto até no leito conjugal. Se ele regularmente degrada ou humilha sua esposa, destrói sua própria alma, e nenhuma esposa deve se sentir compelida por culpa ou obrigação a, voluntariamente, participar na destruição da alma de seu marido, mesmo que ele queira ou implore que ela o faça. Dizer "não" pode ser a coisa mais amorosa a fazer, mas esteja certa de acompanhar cada "não" com um "sim" que oferece intimidade verdadeira, prazer puro e satisfação *santa*.

> *É triste, mas é verdade: o caráter de um homem pode ser corrupto até no leito conjugal.*

Infelizmente, alguns homens têm se entregado à luxúria de tal forma que os prazeres "normais" dão pouca satisfação, achando que precisam de alguma coisa imoral. Por quê? Porque eles cultivaram e se entregaram a uma visão imoral da sexualidade. O Dr. Whitman adverte as esposas de que muitas vezes esse é um sintoma de abuso ou vício de pornografia. Ele diz: "a mensagem filosófica da pornografia é que as mulheres são objetos sexuais criados para o prazer do homem. Quanto mais o vício progride, maior será sua necessidade de experimentar emoções sexuais mais excitantes. Conforme crescem suas exigências, uma esposa experimentará uma notável mudança no tipo de exigência. Se a esposa sente que as exigências de seu marido são degradantes, há probabilidade de ele estar sendo influenciado por pornografia".

Nesse caso, também, é melhor procurar um terapeuta cristão. Raramente um marido, talvez um em mil, dará ouvidos a você em vez de se ressentir quando você se recusa a atender às suas exigências sexuais. Ele precisa ouvir de outra pessoa e em espírito de humildade o aconselhamento será uma boa maneira de ter certeza de que você está agindo por pureza e não por uma consciência supersensível e até por falta de amor.

Considere também a possibilidade de uma abordagem indireta. Se o seu marido frequenta um grupo de estudo de homens, todos os membros se beneficiariam grandemente em estudar o livro de C. J. Mahaney, *Sexo, romance e a glória de Deus: o que todo marido cristão precisa saber* (Rio de Janeiro: CPAD, 2009). Considere a possibilidade de comprar um livro desses e discretamente entregar ao líder do grupo (mas tenha muito cuidado ou você pode se expor, talvez possa dar a um amigo que daria a seu marido, que por acaso pertencem ao mesmo grupo).

Finalmente, você pode precisar do encorajamento do seguinte comentário do Dr. Whitman: "É possível que uma mulher possa estar fazendo tudo certo nessa área sem sucesso. Alguma coisa está errada, mas você não consegue consertar. Quando esse for o caso, procure ajuda! É para isso que existem psicólogos e conselheiros cristãos.[103] Nós geralmente conseguimos descobrir o que há de errado com esse cara".

Sim, é humilhante buscar ajuda em um assunto tão delicado, mas para poder olhar adiante e enxergar a possibilidade de uma vida sexual satisfatória para o resto de seu casamento, você não suportaria um desconforto momentâneo como um pequeno preço a pagar por décadas de uma vida saudável?

Uma bênção ou um fardo

Em alguns aspectos, o sexo parece um fardo muito pesado. Outras vezes, parece uma das melhores bênçãos, mas se é assim, porque causa tanta mágoa, dor e confusão?

Não é nosso papel questionar o plano de nosso Criador. Se ele chamou você para o casamento, chamou também para ter relações sexuais regulares com seu marido. O casamento bíblico não é uma lanchonete em que podemos escolher os pratos que mais nos agradam. É mais como uma sopa, uma porção de ingredientes misturados e temos que tomar o prato

103 Por favor, não faça contato comigo para discutir esses assuntos via e-mail. Eu não sou terapeuta profissional e o aconselhamento por e-mail é ineficaz e pouco sensato. Procure alguém que possa sentar-se com você face a face, que possa passar o tempo necessário com você, talvez por alguns meses.

como um todo. O plano de Deus chama você e seu marido à fidelidade sexual e à lealdade, assim como à generosidade sexual e ao serviço, não importa se você tem vontade ou não. Qualquer coisa menos que isso trai o casamento como Deus estabeleceu para nós. Reter um elemento do casamento é se rebelar contra Deus.

Tenha cuidado: sua primeira briga pode não ser com seu marido, mas com Deus que criou o casamento! Ele sabia que os homens e as mulheres teriam uma estrutura muito diferente. Ele sabia que nossos níveis de desejo muitas vezes estariam em conflito. Mesmo assim, ele criou o casamento, a relação sexual, criou você, criou seu marido e abençoou essa união.

Tenha cuidado: sua primeira briga pode não ser com seu marido, mas com Deus que criou o casamento!

Você quer viver o plano dele para você? Você quer permitir que ele a capacite para cumprir as tarefas que o casamento exige?

Vale a pena o esforço de consertar as relações sexuais. Uma vida sexual frustrada produz mais dor do que qualquer outra coisa. Por outro lado, uma vida sexual mutuamente satisfatória faz maravilhas ao casamento. Ela entrelaça o coração do homem ao de sua esposa. Ajuda a proteger a integridade sexual dele e evita que peque contra Deus. Ela o motiva a agradar sua esposa e cimenta sua lealdade ao lar. E, como benefício adicional, ajuda a esposa a amá-lo de maneira santa e altruísta.

Perguntas para discussão e reflexão

1. O que você acha da afirmação de Gary que "o sexo representa uma das formas mais efetivas pelas quais você pode cuidar e motivar seu marido"?
2. Você acredita que os maridos veem o sexo mais pessoalmente do que as esposas? Como isso pode afetar as dinâmicas relacionais no quarto?
3. A afirmação de Michael Gurian de que "a autoafirmação de um homem está ligada em grande parte à frequência com que ele pratica o sexo" surpreendeu você? Como isso pode afetar a forma como você vê os avanços de seu marido no futuro?
4. Gary sugere que um marido sexualmente satisfeito "tem muito mais probabilidade de se envolver e investir em casa" e que, se esforçando para manter a intimidade física, as esposas "abrem a porta da intimidade emocional que você tem o direito de desejar". Você acha que esse é um uso manipulativo do sexo ou uma função ordenada por Deus?
5. Discuta como a promiscuidade sexual está afetando a integridade espiritual dos homens, e então sugira como as esposas podem ajudar seus maridos a saírem dessa armadilha.
6. Você está surpresa com o comentário de Gary de que "muitas esposas simplesmente não compreendem quanto esforço um homem faz para se manter sexualmente fiel a uma só mulher"? Você acha que isso é verdade para seu marido? Já pensou como tornar isso mais fácil para ele? Ou agradecê-lo por permanecer fiel?
7. Como as esposas podem apoiar outras esposas cujos maridos lutam contra a pornografia? Baseando-se neste capítulo, que conselho você pode dar a uma mulher que acaba de descobrir conteúdo indecente em seu computador?
8. Como as esposas podem dizer "não" a pedidos inadequados e ainda serem generosas a respeito das puras expressões de intimidade física?
9. Gary termina esse capítulo dizendo que a vida sexual mutuamente satisfatória liga o coração de um homem à sua mulher, ajuda a proteger sua integridade espiritual e ajuda a esposa a aprender a viver de forma santa e altruísta. Como Deus tem usado o relacionamento sexual em seu casamento para ensinar você a amar?

15

Ken e Diana: caso na internet

Conquistando de volta um marido perdido

A crise na casa de Diana finalmente explodiu no dia 24 de maio de 2002 quando "Ken" disse a "Diana"[104] que "gostava dela, mas não a amava".

Três meses antes, Ken e Diana descobriram que sua filha Hillary estava se mutilando e os médicos a diagnosticaram como clinicamente deprimida. Diante da chocante declaração de Ken, Diana decidiu definir as prioridades: "Não importa como você se sente a meu respeito", ela disse. "Se você for embora agora a Hillary não vai aguentar. *Você não vai deixar essa casa,* nem que seja só por amor a Hillary."

Ken concordou, mas o longo drama do casal só tinha começado. Eles repartiam a mesma casa e até a mesma cama, mas emocionalmente estavam a quilômetros de distância.

Desde o início, Diana encontrou consolo em sua fé. Ela leu o Salmo 55 sobre como um companheiro, um amigo chegado *com quem eu partilhava agradável comunhão* (verso 14), traiu o escritor e suas copiosas lágrimas mancharam permanentemente sua Bíblia. "Os dezessete dias seguintes foram horríveis", Diana admite, "mas Deus foi fiel".

104 Para proteger sua filha, Ken e Diana usam nomes fictícios. Outros detalhes identificáveis também foram alterados.

Quando ela olha para trás pode prever o afastamento e reconhece o papel que ela desempenhou no desaparecimento da afeição de Ken. Tempos antes naquele ano, os computadores da empresa de Diana sofreram um colapso. Levou um mês para ela retomar o controle e colocar tudo em funcionamento. Ficava até mais tarde no escritório e trazia trabalho para fazer em casa.

Na primeira noite após Diana finalmente resolver a crise na empresa, Hillary ingeriu uma overdose de medicamentos. Um rapaz de quem Hillary gostava muito disse coisas muito cruéis a ela. Magoada, Hillary se voltou para os remédios para fugir da dor. Para piorar as coisas, pouco depois da overdose, outro rapaz passou a procurá-la insistentemente e, em meio à dor de seu recente abandono, Hillary entregou sua virgindade.

Diana ficou arrasada quando descobriu. Cada nervo maternal acendeu sua indignação e ela riscou o sexo de sua vida conjugal. Toda vez que Ken propunha a intimidade física, Diana pensava em Hillary perdendo sua virgindade e não conseguia responder positivamente.

Não é preciso ser um gênio para adivinhar como tudo aconteceu: trabalho demais, sérios problemas com os filhos, sem sexo em casa e pouca comunicação. É claro que um parceiro começa a sentir que não está mais apaixonado. "Se você não rega as plantas elas morrem", admite Diana. "Você *precisa* alimentar seu relacionamento".

Não é preciso ser um gênio para adivinhar como tudo aconteceu.

"Você sabe o que seu marido está fazendo com minha filha?"

Por anos, Diana e Ken tinham interesses independentes que raramente compartilhavam. Diana adora ir ao cinema, Ken tolera. Ele é fanático pelas corridas da NASCAR, ela nunca entendeu a fascinação de ver carros rodando em círculos por horas sem fim. Diana sentia que Ken estava se afastando, mas um amigo lhe assegurou que provavelmente era apenas a pressão no trabalho e que ela não devia ficar paranoica a respeito disso.

Mas ela *sabia* que havia alguma coisa errada. Quando pressionou Ken, ele finalmente abriu o jogo e lhe disse que gostava dela, mas não a amava.

"Existe outra pessoa?"

"Não", disse Ken, para alívio de Diana.

Infelizmente Ken estava mentindo.

No dia 11 de junho, algumas semanas depois de Ken ter falado sobre seus sentimentos, Diana se viu orando pedindo a Deus que usasse qualquer pessoa ou qualquer coisa que fosse para salvar seu casamento. O que ela não esperava é que essa pessoa fosse a mãe "da outra".

Naquele mesmo dia, uma mulher telefonou para Diana e perguntou: "O seu marido é o Ken Franklin que trabalha nas Indústrias Grizzly?"

"Sim".

"Você sabe o que seu marido está fazendo com a minha filha?"

Diana achou que seu coração ia saltar para fora do peito. "Do que você está falando?"

"Seu marido e minha filha se encontraram em uma sala de bate-papo da NASCAR. Eles começaram a mandar e-mails um para o outro e agora trocaram fotos. Eles estão planejando se encontrar no fim de semana de 4 de julho".

Diana não conseguia acreditar no que tinha ouvido, mas infelizmente, tudo fazia sentido. Ken tinha arranjado para que Diana passasse o final de semana na casa dos pais dela enquanto ele saia em "viagem de negócios" naquele final de semana.

E então veio a bomba: "E minha filha é casada e tem dois filhos!"

Diana não podia acreditar que seu marido tinha um caso com uma mulher casada. Será que o Ken seria capaz de destruir duas famílias, exatamente quando Hillary mais precisava dele?

Foi nesse momento que Diana tomou a atitude que, na opinião dela e de Ken, salvou o casamento deles.

Um amigo em necessidade

Diana foi até a casa de uma amiga. Sua mente fervilhava de perguntas e orações sobre o futuro. "O que vai acontecer comigo?"

"Oh, Deus o que vai acontecer com Hillary? Ela vai conseguir superar tudo isso?"

"Tudo bem Deus, tecnicamente isso é adultério. Eu posso sair desse casamento, certo?"

Mesmo assim, ela tinha uma forte convicção de que o divórcio não fazia parte dos planos de Deus.

A mente de Diana caiu em tal redemoinho de especulações que quando chegou na frente da casa da amiga, despejou a história toda na varanda, deixando sair toda a raiva e fúria, gritando com Ken, perguntando o quanto ela ainda tinha aguentar e chamando Ken de algumas coisas que ela espera que ele jamais venha a saber.

A amiga de Diana tinha sobrevivido a uma situação semelhante. O marido dela tinha tido um caso emocional vários anos antes, então ela podia compreender seus sentimentos de traição.

Hoje, Diana acredita que "explodir minha raiva, desgosto e decepção em cima de Darla em vez de Ken salvou meu casamento". Darla ouviu pacientemente enquanto Diana processava suas emoções. Assim que Diana recobrou o autocontrole, arriscou-se a voltar para casa e encontrar-se com o marido.

Ela voltou às dez horas e o carro de Ken estava na entrada da casa. Diana foi imediatamente até ele e disse: "Precisamos conversar".

"Por quê?"

"A mãe da Cheryl telefonou".

Ken empalideceu. A trama fora descoberta.

Diana e Ken saíram até o terraço e aqui a história toma um rumo impressionante. Com incrível desprendimento, sem acusações ou emoções furiosas, Diana conversou com Ken. Como ela já tinha desabafado com Darla, podia ser mais objetiva e calma nessa conversa que tanto tinha o potencial de salvar, quanto de acabar com seu casamento.

"Fale-me da Cheryl", ela começou.

Ken lentamente descreveu como a tinha conhecido na internet. Os dois compartilhavam a paixão pela NASCAR. Eles nunca tinha se encontrado, mas Ken admitiu estar planejando fazê-lo. Eles tinham inclusive falado sobre um futuro juntos.

"Você está me dizendo que pensou em construir uma vida com essa mulher?", perguntou Diana.

"Você nunca imaginou como seria estar com outra pessoa?"

"Vamos deixar as coisas bem claras: você estava planejando dizer a Hillary que não seria mais o seu pai todos os dias, mas seria o pai de duas crianças que você nunca viu?"

Finalmente Ken começou a ver a natureza ridícula da situação. Diana ergueu as sobrancelhas quase que comicamente. "Você não pode estar falando sério em acabar com dezenove anos de casamento por alguém que você conheceu na *internet*", disse ela com uma risada e Ken riu com ela. A noite inteira passou assim. Diana falou com firmeza, mas conduziu o assunto com leveza suficiente para erguer as sobrancelhas e permitir um alívio cômico nos momentos certos.

Ele viu um retrato da graça e da misericórdia de Deus em Diana e isso fez toda a diferença.

Nem uma única vez Diana praguejou ou chamou Ken dos nomes que tinha pronunciado na casa de Darla, embora fosse exatamente isso que Ken esperasse dela. Mais tarde, ele disse que se ela *tivesse* reagido da forma como falou com Darla, ele teria ido embora. Em vez disso, ele viu um retrato da graça e da misericórdia de Deus em Diana e isso fez toda a diferença.

Diana se recorda: "Quando caminhei até o terraço com Ken, a decepção e a tristeza ainda estavam ali, mas a raiva tinha passado, substituída pela paz de Deus e a confiança de que se Ken escolhesse permanecer em nosso casamento, ele seria melhor do que antes. Foi totalmente obra de Deus. Eu não esperava agir daquela maneira. Estava magoada e desiludida".

Diana concluiu a noite desafiando Ken: "Meu desafio é que você seja obediente à Palavra de Deus, faça contato com Cheryl, termine tudo com ela e trabalhe para recuperar nosso casamento. Se você fizer isso, creio que Deus poderá fazer com que você tenha por mim sentimentos maravilhosos novamente".

No dia seguinte Ken disse a Diana que terminara tudo com Cheryl. Ele fechou a conta de e-mail que usara com Cheryl e deu a Diana a senha da nova conta para que ela pudesse ter o histórico do que aconteceria dali em diante.

A despeito da tentativa de Ken de deixar a coisa para trás, Cheryl continuou a procurá-lo e a própria Diana chegou a receber dois telefonemas dela. No final, porém, Ken acabou com o relacionamento e as palavras de Diana se comprovaram: os sentimentos de Ken por ela retornaram.

O que deu errado?

Depois de tudo, Diana passou um bom tempo tentando dissecar o que tinha dado errado. Ela perguntou a Ken: "Quando as coisas ficaram tensas, por que você procurou uma estranha na internet para conversar e não *a mim*?"

Ken não sabia responder, mas Diana sim. Ela acredita que Satanás viu uma oportunidade e a usou. Em razão da agenda de trabalho de Diana e seus problemas com Hillary, Satanás se aproveitou desse afastamento natural no relacionamento e tentou forçar uma quebra permanente.

Ela precisava continuar fazendo sua parte para remendar um relacionamento obviamente estremecido.

Diana sabiamente entendeu que o rompimento de Ken com Cheryl era apenas o primeiro passo. Ela precisava continuar fazendo sua parte para remendar um relacionamento obviamente estremecido. Perguntei como ela aconselharia as mulheres em uma situação semelhante. Quando você sente que seu casamento está escapando por causa de ventos que não pode controlar (uma crise no trabalho, com os filhos ou ambos) como você mantém a intimidade funcionando?

"Em primeiro lugar", diz Diana, "é preciso continuar a investir em seu casamento porque, no final, todo o resto será irrelevante se o seu casamento desmoronar. Não quero diminuir a importância do apoio aos filhos, mas se você colocar seus filhos em primeiro lugar e negligenciar seu casamento, o que acontecerá com eles quando o casamento acabar? Foi por amor a Hillary que eu compreendi que precisava cuidar melhor de meu casamento. Um casamento sólido lhe oferece um suporte melhor e recursos para enfrentar todo o resto".

"Em segundo, eu diria, não se esqueça das pequenas coisas que mantém um relacionamento funcionando: mantenha o dedo no pulso de seu casamento. Se vocês não dão uma caminhada há dias, faça isso. Seja aberta e diga: 'Querido, precisamos nos conectar novamente, vamos sair e tomar um café'. Certifique-se de que você esteja realmente se comunicando. Parece clichê dizer que a comunicação é importante, mas é. Perguntem regularmente um ao outro: 'Está tudo bem conosco?' Faça uma checagem periódica, use uma escala de 1 a 10, ou vazio e cheio, qualquer coisa que funcione, mas não se esqueça de vigiar o distanciamento relacional."

"Querido, precisamos nos conectar novamente, vamos sair e tomar um café."

Embora Diana admita que não podia colocar a crise da empresa na geladeira, pensando melhor, ela reconhece que não precisava trazer tanto trabalho para casa. "Eu achava que era a única pessoa que poderia consertar o que precisava ser consertado. Isso foi egocentrismo de minha parte e quase custou meu casamento."

Hillary apresentou-se como um desafio mais difícil. Com a vida de uma filha em perigo, é difícil manter o ritmo do casamento. "Eu não estava me perguntando como Ken estava, porque eu estava concentrada apenas em Hillary", Diana admite. Já fazia quase um ano que os dois não saíam. Junte a isso as duas reações completamente diferentes de Ken e Diana sobre os problemas de Hillary que parecia afastá-los mais ainda. Ken simplesmente não conseguia entender o sentimento que poderia levar Hillary a se ferir "por causa de um garoto".

Mesmo assim, Diana enfatiza que você não pode deixar que o principal suporte de seus filhos, ou seja, o casamento dos pais deles, desmorone quando mais precisam. Pode parecer maluquice pensar em sair para tomar um café ou até por um final de semana quando seus filhos passam por uma crise, mas para manter a família funcionando é exatamente isso que é preciso fazer.

O livro de Provérbios fala sobre estabelecer prioridades: *Termine primeiro o seu trabalho a céu aberto; deixe pronta a sua lavoura. Depois constitua família* (24.27). Em primeiro lugar você precisa cuidar dos meios de sustento (como comida) e então precisa manter o relacionamento vital do lar, o casamento, através do qual pode oferecer sustento emocional e espiritual para os filhos. Se você deixar seu casamento morrer de fome, se arriscará a criar uma fome espiritual que acabará ferindo a todos em seu lar.

Quase inevitavelmente você passará por estresses em casa: preocupação com a saúde de seus pais e ansiedade por coisas que seus filhos fazem. Praticamente todas as pessoas enfrentam esses tipos de problemas, mas em nenhuma situação eles podem desviar você de sua obrigação de maior importância: *alimentar seu casamento.*

Interesses compartilhados

A terceira parte da receita de Diana consistiu em fazer um esforço maior para entrar no mundo de Ken, um tema que vive surgindo em muitas conversas que tive com casais que renovaram seus casamentos.

Quando deixamos que os interesses comuns desapareçam, lentamente nos afastamos com o tempo.

Quando deixamos que os interesses comuns desapareçam, lentamente nos afastamos com o tempo. Diana ia ao cinema e Ken assistia a NASCAR e por algum tempo ambos acham que estava tudo bem. No entanto, quando Ken encontrou outra mulher que era fã da NASCAR, percebeu que compartilhar a intimidade traz muito mais satisfação do que diversão solitária. É por isso que Diana aconselha agora outras mulheres a "encontrarem uma forma de se interessar pelas coisas que seu marido se interessa, porque isso mostra a ele que você se importa com as coisas que ele se importa.

Vai ser fácil? Dificilmente. Diana admite que quando ela foi a sua primeira corrida achou muito chato. "Eu ficava me perguntando: 'o que estou fazendo aqui?' Então me lembrava: 'Estou aqui por causa dele', e a coisa melhorou."

Durante a fatídica conversa no terraço, Diana perguntou a Ken: "O que você faria se tivesse ido embora?"

"Iria a mais corridas da NASCAR", Ken respondeu.

Mantendo a conversa em um tom leve, Diana meio rindo, meio perguntando disse: "Então você me deixaria pela NASCAR?"

"Não é só ir a NASCAR", disse Ken. "É se interessar pelos stands, pelo piloto, quem ganhou a última corrida, quem tem chance de ganhar o campeonato".

Então, Diana escolheu seu piloto favorito, Michael Waltrip e na maior parte das semanas ela consegue dizer quem está na liderança dos pontos. Ela até gosta das corridas, assim como Pat aprendeu a gostar de pescarias e Catherine (que você vai conhecer no último capítulo) aprendeu a gostar de ciclismo.

"Tudo ótimo, mas quando ele vai começar a fazer as coisas que eu gosto?" Dê tempo ao tempo.

Posso prontamente imaginar algumas leitoras pensando: "Tudo ótimo, mas quando ele vai começar a fazer as coisas que *eu* gosto?"

Dê tempo ao tempo. Diana admite abertamente: "No início algumas de minhas necessidades estavam no banco de trás e pedi a Deus que me amasse de tal maneira que eu pudesse me concentrar inteiramente em amar Ken". Lembra-se de que Rich (do capítulo 12) disse que se sentiu mais inclinado a participar das atividades favoritas de Pat depois que ela começou a ir pescar com ele? Algumas vezes, a pessoa que está investindo mais precisa sustentar a outra: *Nós, que somos fortes, devemos suportar as fraquezas dos fracos, e não agradar a nós mesmos. Cada um de nós deve agradar ao seu próximo para o bem dele, a fim de edificá-lo* (Rm 15.1s). Agradando seu marido, você está ganhando uma intimidade que pode usar para influenciá-lo de forma positiva, incluindo o crescente interesse dele na *sua* vida.

Prioridades problemáticas

Há outro problema que precisamos abordar aqui. E se o marido está tão envolvido em recreação que perde o interesse nas prioridades eternas? Posso imaginar algumas esposas me perguntando: "Somos chamados a buscar em primeiro lugar o Reino de Deus e eu tenho que ir a uma corrida da NASCAR?", ou "Estou orando pela salvação de minha cidade, mas preciso colocar isso de lado porque meu marido está obcecado em saber se o Red Sox vai ganhar dos Yankees de novo?"

Deus tende a ser muito mais paciente do que nós.

Deus tende a ser muito mais paciente do que nós. Ele esperou séculos pelo tempo certo de enviar seu Filho à Terra. Depois, Jesus esperou trinta anos desempenhando tarefas medíocres antes de iniciar seu ministério público. Envolvendo-se em interesses comuns com seu marido, você ganhará o coração dele para que possa influenciar sua alma.

Descobri que essa paixão espiritual é contagiosa. Um grande amigo meu é missionário no Japão e sua preocupação pelos perdidos me inspira. Nós jogamos golfe juntos e quando oramos antes do almoço depois da partida, eu o ouço derramar seu coração diante de Deus pela pessoa com quem jogamos naquele dia, mesmo que seja provável que nunca mais a vejamos. Estar perto dele me lembra da preocupação apaixonada de Deus pelos incrédulos.

A melhor maneira de estimular a preocupação dele com a vida espiritual é vivendo a sua.

O mesmo princípio se aplica a você e seu marido. A melhor maneira de estimular a preocupação dele com a vida espiritual é vivendo a sua. Paulo usa esse modelo em seu próprio ministério. Ele disse aos coríntios: *Portanto, suplico-lhes que sejam meus imitadores* (1Co 4.16). No caso de eles não terem entendido, repete sete capítulos depois: *Tornem-se meus imitadores, como eu o sou de Cristo* (1Co 11.1). Aos gálatas, Paulo dá essencialmente o mesmo conselho: *Eu lhes suplico, irmãos, que se tornem como eu* (Gl 4.12).

Mas antes que Paulo pudesse *dizer* isso, ele teve que *viver* dessa forma.

Respire fundo, entre no mundo de seu marido e confie em Deus, que usará seu exemplo de forma a tocar o coração dele. O apóstolo Pedro diz: *Do mesmo modo, mulheres, sujeitem-se a seus maridos, a fim de que, se alguns deles não obedecem à palavra, sejam ganhos sem palavras, pelo procedimento de sua mulher, observando a conduta honesta e respeitosa de vocês* (1Pe 3.1s).

Além disso, que lugar melhor para encontrar pessoas que não conhecem Jesus do que em uma corrida da NASCAR ou um jogo de baseball? Lembre-se também que você comprometerá sua mensagem de reconciliação se o seu casamento explodir. Envolvendo-se completamente em seu casamento, você cria uma base sólida para expandir o Reino de Deus, mesmo que isso possa exigir a participação em algumas atividades que lhe pareçam frívolas.

Respire fundo, entre no mundo de seu marido e confie em Deus, que usará seu exemplo de forma a tocar o coração dele.

Lições aprendidas

A maioria dos divórcios ou casos não ocorre como resultado de uma grande decisão. Com mais frequência eles acontecem depois de uma série de minisseparações que conduzem à destruição final e permanente do relacionamento.

Diana inadvertidamente começou a se separar de Ken quando colocou o trabalho acima de seu marido. Então, ela fez outra escolha que aumentou a distância emocional, quando permitiu que a dor que sentia pela situação da filha extinguisse sua intimidade sexual.

Ken tomou várias pequenas decisões também. Ele escolheu entrar em um chat na internet. E escolheu continuar a se corresponder com a mesma mulher. Escolheu mandar uma fotografia e, então, escolheu fazer planos junto com ela.

Diana e Ken nos ensinam que colocamos nosso casamento em perigo quando o deixamos de lado, ainda que por um período, e então esperamos que nosso cônjuge aguente nossa separação temporária. Poucas pessoas em nossa cultura suportam voluntariamente a solidão e não vivemos mais em aldeias. Com a internet, celulares e aviões o mundo ficou literalmente na ponta de nossos dedos. Seja o que for que nos leve a ignorar nosso cônjuge (trabalho, a mãe ou pai doente, uma criança problema, uma igreja ativa, um ministério florescente) faz pouca diferença para o cônjuge negligenciado. Quando se sente ignorado, ele se torna dolorosamente vulnerável. Um chat na internet, um almoço mais longo no trabalho, um telefonema de uma namorada do tempo de escola, um encontro casual em um evento esportivo ou convenção profissional e, de repente, eles veem a cura instantânea para sua solidão. Uma cura que tem o potencial de destruir seu casamento.

Nos aproximamos gradualmente e nos afastamos gradualmente.

Nos aproximamos gradualmente e nos afastamos gradualmente.

Diana percebeu que, se a NASCAR era tão importante para seu marido, tinha que se tornar mais importante para ela. Ken, por sua vez, precisava entender que assim como Diana comparece a algumas de suas corridas, ele precisa levá-la ao cinema de vez em quando. É claro que nosso interesse e esforço principal deve ser o Reino de Deus, mas estamos falando de lazer. Quando um casamento perde seus interesses compartilhados se torna utilitário, e a maioria das pessoa não ficará em um casamento que perde seu centro emocional.

Finalmente, precisamos entender que o casamento é a base de nossas vidas relacionais. O trabalho é importante. Nossa paternidade é crucial. Hobbies são saudáveis. No entanto, quando o hobby, o trabalho ou os filhos nos faz negligenciar nosso casamento, a casa toda pode cair – e muitas vezes o trabalho, os filhos e tudo mais cairão junto.

Há um exercício muito útil do tipo "Ken e Diana": olhe para as pequenas decisões que você tomou nos últimos seis meses. Você está conscientemente se aproximando de seu marido ou se afastando? Você dois estão edificando áreas de interesse compartilhado ou estão, lentamente e sem querer, cultivando vidas separadas?

Temos que ser realistas: minha esposa *nunca* correrá uma maratona comigo, mas também temos que ser intencionais. Nós dois caminhamos juntos o tempo todo. Talvez você não possa compartilhar todos os interesses com seu marido, mas pode cultivar muitos outros.

Um novo começo

Um mês depois que o caso na internet veio à tona, Ken pode finalmente dizer a Diana que a amava. Em julho de 2003, o casal fez uma viagem para comemorar seu vigésimo aniversário de casamento a Vancouver e Victoria, no Canadá, para visitar os pontos turísticos e ver as baleias. Passearam no *Butchart Gardens* (um gigantesco jardim na ilha de Victoria) tomaram chá com "a *melhor* geleia de morango do mundo", passearam de carro pela costa vendo as piscinas naturais e, de modo geral, "tiveram um tempo maravilhoso".

Por toda a viagem, Diana estava encantada com o fato de ainda estar casada. Doze meses antes, a ideia de celebrar vinte anos de casados juntos parecia estar fora de cogitação.

"De fato, foi meio esquisito", ela admite. "Estávamos nos divertindo tanto que nossos problemas pareciam ter acontecido há séculos. Então, em outros momentos eu me lembrava de que tudo tinha acontecido há meses e não anos. De modo geral, porém, eu continuava dizendo a mim mesma: 'Uau!', porque Deus *realmente* nos fez ficar mais fortes do que éramos antes."

Deus também começou a usar a cura deles para alcançar outras pessoas. "Estamos tendo a oportunidade de dar nosso testemunho e isso tem sido muito bom. Quando você para pra pensar essa é uma história impressionante. Se você tivesse que produzir a receita de nossa cura eu diria que tudo veio da graça de Deus e de nossa obediência."

Deus também começou a usar a cura deles para alcançar outras pessoas.

Hillary nunca soube do incidente. Ela recentemente entrou na faculdade de psicologia e fez Diana sorrir ao comentar como seus pais são diferentes porque "nunca passaram pelos problemas típicos da meia idade".

"Ouça, a última coisa de que Hillary precisa é um motivo para se sentir insegura", explica Diana. "Fico aliviada porque ela não teve que carregar esse fardo".

No entanto, Ken e Diana têm compartilhado discretamente sua história a fim ajudar outros casais a enfrentarem crises semelhantes. Um casal jovem revelou recentemente sua luta com a pornografia na internet. Como o problema de Ken envolvia a internet, ele pode confessar algumas de suas tentações e as coisas que Deus mostrou a ele.

Ao se aproximar desse homem ferido e arrependido, Ken pode oferecer mais do que empatia e oração, ele ofereceu uma ajuda prática obtida pela experiência. Contou como mantém as palavras de 1 Coríntios 10.13 coladas em seu computador e como reorganizou seu escritório de maneira que quem entra pode prontamente enxergar a tela do computador.

Diana ministrou à esposa daquele homem. Ao ouvir a história de Diana, sabia que ela poderia entender sua dor e ajudaria a enfrentar a questão que as esposas mais temem: "Você consegue confiar nele outra vez?"

Embora Ken parecia ter tirado o caso da cabeça prontamente, Diana lutou com isso também. "É difícil. Embora o incidente tenha ocorrido há três anos, algumas vezes a velha suspeita surge e eu tenho que colocar minha confiança em Deus novamente. Talvez eu nunca venha a confiar plenamente em Ken de novo, mas eu confio em Deus. Eu sei que mesmo que Ken faça alguma escolha errada, Deus cuidará de mim. O próprio Ken reconhece que talvez jamais seja o mesmo."

"Talvez eu nunca venha a confiar plenamente em Ken de novo, mas eu confio em Deus."

Diana é grata pelo fato de Ken aceitar com paciência sua necessidade de, ocasionalmente, voltar a falar no assunto. "Ele entende que cometeu um terrível erro e que temos que lidar com isso, em algum nível, pelo resto de nossas vidas."

No entanto, Romanos 8.28s – *Sabemos que Deus age em todas as coisas para o bem daqueles que o amam, dos que foram chamados de acordo com o seu propósito. Pois aqueles que de antemão conheceu, também os predestinou para serem conformes à imagem de seu Filho, a fim de que ele seja o primogênito entre muitos irmãos"* – tem se comprovado em suas vidas. Diana e Ken são mais fortes e sábios agora e mais parecidos com Cristo. Sua família continua unida e eles oferecem esperança e cura para outros casais que, em meio a um processo de reconciliação, se perguntam se algum dia conseguirão se recuperar.

> "Foi totalmente obra de Deus."

"Foi *totalmente* obra de Deus", fala Diana hoje. "Eu estava muito ferida e desiludida, mas ainda estamos juntos, mais fortes do que nunca. Deus é muito bom."

Perguntas para discussão e reflexão

1. Em que extensão você e seu marido têm cultivado interesses em comum? Cite maneiras práticas com que os casais podem se desenvolver nessa área.
2. Como as esposas podem levar seus maridos a se interessarem pelos passatempos *delas*?
3. Como a fé sólida de Diana a ajudou a manter a atitude correta ao confrontar Ken?
4. Como os casais podem se proteger da artimanha de Satanás de se aproveitar de uma pausa natural em um relacionamento e tentar transformá-la em uma situação permanente?
5. Discuta formas práticas pelas quais você pode "ganhar o coração de seu marido para que você influencie sua alma".
6. Você e seu marido estão atualmente crescendo juntos ou estão lentamente crescendo separadamente? Como você pode reforçar o primeiro ou, se estão crescendo separadamente, como podem reverter esse quadro?

16

John e Catherine: encontrando a fé

Influenciando um marido incrédulo ou espiritualmente imaturo

Cerca de quatrocentos anos atrás, quando Elizabeth casou-se com John, deixou uma história para a posteridade. O nome completo de John era John Bunyan, o autor de "O Peregrino", um dos livros mais influentes já publicados a respeito da vida cristã. John era viúvo e tinha quatro filhos e Elizabeth ficou grávida de seu primeiro filho apenas quatro meses depois de subir ao altar.

John pregava o Evangelho apaixonadamente durante o tempo em que a igreja oficial regulava a fé como um jogador profissional de pôquer conta cartas. Como não tinha licença, John era tecnicamente proibido de pregar, mas em vez de aceitar a proibição, John pregava livre e abertamente a verdade revelada de Deus – e foi preso.

Ele e Elizabeth tinham se casado há menos de seis meses.[105]

No século dezessete, se o seu marido fosse para a cadeia você não tinha o luxo de simplesmente visitá-lo uma vez por semana e esquecer-se dele. Os membros da família tinham a responsabilidade de suprir o prisioneiro com alimento, roupa lavada e tudo o mais. Pense bem: casada há menos

105 Relatos e citações extraídos do livro de George e Karen Grant, *Best Friends: The Extraordinary Relationship of Ordinary People* (Nashville: Cumberland, 1998).

de seis meses, *grávida*, Elizabeth tinha que tomar conta de quatro crianças do casamento anterior de John e ir até a prisão regularmente para manter seu marido vivo.

Alguns maridos não cristãos não conseguem ficar sóbrios. Alguns não conseguem ficar fora do cassino, da pista de boliche ou do campo de golfe. Mas Bunyan, um homem de Deus, não conseguia ficar fora da cadeia. Assim que ele saía, começava a pregar ilegalmente novamente, então recebia uma visita das autoridades e uma passagem sem despesas pagas para a prisão.

De fato, o zelo de John pela pregação fez com que ele e Elizabeth vivessem juntos por *menos de três* de seus vinte anos de casamento. Durante aqueles dezessete anos de encarceramento, Elizabeth teve que criar as crianças, sustentar a família e cuidar das necessidades do marido sozinha.

George e Karen Grant descrevem Elizabeth dessa forma: "Provada pelo sofrimento e privação, perseguida e estigmatizada, motivada pela fé e devoção, ela foi a voz de incentivo, consolo e inspiração para seu marido. Seu casamento foi marcado por elos fortes de amizade leal e de laços emocionais de amor".[106]

O amor dói

Escolhi iniciar esse capítulo sobre amar um homem espiritualmente imaturo com a história de amor de Elizabeth e John para colocar você na perspectiva certa. Posso imaginar a dor que sente de não poder compartilhar sua jornada espiritual com seu marido "morno" ou incrédulo. Obviamente você experimenta um sentimento de perda quando não desfruta da intimidade inerente da busca de Deus a dois. No entanto, não superestime a vida espiritual de um casal cristão maduro! A fé pode ser uma coisa arriscada com sua dose de sacrifícios.

"Provada pelo sofrimento e privação, [...] ela foi a voz de incentivo, [...] para seu marido."

106 Ibid.. 113.

Seja o seu marido espiritualmente maduro, imaturo ou esteja no meio disso, seu Pai celestial a chama para amá-lo e se sacrificar em benefício dele. Se você se sente frustrada por sua apatia ou sobrecarregada por seu zelo, no fim, tudo é a mesma coisa: casamento é sacrifício.

Algumas vezes nos esquecemos de como as palavras de Jesus são radicais. Considere essa passagem no contexto do casamento:

> *"Que mérito vocês terão, se amarem aos que os amam? Até os 'pecadores' amam aos que os amam. E que mérito terão, se fizerem o bem àqueles que são bons para com vocês? Até os 'pecadores' agem assim. E que mérito terão, se emprestarem a pessoas de quem esperam devolução? Até os 'pecadores' emprestam a 'pecadores', esperando receber devolução integral. Amem, porém, os seus inimigos, façam-lhes o bem e emprestem a eles, sem esperar receber nada de volta. Então, a recompensa que terão será grande e vocês serão filhos do Altíssimo, porque ele é bondoso para com os ingratos e maus. Sejam misericordiosos, assim como o Pai de vocês é misericordioso".* (Lc 6.32-36)

> *Se você amar somente um marido "fácil de se amar", por que precisa de Deus?*

Jesus não poderia ser mais claro. Se você amar somente um marido "fácil de se amar", por que precisa de Deus? Até as mulheres não cristãs podem amar um homem sensível, carinhoso, altruísta e maduro. O que é que você fez de mais? Se você serve seu marido esperando ser servida em retorno, que recompensas espirituais pode esperar? Nesse caso você está apenas trocando favores. No entanto, quando você dá o que *não* recebe e ama aqueles que *não* sabem amar ou *se recusam* a amar, quando, você realmente ama o mau ou o ingrato – bem, nesse momento você demonstra o mesmo amor que Deus mostrou por nós quando nos amou em nosso pecado e rebelião. Jesus promete recompensá-la ricamente.

Se o seu marido é espiritualmente mais fraco do que você, sua tarefa é suportar suas falhas de tal forma que você o edifique e não o destrua. Em vez de esperar o pior, incentive-o a dar o seu melhor. Algumas mulheres, em vez de edificar seus maridos espiritualmente mais fracos, gastam sua energia verbal desencorajando e destruindo, repreendendo-os por sua falta de liderança espiritual.

Isso é exatamente o contrário do conselho que o apóstolo Paulo dá em Romanos 15.1s: *Nós, que somos fortes, devemos suportar as fraquezas dos fracos, e não agradar a nós mesmos. Cada um de nós deve agradar ao seu próximo para o bem dele, a fim de edificá-lo.*

A hora de ficar obcecada com as falhas de caráter de seu marido é *antes* do casamento e não depois. Uma vez que você fez os votos, deve se concentrar em sua obrigação de amar.

A hora de ficar obcecada com as falhas de caráter de seu marido é antes do casamento.

Para amar bem é preciso ser honesta e responder a algumas perguntas difíceis: "Como amar um homem emocionalmente distante?", "Como amar um homem que parece nunca orar?", "Como amar um homem que não sabe nem soletrar 'líder espiritual', quanto mais ser um?", "Como amar um homem que ama sua congregação mais do que a mim?" Faça essas perguntas em espírito de humildade e oração, e não como uma reclamação cheia de mágoa.

Se você se encontra em um casamento espiritualmente desequilibrado espere que o orgulho se torne sua principal tentação. Você pode se esquecer de que Deus está trabalhando em vocês dois e que, à luz da perfeita santidade de Deus, a diferença entre a sua santidade e a de seu marido é ínfima. Filipenses 2.3 nos diz: *Humildemente considerem os outros superiores a si mesmos.*

Mais adiante no mesmo capítulo Paulo incentiva os cristãos: *Ponham em ação a salvação de vocês com temor e tremor, pois é Deus quem efetua em vocês tanto o querer quanto o realizar, de acordo com a boa vontade dele* (Fl 2.12s). Assim como Deus pode usar você para mover seu marido em direção ao novo nascimento e à salvação, também pode usar *seu marido não salvo* para levar você a uma maior santidade. Uma grande parte dessa santidade é desenvolver uma atitude à semelhança de Cristo. Cristo sempre manteve um coração bondoso para com os fracos e imaturos.

Por favor, não me entenda mal, eu não quero minimizar a real solidão e tristeza legítima de se viver com uma pessoa que não compartilha de sua fé. Quero, porém que abra os olhos para a incrível oportunidade de crescimento que um casamento assim oferece. Não conheço outra forma de lhe dizer isso a não ser contando a história de uma mulher extraordinária que passou mais de duas décadas orando por seu marido não cristão.

John e Catherine

"John" e "Catherine"[107] tinham vinte e um anos quando entraram no que muitos poderiam considerar um casamento surpreendente em 1968. Catherine tinha considerado seriamente a possibilidade de se tornar freira e tinha passado sete meses no noviciado. No final, ela deixou o noviciado e se casou com John, seu namorado dos tempos de escola.

John nunca compartilhou das inclinações religiosas de Catherine. Embora no início, ele frequentasse a igreja em dias de festa, logo depois do casamento, John deixou sua intenção o mais claro quanto possível: "Ir à igreja não significa nada para mim", disse ele a Catherine. "Eu não vou mais."

Pelos próximos dois anos, Catherine também não foi muito assídua, mas isso mudou quando ela teve um bebê aos vinte e três anos de idade. Dois anos depois, ela passou pela experiência do novo nascimento. Disse a John que tinha recebido Jesus Cristo como Senhor e Salvador e que sua vida seria muito diferente daquele dia em diante.

"Vamos ver quanto tempo isso dura", respondeu John. "Você faz muitas coisas por impulso, então, vamos ver."

John entrou na Marinha e por vinte meses dos anos que se seguiram, viveu longe de casa. Durante esse tempo, Catherine expressou sua fé indo à igreja "assiduamente". Quando John voltou para casa, Catherine recorda: "Deus começou a me treinar para ser uma esposa cristã". Nos dois anos anteriores, Catherine estava concentrada em ser uma mãe cristã, agora ela tinha que adicionar a função de "esposa" no currículo.

Catherine admite ter cometido erros já de início. "Fico maravilhada com a graça e a misericórdia de Deus", ela diz. "Sem ele, acho que eu teria destruído nosso casamento. Fiz muitas coisas erradas."

Para começar, ela ia à igreja com demasiada frequência, deixando o marido em casa: "Eu estava na igreja todos os domingos de manhã e à noite, terças pela manhã, quartas à noite e quintas pela manhã. Estava negligenciando meu marido, o que é errado, especialmente porque ele tinha acabado de voltar da dispensa".

107 Essa é uma história real. Os nomes foram trocados para a proteção dos filhos do casal.

A salvação de John tornou-se o alvo das orações de Catherine. Logo, Deus lhe deu a certeza através do livro de Atos de que, como Cornélio, ela "e todos os da sua casa" seriam salvos (At 11.14).

Catherine ocasionalmente pedia a John que a acompanhasse à igreja e, embora John sempre respondesse educadamente (ele nunca ridicularizou sua fé ou a proibiu de ir), deixava bem claro que, quando o assunto fosse "religião", ele queria ser deixado em paz. "Não deixe isso estragar nosso relacionamento", ele dizia.

Uma vez, John concordou em comparecer ao programa infantil do qual seus filhos participariam, mas além do programa, ele ouviu uma porção de cânticos e orações e uma mensagem evangelística curta, mas contundente. John se sentiu enganado: "Nunca mais, *nunca* mais faça isso comigo de novo", disse ele a Catherine.

Durante o longo período da caminhada de John até a fé, Catherine teve que aprender algumas lições. A maior delas veio das palavras de Jesus sobre o grão de trigo que precisa cair no chão e morrer (veja Jo 12.24).

"A principal premissa para mim na aplicação desse versículo foi que as minhas necessidades não eram as mais importantes, as necessidades dele deveriam vir antes das minhas. Se eu estivesse disposta a colocar de lado as minhas necessidades emocionais e confiar em Deus para supri-las, haveria uma colheita."

Catherine admite que sua carência emocional ("Eu estava muito carente e *ninguém* podia me suprir") causava tensão no seu casamento. Ela veio de um lar em que as emoções eram expressadas livremente e, embora o lar de John desfrutasse de uma afeição profunda, os sentimentos raramente eram expressos da mesma forma.

John cita a paciência de Catherine como a principal razão pela qual ele finalmente se dispôs a reconsiderar a fé.

John cita a paciência de Catherine como a principal razão pela qual ele finalmente se dispôs a reconsiderar a fé. "A paciência de Catherine foi chave, especialmente pela forma como ela confiou em Deus e no tempo dele. Ela fez o melhor que pode para viver sua vida como Deus queria e, silenciosamente, viver seus valores."

Não que Catherine fosse perfeita. "Ela tinha períodos de impaciência quando eu não ouvia", John admite. "Mas ela nunca tentou forçar as coisas quando eu dizia que não estava interessado".

Libertando John

Quando Catherine deu à luz o terceiro filho houve uma mudança de rumo. Eles se mudaram de volta para Denver e ela se sentiu muito só. John estava fora a maior parte do tempo, tentando encontrar emprego. Catherine passava pelo desequilíbrio hormonal que normalmente segue o parto e tinha caído de paraquedas em uma nova comunidade. "Eu disse ao Senhor como estava me sentindo. Sabia que estava acumulando ressentimento e que meu casamento estava andando em areia movediça".

Deus falou claramente a Catherine e lhe disse que, enquanto tivesse expectativas de que John fizesse coisas além de sua capacidade, estaria preparando-o para o fracasso e a ela, para o ressentimento. Deus a desafiou com as palavras: "Se você o liberar através do perdão, abrirá a porta para que eu trabalhe na vida dele".

Pelos muitos anos que se seguiram (não foi uma jornada curta) todas as vezes que Catherine se sentia magoada, ela dizia em voz alta: "Senhor, eu o perdoo, o libero para ti e peço que o Senhor opere em sua vida".

Um dia Catherine se cansou de orar assim. "Isso está ótimo para o John, mas quem vai atender às *minhas* necessidades? E eu, Senhor?"

Ela ouviu Deus responder: "Catherine, eu *sempre* vou suprir as suas necessidades".

> *"Senhor, eu o perdoo, o libero para ti e peço que o Senhor opere em sua vida".*

Ela explica que se render ao cuidado e à provisão de Deus foi "como um milagre". Cada vez que ela manifestava perdão na vida de John, podia voltar a ele sem jogos mentais e sem puni-lo por qualquer falta percebida.

John entendeu o quanto sua falta de fé magoava Catherine. Uma vez ele a deixou na igreja e Catherine entrou para um culto especial que os maridos tinham preparado para honrar suas esposas. Quando viu os maridos entregando rosas para suas esposas, ela desmontou. Não estava preparada para ver os casais adorando juntos e se entristeceu por não ter seu marido a seu lado. Ela se sentiu tão arrasada que não foi à escola dominical e chorou a maior parte do culto.

Quando John foi buscar Catherine e as crianças, pode ver que ela estava triste e disse: "Sinto muito por não poder fazer isso por você". Embora ainda estivesse magoada, foi muito importante para ela que John, de alguma forma, fosse capaz de compreender a dor que ela estava sentindo por sua ausência.

Catherine ocasionalmente compartilhava a mensagem do Evangelho, mas muito esporadicamente. Talvez umas dez vezes em vinte e três anos, "quando surgia uma oportunidade". Uma dessas vezes ocorreu quando a Continental Airlines (onde John trabalhava como piloto) passou por dificuldades. Ele ficou desempregado por três anos e eles exauriram suas reservas.

"John, essa é uma oportunidade perfeita para confiarmos em Deus. Eu sei que ele é fiel e *vai* atender às nossas necessidades. Você vai esperar comigo para ver o que ele vai fazer? Vai reconhecer quando ele atender às nossas orações?"

Pelos três anos seguintes, três famílias, independentemente, deram a John e Catherine um total de mais de mil dólares.

Ainda assim, John não cedeu. "Eu não consigo crer como você", disse à Catherine. "Não consigo".

Então Deus lançou o plano que, finalmente, traria John à fé.

Uma crise familiar

As duas filhas de John e Catherine se integraram no grupo de jovens sem problemas, mas seu filho Brian teve dificuldades de se adaptar ao novo pastor. Para piorar as coisas, Brian apanhou no acampamento da igreja e mais: ele começou a se identificar com seu pai, que não tinha nenhum interesse pela fé.

Ao perceber que seu filho estava fazendo algumas escolhas perigosas, Catherine começou a ficar com raiva de seu marido. Ela disse a John: "Ver nosso filhos servirem a Deus é a coisa mais importante do mundo para mim. Nosso filho tem você como exemplo. Você é um herói para ele e vocês dois se dão muito bem. Se alguma coisa acontecer à fé cristã dele, vou responsabilizar você e nunca o perdoarei". Essa foi a primeira e única vez que Catherine ameaçou John.

"Você está dizendo que isso pode afetar nosso relacionamento?", ele perguntou.

"Sim".

Essa conversa aconteceu quando eles estavam andando de bicicleta e, ao ver John correr à frente dela, Catherine pensou: "Fui dura demais". Ela começou a pedalar mais rápido para alcançá-lo e pedir desculpas, mas Catherine acredita que Deus a acalmou e disse a ela para não dizer mais nada. "Talvez eu devesse ter dito aquilo, mas já piorei as coisas tentando me explicar em outras ocasiões", ela refletiu.

Quando Brian começou a enfrentar problemas com disciplina e drogas, Catherine sentiu Deus falando com ela em uma oração que, a princípio, não fazia sentido: "Você não vai mais ser o líder espiritual dessa casa."

"Bem, se não for eu, quem será?"

"Vou depositar o manto da liderança espiritual sobre John e quero que você diga isso a ele".

"Como? Ele nem é nascido de novo!"

Catherine finalmente desistiu e disse a John o que ela acreditava que Deus tinha dito a ela em oração. John ficou tão surpreso quanto Catherine: "Eu não posso fazer isso, Catherine. Como é que eu vou fazer isso?"

"Eu não sei, mas foi o que Deus disse, então é só isso que posso lhe dizer."

Mais tarde, Deus direcionou Catherine a orar por John todos os dias especificamente para que ele aprendesse a caminhar em liderança espiritual e para que o próprio Deus estivesse ao seu lado para ensiná-lo. Nada fazia muito sentido, mas ela escolheu obedecer.

Hoje ela fica feliz por ter feito isso.

Depois que Brian foi pego fumando maconha, John e Catherine procuraram um conselheiro. Enquanto orava por isso, mais uma vez sentiu que Deus estava falando com ela: "Você não vai mais disciplinar o Brian. É John quem vai disciplina-lo. Quero que você ore todos os dias pelo processo disciplinar de John."

John *não teve problema algum* com isso! De fato, ele ficou feliz em ouvir isso, temendo que Catherine fosse mole demais. Pela primeira vez, ele achou que Deus teve uma grande ideia.

Quando Catherine olha para trás, entende que "essa foi uma das peças mais importantes de Deus nesse processo". O que John não sabia era que ele estava assumindo a liderança espiritual.

Um ano e meio muito difícil se passou. Brian continuou a usar drogas e foi suspenso no último ano do Ensino Médio. John e Catherine procuraram aconselhamento mais sério, mas Catherine estava mais ocupada do que nunca com sua volta à escola de enfermagem. Nessa época, Catherine sentiu que Deus a estava dirigindo a orar fervorosamente pela salvação de John. Ela tinha orado a maior parte de seu casamento, mas geralmente isso acontecia em períodos isolados. Por um tempo, ela lutava fortemente por seu marido, mas então ficava desanimada e desistia. Depois de uma época de cura, ela entrava novamente em outro tempo de fervente oração. Catherine se recorda de dizer a uma amiga: "Estou entrando em outro período de oração pela salvação de John".

"Quem está na cama comigo?"

Em casa, os problemas de Brian se tornaram a principal preocupação.

"Catherine, o que vamos fazer?", perguntou John uma noite.

"Querido," disse Catherine, "você tem que descobrir. Estou até o pescoço de coisas para fazer na escola, mas eu sei que Deus vai ajudar."

John pegou emprestado na escola de Brian dois vídeos sobre abuso de drogas e assistiu. Ele foi para a cama tarde da noite e começou a falar sobre os vídeos. "Um policial falou que estamos perdendo nossos filhos porque eles são corpo, alma e espírito. Embora estejamos tocando nossos filhos intelectualmente, não os estamos tocando espiritualmente. O que você acha disso?"

Catherine ficou tão feliz quanto perplexa. Ela pensou: "Quem está na cama comigo?"

John continuou: "Você acha que deveríamos falar com Brian sobre isso? Falar o quanto ele é vulnerável às drogas porque não estamos encarando os adolescentes como pessoas completas e que seu lado espiritual está sendo ignorado?"

Catherine foi direta: "John, você acha que o Brian vai ouvir você se em sua própria vida essa área tem sido ignorada?"

"É. Isso *realmente* me preocupa", confessou John.

"Isso também me preocupa. Você quer orar sobre isso?"

Houve uma breve pausa.

"Quero".

O coração de Catherine batia tão forte e rápido que ela teve medo de que o corpo de bombeiros fosse acionado e aparecesse na casa dela. Pela primeira vez em mais de vinte anos, ela oraria com seu marido!

Pela primeira vez em mais de vinte anos, ela oraria com seu marido!

Felizmente, Deus a manteve calma. "Eu acho que John não percebeu que eu estava tão emocionada por ele como estava por Brian. Creio que ele sentiu a responsabilidade que depositei sobre ele seis anos antes quando disse que eu o responsabilizaria caso Brian rejeitasse Deus."

No dia seguinte, John teve uma longa conversa com Brian sobre a importância da espiritualidade, embora admitisse que isso não tivesse sido importante em sua própria vida.

Nascido de novo

Em retrospecto, Catherine considerou uma bênção que seus estudos a mantivessem tão ocupada, de outra forma, ela teria se envolvido e possivelmente frustrado os planos de Deus. Deus parecia bem severo em suas advertências a Catherine: "Não se meta nisso, essa é a minha mão soberana operando!"

Catherine sugeriu a John a leitura de um livro que, com base em seu interesse por política, pensou que talvez pudesse gostar: *Nascido de novo*, de Chuck Colson (São Paulo: Abba Press, 2002).

John deu uma olhada e disse: "Acho que eu gostaria de ler isso."

Catherine, em suas próprias palavras, "enlouqueceu". "Eu estava *tão* empolgada! Éramos casados há mais de vinte anos e ele jamais havia mostrado interesse semelhante."

Catherine telefonou a seu pastor e pediu que ele orasse, então ficou de boca fechada. "De vez em quando, eu *dava uma espiada* para ver se ele estava lendo mesmo", ela confessa, "e embora devagar, *estava* avançando."

John começou a ler o livro em outubro de 1994. Em dezembro do mesmo ano, quando Catherine percebeu que o Natal cairia em um domingo, perguntou a John: "Você gostaria de ir conosco ao culto de Natal? Se ainda não for a hora certa, eu entendo."

A resposta de John a deixou chocada: "Que pena que você teve que me pedir, estava pensando em dizer a você que eu quero ir."

A *manteiga derretida* não aguentou e desabou a chorar: "Obrigada", disse ela, "isso é muito importante para mim".

Pela primeira vez na vida, todos os cinco membros da família de Catherine compareceram juntos à igreja em um domingo. Catherine se sentiu como parte de um espetáculo. Ela tinha ajudado a fundar aquela igreja, portanto sabia que todos estavam olhando para eles e compartilhando da alegria e empolgação de Catherine. Para ela, foi quase surreal. "Senti como se fosse a vida de outra pessoa passando em um filme e eu assistindo. Eu tinha esperado tanto tempo. Não podia acreditar no que estava acontecendo."

> *Catherine estava absolutamente maravilhada como Deus tinha orquestrado tudo.*

Catherine estava absolutamente maravilhada como Deus tinha orquestrado tudo: o chamado de Deus para que ela se afastasse e deixasse de ser a cabeça espiritual da casa, a direção de Deus para que ela permitisse que John cuidasse da disciplina, o tempo renovado de intercessão de Catherine, os vídeos que John assistiu, a forma com que John se identificou com Chuck Colson. Mesmo que Catherine tivesse *tentado* controlar cada elemento, jamais conseguiria.

"Foi uma coisa impressionante", ela confessa. "Ainda fico admirada com a fidelidade de Deus".

"Ainda fico admirada com a fidelidade de Deus".

John retornou à igreja todos os domingos depois disso. Catherine deu a ele um livro contendo uma porção do Novo Testamento e um devocional que John lia quase todos os dias. Ele fez muitas perguntas a Catherine. Juntos, frequentaram uma classe de novos convertidos e Catherine ficou muito feliz por John ter mostrado sintonia e mais tarde até se tornado amigo do professor.

Finalmente, durante um culto em março, o pastor perguntou à congregação no fim de um sermão se alguém gostaria de fazer uma pública profissão de fé em Cristo. Catherine viu John ficar de pé. Quando o pastor orou com John, ele explicou que havia se levantado porque queria uma data específica para sua conversão, pois ele já havia vindo à fé durante a leitura da experiência de salvação de Chuck Colson.

Lições a serem aprendidas

Falei com John e Catherine sobre algumas das lições que eles aprenderam ao longo dessa jornada, em particular como outras esposas em jugo desigual podem gentilmente levar seus maridos à fé.

Construindo pontes

Catherine sempre se perguntou como duas pessoas com tão pouco em comum podiam ficar juntas. Algumas vezes ela chegou a perguntar a John: "Será que vamos conseguir? Temos tão pouco em comum. Minha fé é tão importante para mim e você nem fé tem".

John dizia: "Catherine, onde nosso relacionamento é bom, ele é muito bom. Vamos nos concentrar nisso". John queria que Catherine se concentrasse nas coisas boas do casamento em vez de ser consumida pelas decepções.

"Onde nosso relacionamento é bom, ele é muito bom. Vamos nos concentrar nisso".

Catherine admite ter enfrentado tempos muito difíceis que duraram décadas. "Estar em jugo desigual é extremamente solitário. Você orienta seus filhos sozinha, tenta deixar de lado o ressentimento e edificar um bom casamento. É muito difícil."

A maioria das mulheres nessa situação pode, como Catherine, ser tentada a cair na autocomiseração. Filipenses 2.14 nos ajuda aqui: *Façam tudo sem queixas nem discussões*. A palavra "tudo" inclui o casamento e até o casamento com um não cristão. O ressentimento e a amargura só evitarão com que você seja espiritualmente produtivo naquele relacionamento.

Catherine entendeu que, como ela e seu marido não compartilhavam a fé em Cristo, ela teria que trabalhar muito mais para encontrar coisas em comum. Infelizmente, John adorava fazer coisas que Catherine tinha pouco ou nenhum interesse, como ciclismo, por exemplo.

"Eu tinha que tomar a decisão: ou começava a andar de bicicleta com ele ou ficaria em casa e deixaria que o abismo entre nós aumentasse."

As primeiras tentativas não foram nada encorajadoras para Catherine. "Era ridículo! Eu estava tão fora de forma, mas sabe o quê? Um ano e meio depois eu gostava mais do que ele! Fizemos o passeio ciclístico Ride the Rockies juntos. Foram mais de seiscentos e quarenta quilômetros através das Montanhas Rochosas, sete dias de bicicleta com outras duzentas pessoas. Foi maravilhoso, além de passarmos centenas de horas juntos treinando para o passeio."

Catherine continuou se concentrando nas coisas positivas. "Não tínhamos a família unida na igreja", ela admite, "mas tínhamos a família unida no ciclismo."

Algumas esposas podem se sentir tentadas a punir seus maridos não cristãos sendo ainda menos compreensivas. "Se você não compartilha minha fé, não compartilho seus interesses." No entanto, essa mesquinhez, embora compreensível, não faz nada além de aumentar o abismo entre eles. Catherine enfaticamente aconselha outras mulheres casadas com maridos não cristãos: "Você precisa descobrir o que eles gostam de fazer e aprender a fazer com ele."

Essa não é uma má ideia para as esposas em geral!

John também adorava pescar, outra atividade que não atraía Catherine. Logo no início quando as crianças eram pequenas, Catherine ficava no acampamento com elas enquanto John ia pescar. Quando cresceram, começaram a ir pescar com John. Certo ano, Catherine compreendeu que poderia ficar no acampamento sozinha ou acompanhar sua família em uma atividade que não despertava muito seu interesse.

Então, ela arrumou uma vara de pescar e juntou-se a eles.

Agora, anos depois, ela adora pescar com John e na verdade, a pesca se tornou um de seus passatempos favoritos. "É engraçado", diz ela. "Uma coisa que eu fazia só por obrigação, hoje é um dos maiores prazeres da minha vida."

Levou anos para que Catherine aprendesse essa lição preciosa. "Sou egoísta e indiferente como qualquer um", ela confessa, "mas sei que o Espírito Santo estava me orientando. De vez em quando, ainda digo: 'Será que vamos ficar bem?' *Nunca* seremos duas pessoas que gostam das mesmas coisas. Temos áreas de interesse em comum, mas há muitas diferenças fortes. O significado do casamento é permitir que os pontos fortes sejam os pontos dominantes, as áreas em que você escolhe se concentrar. Onde vocês não conseguem se encontrar de jeito nenhum, devem encontrar uma maneira de contornar."

Em outras palavras, Catherine aprendeu o contentamento. "Em vez de passar a vida inteira reclamando sobre as coisas que eu queria, comecei a aproveitar as que eu já tinha."

"Em vez de passar a vida inteira reclamando sobre as coisas que eu queria, comecei a aproveitar as que eu já tinha".

Você pode começar esse processo hoje. Se você se pega remoendo mentalmente as fraquezas de seu marido, combata essa tendência meditando sobre o que você gosta nele. Em vez de ficar obcecada com suas diferenças, pense sobre uma ou duas coisas que vocês realmente gostem de fazer juntos.

Sendo realista

Catherine adverte: "As esposas podem ser dominadas por pensamentos como 'Isso não vai funcionar, somos muitos diferentes. Temos ideologias diferentes, paixões diferentes e até vemos as coisas de forma diferente'. Precisamos aprender que nunca teremos algumas das coisas que ansiamos, mas Deus ajudará a desenvolver pontos fortes que já estejam ali, pontos fortes que talvez não estejamos reconhecendo. No decorrer do caminho, amadurecemos lentamente e descobrimos que é em Jesus que nos deleitamos. Meu maior prazer é meu relacionamento com Deus".

Catherine teve que compreender que Deus nunca teve a intenção de que John suprisse todas as suas necessidades. Mesmo que John fosse cristão durante todo o casamento, algumas necessidades não seriam atendidas. Nenhum marido, seja ele cristão ou não, é Deus. Ainda assim, algumas esposas têm a tendência de ficar decepcionadas quando seus maridos imperfeitos agem imperfeitamente!

Nenhum marido, seja ele cristão ou não, é Deus.

Como você vai encarar o desapontamento com seu marido? Vai permitir que uma mistura tóxica de amargura, ressentimento e ira lentamente envenene sua casa ou escolherá andar em perdão e confiança em Deus, procurando amar seu marido em vez de se preocupar se está ou não sendo amada de forma adequada?

Mudando com John

Catherine finalmente compreendeu que esse "tempo de espera até que John se tornasse cristão era por minha causa também". Ela não estava só esperando por John. "O processo como um todo foi essencial para o *meu* crescimento em Jesus tanto quanto o foi para ele. Deus deixou bem claro que eu não deveria me considerar uma espectadora ou mártir ou alguém que estava só esperando. Deus tinha lições para eu aprender também".

> "Deus tinha lições para eu aprender também".

Ainda que você esteja bem adiante de seu marido, espiritualmente falando, ainda não chegou lá. Nenhum de nós chegou lá. Seu caráter e maturidade devem continuar a crescer. Paulo disse a Timóteo. *Seja diligente nestas coisas; dedique-se inteiramente a elas, **para que todos vejam o seu progresso*** (1Tm 4.15 - ênfase acrescentada). A perfeição está além de nós nesse mundo, mas todo cristão em amadurecimento deve apresentar sempre algum movimento espiritual positivo.

Deus usou o casamento de Catherine para lhe ensinar como lidar melhor com o medo (no caso dela, o medo de um casamento fracassado) e como ser menos controladora. À medida que Catherine foi crescendo nessas áreas, Deus fez uma coisa maravilhosa não apenas em sua vida, mas também em sua família, testificando a verdade revelada em 1 Timóteo 4.16: *Atente bem para a sua própria vida e para a doutrina, perseverando nesses deveres, pois, fazendo isso, você salvará tanto a si mesmo quanto aos que o ouvem.*

Sendo honesta

Catherine achou extremamente difícil aprender a, usando suas próprias palavras, "viver duas vidas". "Você tem duas coisas tremendamente importantes: seu relacionamento com Deus e seu desejo profundo de ter um casamento viável e forte. É muito difícil quando não consegue mesclar as duas coisas. Você se sente dividida."

Ofertar era uma coisa particularmente complicada. Catherine queria dar dinheiro à igreja de Deus, mas não trabalhava fora e, inicialmente, tinha medo do que John pudesse dizer. Então ela começou a economizar no dinheiro do supermercado e dar como contribuição – uma coisa da qual ela hoje se arrepende.

"Finalmente, eu só tive que dizer o quanto a contribuição era importante para mim. Eu aconselho as esposas mais jovens a serem honestas sobre as coisas que são importantes para vocês em vez de escondê-las." Quando Catherine explicou porque ela queria dar o dinheiro e o quanto o fato de poder fazer aquilo significava para ela, ele concordou que ela podia doar cem dólares por mês. Catherine gostaria de ter sido direta desde o começo. Como o livro de Provérbios observa: *A resposta sincera é como beijo nos lábios* (24.26).

Sendo paciente

Algumas mulheres tolas feriram Catherine profundamente quando diziam a ela: "Seu marido já deveria ser salvo há muito tempo. O que você está fazendo de errado?"

No entanto, quando você conversa com John, ele continua a insistir em como aprecia o espírito paciente dela. Se ela fosse dura demais, se continuasse a insistir, provavelmente teria afastado John da fé ao invés de aproximá-lo.

Tenha em mente que uma batalha espiritual cósmica está acontecendo dentro de seu marido. A eternidade está em jogo. À luz da eternidade, uma ou duas décadas não são muito, mesmo que vinte anos pareçam durar para sempre. John se recorda das vezes em que via Catherine e as crianças se aprontando para a igreja e saindo de carro.

Tenha em mente que uma batalha espiritual cósmica está acontecendo dentro de seu marido.

Alguma coisa dizia dentro dele: "Vá com eles". Mas ele não sabia como. Levou tempo. Se Catherine tivesse forçado, teria piorado as coisas, e não melhorado. Jesus diz em Lucas 8.15 que as pessoas que recebem a palavra *dão fruto, com* ***perseverança*** (ênfase adicionada).

A última rendição

Poucas coisas são tão difíceis para uma noiva de Cristo do que ser a esposa de um homem sem fé. Catherine admitiu sentir-se puxada com força em duas direções. Ela amava seu marido e queria que seu casamento desse certo, mas também amava a Deus e queria colocá-lo em primeiro lugar. O fato de não conseguir combinar as duas coisas a feria profundamente.

A realidade é que não existem respostas fáceis.

A realidade é que não existem respostas fáceis. Não posso lhe dar uma receita pronta que garanta a conversão de seu marido e qualquer pessoa que lhe diga outra coisa, francamente, está mentindo. No entanto, um coração manso e quieto, unido a um espírito paciente em uma mulher que continua a orar e que encontra maneiras de se conectar com seu marido, aumenta grandemente a possibilidade de que ela, um dia, orará ao Deus de seus sonhos *com* o homem dos seus sonhos.

Posso lhe dizer isso: que 2 Pedro 3.9 deixa muito claro que Deus não deseja que ninguém pereça e 1 Timóteo 2.4 declara que nosso Salvador *deseja que todos os homens sejam salvos e cheguem ao conhecimento da verdade.* Quando você combinar o favor de Deus, a orientação e a convicção do Espírito Santo com o amor perseverante de uma esposa cristã, *gosto* das chances desse homem.

Deus a abençoe nessa tarefa gloriosa! O lugar mais importante para mover seu marido é em direção a *Deus*. Quando considerar os benefícios eternos e a saúde espiritual de seu marido, nada pode se comparar. Não é uma batalha fácil, nem há vitória garantida, mas é uma luta digna de ser travada.

Perguntas para discussão e reflexão

1. Discuta o impacto das palavras de Jesus em Lucas 6.32-36 sobre amar os que não são sempre fáceis de amar, especialmente quando se trata de uma mulher casada com um homem não cristão ou com um cristão nominal.
2. Como as esposas cristãs que estão casadas com homens não cristãos ou com homens espiritualmente imaturos podem seguir as diretrizes de Paulo em Filipenses 2.3, que diz: *considerem os outros superiores a si mesmos*?
3. Como Deus pode usar um cônjuge não salvo para ajudar uma esposa cristã a crescer em santidade?
4. Você concorda com Catherine que é possível para a esposa de um marido incrédulo errar indo à igreja com muita frequência? Que outros erros comuns podem acontecer com mulheres cristãs nesse tipo de casamento?
5. Como as esposas cristãs podem programar o fracasso de seus maridos incrédulos ou espiritualmente imaturos, esperando deles coisas que eles simplesmente não conseguem fazer?
6. Catherine adverte às mulheres: "Você precisa descobrir o que ele gosta de fazer e aprender a fazer com ele". Como as esposas podem superar a frustração de ter uma expressão de fé diferente e ainda estarem abertas para compartilhar outras atividades?
7. Que assuntos práticos (como administração do dinheiro ou tempo na igreja) têm a probabilidade de ser problemáticos em um casamento em jugo desigual? Como uma mulher cristã pode falar e agir de forma a promover a redenção ao invés da discórdia?
8. Como as esposas podem equilibrar a perseverança paciente (esperando pelo tempo certo) com uma apresentação direta do Evangelho?

Epílogo:

Beleza eterna

À medida que um novo país foi tomando forma, uma nova criança foi se formando no ventre de Abigail Adams. Era o ano de 1776. As colônias americanas tinham declarado sua independência da Inglaterra e seus líderes pioneiros trabalhavam incansavelmente para criar uma nova nação.

É de se admirar que Abigail e John, seu marido, tivessem tido tempo de conceber uma criança, devido às constantes viagens que mantinham John longe do lar. Mas eles conseguiram e logo após a concepção, no início de 1777, John teve que partir novamente para participar de outra sessão do novo congresso.

Abigail, grávida, sabia que poderia ter persuadido John a ficar em casa. Ela diz em uma carta a uma amiga: "Tinha em meu coração a intenção de dissuadi-lo de partir e sabia que teria conseguido, mas nossas obrigações públicas naquele momento tomavam vulto tão sério que pensei que, se houvesse um momento em que sua assistência fosse necessária, deveria ser em tempos como esse. Portanto, me resignei em sofrer alguma ansiedade e muitas horas de melancolia pelo ano que viria".[108]

108 Citado em David McCullough, *John Adams* (Nova Iorque: Simon e Schuster, 2001), 168.

Embora Abigail soubesse que precisava ter seu marido a seu lado, também acreditava que seu novo país precisa ainda mais dele. Ela voluntariamente prejudicou a si mesma em favor de sua terra.

John apreciava o sacrifício de sua esposa. Ele reconhecia seu altruísmo e o respeitava. Abigail tinha um motivo legítimo e nenhum marido dedicado poderia negar as dificuldades enfrentadas por uma mulher grávida no rigoroso inverno. Um famoso panfleto tinha chamado o período revolucionário como um tempo "que provou as almas dos homens", ao qual John respondeu que foram "tempos que provaram tanto as almas das mulheres quanto as dos homens".[109]

Não que essa inconveniência se limitasse a uma única época. Em outra carta Abigail conta: "Já faz quase catorze anos que estamos unidos, mas não mais do que metade desse tempo tivemos a felicidade de morar juntos. O mundo insensível pode considerar isso à luz que desejar, eu o considero como sacrifício a meu país e uma de minhas maiores desventuras".[110]

Abigail pagou um alto preço por seu amor e devoção. Ela não somente teve que repartir seu marido com o país, mas suportou muito ataques cruéis motivados por questões políticas, dizendo a uma amiga: "Quando meu marido é ferido, eu sangro". Mais tarde Abigail se referiu à vida pública como uma "esplêndida miséria".

O casal teve suas desavenças conjugais. John podia ser obstinado: embora buscasse o conselho de sua esposa, nem sempre o seguia. Exemplo disso ocorreu no início do casamento quando o casal teve uma oportunidade de prosperar financeiramente. Diferentemente dos dias de hoje, o sucesso no governo não trazia garantia de segurança monetária e John Adams acreditava que os imóveis seriam o melhor investimento para sua poupança. Quando surgiu uma oportunidade para o casal investir em títulos do governo, Abigail incentivou seu marido a aproveitá-la. John, no entanto, sentia-se desconfiado em investir em "moeda e comércio". Ele entendia a terra, o valor da agricultura e a importância da comida, mas não confiava em bancos. No fim das contas se "os Adams tivessem investido nos títulos do governo como Abigail queria, teriam quase que certamente ficado ricos".[111]

109 Ibid., 172.

110 Ibid.

111 Ibid., 429.

Mesmo assim, não parecia haver amargura duradoura por causa dessa chance perdida. Abigail era realista e apaixonada pelas causas de seu marido. Ela reconhecia que, embora ele fosse um excelente diplomata, sua perspicácia empresarial estava longe de ser genial. Como todos os homens, ele tinha seus limites. Abigail fez sua escolha e continuou a apoiar John em seus pontos fortes conservando-se magnânima a respeito de suas fraquezas.

A devoção constante de Abigail cimentou o coração de seu marido ao dela. Quando John se tornou o segundo presidente dos Estados Unidos, escreveu uma longa carta implorando que ela viesse juntar-se a ele sem demora:

> Preciso ir ao teu encontro ou precisas vir ao meu. Não posso viver sem ti... Suplico que não percas um só momento e te prepares para vir, para que possas tirar de meus ombros todas as preocupações da vida, com exceção as de meu dever público, me assistir com teus conselhos e me consolar com tua conversação. Os tempos são críticos e perigosos e preciso de ti aqui para me auxiliar. Devo repetir isso com zelo e ansiedade. Nada posso fazer sem ti.[112]

John Adams queria *desesperadamente* a presença de sua esposa. Ele precisava tanto de suas conversas e de seus conselhos que afirmou: "Nada posso fazer sem ti".

John Adams queria desesperadamente a presença de sua esposa.

Passei duzentas páginas falando sobre como uma mulher pode influenciar um homem, mas obviamente Abigail dominava o assunto há dois séculos.

Quando Abigail caiu mortalmente doente em outubro de 1818, seu marido permaneceu a seu lado. Em seus últimos dias, ela acordou de um delírio, viu John junto a ela e mansamente confessou que sabia que estava morrendo e que, se essa fosse a vontade de Deus, ela estava pronta. Ela desejava continuar vivendo somente por amor a John.

Quando ele ouviu que nem as portas da morte enfraqueceram sua devoção, ficou arrasado, cambaleando para fora do quarto estupefato. No andar de baixo ele disse a um amigo: "Eu gostaria de poder deitar-me a seu lado e morrer também".

112 Ibid., 479.

Dois dias mais tarde, Abigail morreu, mas o respeito, a lealdade e a lembrança de John permaneceram. Anos mais tarde, quando as pessoas cumprimentaram John pela nomeação de seu filho à presidência e o orgulho que deveria estar sentindo como pai, Adams enfaticamente respondeu: "Meu filho teve uma mãe!"[113]

O romance por trás do trabalho

A essa altura alguém deve estar pensando: "Essa abordagem que o Gary está fazendo parece dar muito trabalho! Onde está o romance, onde está diversão?" Contei a história do casal Adams porque creio que o casamento deles encerrava em si o melhor do romance dentro da realidade do sacrifício e da luta pessoal.

Acredito no casamento – com todo o seu trabalho, suas obrigações e sacrifícios, juntamente com sua alegria, prazeres, risos e romance – porque esse é o chamado de Deus para a maioria de nós. Se você está lendo este livro, suspeito que não se sente chamada ao celibato. Física, emocional e espiritualmente Deus criou você para viver em um relacionamento por toda a vida com um homem radicalmente imperfeito. Você pode confiar em Deus o suficiente para crer que se render a essa vida – ao mesmo tempo boa e aparentemente negativa ou difícil – produzirá, no fim, a vida mais realizada possível: um amor baseado na fé e edificado sobre toda uma vida de memórias, a estima de seus filhos por manter unido o lar e as recompensas de seu Pai celestial por criar uma família que testifica de seu amor redentor e reconciliador?

Acredito no casamento porque esse é o chamado de Deus para a maioria de nós.

Uma vida de romance repousa oculta no trabalho do casamento. Em seu próprio relacionamento, você pode se sentir ocasionalmente tentada a relaxar e se perder em comédias românticas, em vez de estudar como amar um homem real. Parece mais fácil se esquivar de amar, ser indolente em nossas afeições, contornar o casamento – mas esse modo de vida indulgente e fácil

113 Ibid., 626.

roubará, no final, seu senso de bem-estar e até sua felicidade. Você perderá todo o sentimento romântico que um dia teve por seu marido e, no fim, desprezará a pessoa que você se tornou.

Deus nos formou de tal maneira que, no começo de um relacionamento, o romance é gratuito e muitas vezes esquecido. A intimidade é imediata e elétrica. Em um casamento maduro, o romance é mantido apenas por meio de esforço, escolhas deliberadas e ações concretas. Você não pode forçar os sentimentos, mas pode escolher agir de tal forma que os sentimentos brotarão com naturalidade. Se agirmos como se estivéssemos apaixonados, nos manteremos apaixonados. É um processo de crescimento – em direção a Deus, na direção um do outro e de nossa santidade pessoal.

Se agirmos como se estivéssemos apaixonados, nos manteremos apaixonados.

Do meu ponto de vista, tudo o que Deus pede de mim é o que eu quero me tornar: um cônjuge leal e amoroso; um pai altruísta, afetuoso e envolvido; um obreiro entusiasmado pelo Evangelho; um amigo fiel e dedicado. Tudo o que eu vejo como resultado da visão do mundo dos relacionamentos românticos é o que eu mais desprezo: pessoas feridas pela traição e pelo divórcio, crianças devastadas pela destruição de seus lares, indivíduos cada vez mais egoístas e hedonistas com o passar dos anos.

Se a sabedoria é conhecida por seu fruto, a Bíblia é o ensino mais doce de todos. Ainda assim é estranhamente comparada com o mais amargo dos frutos, que parece maduro e pronto para ser comido, mas faz com que o estômago adoeça e azeda assim que é consumido.

O amor bíblico é um amor centrado em Cristo que busca a perfeição por amor a Deus. Ao terminarmos essa jornada juntos, peço que faça uma pausa e tente imaginar o prazer que você dá a Deus amando o filho dele. Às vezes seu marido talvez não dê o devido valor ao seu amor e à sua devoção. Ele pode agir de forma rude e crítica. Pode ser egoísta e insensível, mas não é o único a viver em sua casa! O Deus que tudo vê tem grande prazer em ver suas filhas amando seus filhos e derrama suas bênçãos espirituais na forma de uma intimidade que preenche a alma de maneira inigualável: *Como é bom e agradável quando os irmãos convivem em união!*

É como óleo precioso derramado sobre a cabeça, que desce pela barba, a barba de Arão, até a gola das suas vestes. É como o orvalho do Hermom quando desce sobre os montes de Sião. Ali o Senhor concede a bênção da vida para sempre (Sl 133.1-3).

Algum dia, em um futuro não muito distante, uma jovem terá a oportunidade de me fazer um dos sogros mais felizes que já viveu, simplesmente amando muito o meu filho: sendo generosa, mansa e encorajadora; ajudando-o a se tornar tudo o que Deus deseja que ele se torne; perdoando-o quando pecar, animando-o quando estiver desanimado, confortando-o quando estiver triste e compartilhando de sua glória nas vitórias.

Se eu, um homem pecador, posso me sentir assim a respeito de meu filho, imagine como o seu Sogro Celestial se alegrará com você por amar seu filho!

> Imagine como o seu Sogro Celestial se alegrará com você por amar seu filho!

Sei que os relacionamentos podem ser difíceis e ferinos. Sei que estar casada com um homem que tropeça *de muitas maneiras* (Tg 3.2) pode ser cansativo, mas também sei que Deus é real, que seu Filho fez um enorme sacrifício por nossos pecados, que seu Espírito Santo nos dá poder, que sua Palavra viva nos guiará e que sua promessa de recompensas celestiais são mais seguras e certas do que qualquer coisa que o mundo ofereça.

Você não escolheu uma vida fácil, mas está vivendo uma vida com um potencial inimaginável. Deus tem capacitado algumas mulheres a construir empresas, algumas a escreverem livros, algumas a fundar ministérios, mas até aqui, creio que as mulheres ainda se sentem mais realizadas (e serão mais recompensadas) amando e sendo amadas, exercendo fé, crescendo em santidade e compartilhando sua vida em uma união íntima.

Ao prosseguir nessa jornada de vida, busque a orientação do Senhor para edificar o tipo de casamento que ele deseja. Implore que ele lhe conceda sabedoria para desenvolver a "sagrada arte" de amar um parceiro imperfeito para que seu marido se torne tudo o que Deus deseja que ele seja.

Ao começar a influenciar seu marido, verá o Senhor influenciando-a também para levá-la mais perto dele.

Gary Thomas

Se desejar, entre em contato com Gary Thomas: glt3@aol.com.

Embora não possa responder pessoalmente a todos os e-mails, gostaria muito de receber sua avaliação. Por favor, compreenda, todavia que ele não possui qualificação nem tem condições de oferecer aconselhamento via e-mail. Siga-o:

X (antigo *Tweeter)* — garyLthomas

Instagram — garythomasbooks

Facebook — AuthorGaryThomas

Para convidá-lo para uma palestra em sua igreja envie um e-mail à sua assistente: laura@garythomas.com.

Uma palavra de Gary para você

Caras leitoras,

Muito obrigado por me acompanharem nessa jornada. Espero que lhe tenha sido útil. Minha oração sincera é que você tenha obtido um entendimento maior do coração e da mente de seu marido e renovado seu fervor por Deus.

Algumas de vocês devem estar pensando: "O que eu faço agora?" Gostaria de lhe oferecer uma sugestão. Se você não leu o livro *Casamento sagrado*, quero incentivá-la e a seu marido a fazê-lo, pois esse livro apresenta uma base para aquilo que você acabou de ler. Além de apresentar histórias de como algumas mulheres se aproximaram mais de Deus aprendendo a amar seus maridos, *Casamento sagrado* pode apresentar seu marido a alguns desses mesmos conceitos em um contexto que o desafiará.

Que Deus a abençoe em sua busca de servi-lo tornando-se a mulher que ele lhe criou para ser e que Deus possa continuar fazendo seu casamento verdadeiramente santo, uma união transformadora da alma que reflete o amor de Cristo pela igreja.

A paz de Cristo,

Gary Thomas

Bibliografia

ALLENDER, Dan. *How Children Raise Parents.* (Colorado Springs: Water Brook, 2003).

ASSAYAS, Michka. *Bono: In Conversation with Michka Assayas.* (Nova Iorque: Riverhead, 2005).

CARNES, Patrick. *Isto não é amor*. (São Paulo: Nova Cultural, 1992).

CASTELOT, André. *Josephine.* (Nova Iorque: Harper & Row, 1967).

COLSON, Chuck. *Nascido de novo.* (São Paulo: Abba Press, 2002).

DILLOW, Linda. *Creative Counterpart.* (Nashville: Nelson, 2003).

DOYLE, Laura. *Surrendered Wife.* (Touchstone, 2001)

ERASMUS, Desiderius. "Marriage", In: *The Book of Marriage.* (Grand Rapids: Eerdmans, 2001).

FEE, Gordon. *I and II Timothy, Titus.* (Peabody, Mass.:Hendrickson, 1995).

FEINSTEIN, John. "The Punch", In: *Sports Illustrated.* (21 de outubro de 2002).

FELDHAHN, Shaunti. *For Women Only: What You Need to Know About the Inner Lives of Men.* (Sisters, Ore.: Multnomah, 2004).

FITZPATRICK, Elyse. *Helper By Design: God's Perfect Plan for Women.* (Chicago: Moody Press, 2003).

GOTTMAN, John. "The Seven Principles for Making Marriage Work", In: *Book of Marriage*, ed. Dana Mack e David Blankenhorn. (Grand Rapids: Eerdmans, 2001).

GRAHAM, Ruth Bell. *It's my Turn.* (Old Tappan, N.J.: Revell, 1982).

GRANT, George e GRANT, Karen. *Best Friends: The Extraordinary Relationship of Ordinary People.* (Nashville: Cumberland, 1998).

GRAVES, Ginny. "As Women Rise in Society, Many Married Couples Still Don't 'Equal'", In: *USA Today.* (30 de junho, 2005).

GURIAN, Michael. *What Could He Be Thinking? How a Man's Mind Really Works.* (Nova Iorque: St. Martin, 2003).

JONES, Del. "FedEx Chief Takes Cue from Leaders in History", In: *USA Today.* (abril, 2005).

KEIL, C. F. e DELITZSCH, F. *Commentary on the Old Testament, Proverbs, Ecclesiastes, Song of Songs.* (Grand Rapids: Eerdmans, 1973).

__________. *Commentary on the Old Testament: The Pentateuch.* (Grand Rapids: Eerdmans, 1956).

KIDNER, Derek. *Gênesis – Introdução e comentário.* (São Paulo: Vida Nova, 1991).

LANE, William. Mark. *New International Commentary on the New Testament.* (Grand Rapids: Eerdmans, 1974).

LEVER, Evelyne. *Madame de Pompadour: A Life.* (Nova Iorque: Farar, Struss e Girpux, 2002).

MAHANEY, C. J. *Sexo, Romance e a glória de Deus: o que todo marido cristão precisa saber.* (Rio de Janeiro: CPAD, 2009).

MAHANEY, Carolyn. "True Beauty", In: *Biblical Womanhood in the Home,* ed. Nancy Leigh DeMoss. (Wheaton, ILL.: Crossway, 2002).

__________. *Feminine Appeal.* (Wheaton, Ill.:Crossway, 2003).

MARTIN, Judith. *Miss Manner's Guide to Excruciatingly Correct Behavior.* (Nova Iorque: Athenaeum, 1982).

MCCULLOUGH, David. "Knowing History and Knowing Who We Are", In: *Imprimis.* (Abril 2005).

__________. *John Adams.* (Nova Iorque: Simon e Schuster, 2001).

MOORE, David Leon, O'TOOLE, Thomas e WHITESIDE, Kelly. "Coaches Have Plenty of Tales to Tell", In: *USA Today.* (4 de Fevereiro de 2003).

MOORE, Pamela Rosewell. *The Five Silent Years of Corrie Ten Boom* (Grand Rapids: Zondervan, 1986).

MURRAY, Andrew. *Humility*. (Radford: Wilder, 2008)

PALAU, Patricia. "Influencing Our World for Christ", In: *The Joy of a Promise Kept*. (Sisters, Ore., Multnomah, 1996).

PATERSON-NEUBERT, Amy. "Get Serious: Domestic Violence is Not a Joke", In: *Purdue News*. (16 de outubro de 2003).

PEVITT, Christine. *Algrant, Madame de Pompadour: Mistress of France* (Nova Iorque: Grove, 2002).

SCHAUMBURG, Harry. *Falsa intimidade: Vencendo a luta contra o vício sexual*. (São Paulo: Mundo Cristão, 1997).

SCHLESSINGER, Laura. *The Proper Care and Feeding for Your Husband*. (Nova Iorque: HarperCollins, 2004).

SMALLEY, Norma. "Differences Can Strengthen a Marriage", In: *The Joy of a Promise Kept*. (Sisters, Ore., Multnomah, 1996).

STEPHENS, Steve e GRAY, Alice. *The Walk Out Woman*. (Sisters, Ore.: Multonomah).

STOTT, John. *A mensagem de 1 Timóteo e Tito*. (São Paulo: ABU, 2004).

STOWELL, Martie. "When He Doesn't Keep His Promises", In: *The Joy of a Promise Kept*. (Sisters, Ore., Multnomah, 1996).

TERKEURST, Lysa. *Cative o coração dele*. (Rio de Janeiro: CPAD, 2002).

THOMAS, Gary. *Casamento sagrado*. (Curitiba: Esperança, 2013).

TRUEBLOOD, D. Elton. *The Life We Prize*. (Nova Iorque: Harper & Brothers, 1951).

WEBER, Linda. "Building a Strong Marriage", In: *The Joy of Promise Kept*. (Sisters, Ore.: Multnomah, 1998).

WIENTRAUB, Stanley. *Charlotte and Lionel: a Rothschild Love Story*. (Nova Iorque: Free Press, 2003).

WILLINGHAM, Russell. *Breaking Free: Understanding Sexual Addiction and the Healing Power of Jesus*. (Downers Grove, Ill: InterVasity, 1999).